Vicens Vives
Educación Secundaria

Aula3D

GH 4.2

GEOGRAFÍA E HISTORIA

HISTORIA

Comunitat Valenciana

M. García Sebastián
Catedrática de Geografía e Historia de IES

C. Gatell Arimont
Catedrática de Geografía e Historia de IES

S. Riesco Roche
Profesor de Geografía e Historia de IES

¿Cómo es este libro?

Las actividades del libro están clasificadas según los procesos cognitivos que trabajan:

- **Conocer**: estas actividades son imprescindibles para que los alumnos trabajen directamente el contenido.
- **Aplicar**: estas actividades relacionan el contenido trabajado con los conocimientos previos del alumno y con el entorno, es decir, que trabajan con el contexto.
- **Razonar**: estas actividades tienen como objetivo que el alumno reflexione, explique y razone los porqués de sus respuestas.

Las actividades con el símbolo ✓ están diseñadas para evaluar el nivel de logro de los estándares de aprendizaje.

- Las actividades contenidas en este libro han de realizarse en un cuaderno aparte.
- Los espacios incluidos en las actividades son meramente indicativos y su finalidad es didáctica.

Competencias clave

- Comunicación lingüística
- Competencia matemática y competencias básicas en ciencias y tecnología
- Aprender a aprender
- Conciencia y expresiones culturales
- Sentido de iniciativa y espíritu emprendedor
- Competencias sociales y cívicas (en este libro no se indican estas competencias porque son las propias del área)
- Competencia digital

Cómo se estructura este libro

INTRODUCCIÓN

Título y pregunta inicial que constituyen el hilo conductor del tema.

Imágenes motivadoras que ilustran algunos de los aspectos más relevantes del tema.

Eje cronológico con los hechos más destacados de la época.

Introducción donde se presenta el contenido del tema.

Actividades destinadas a repasar los conocimientos previos.

Mapa histórico para localizar espacialmente el contenido.

CONTENIDOS DEL TEMA

Páginas estructuradas en apartados y subapartados.

Mapas, fotos, esquemas, dibujos, gráficos... que ilustran el contenido.

Textos históricos para trabajar con fuentes primarias.

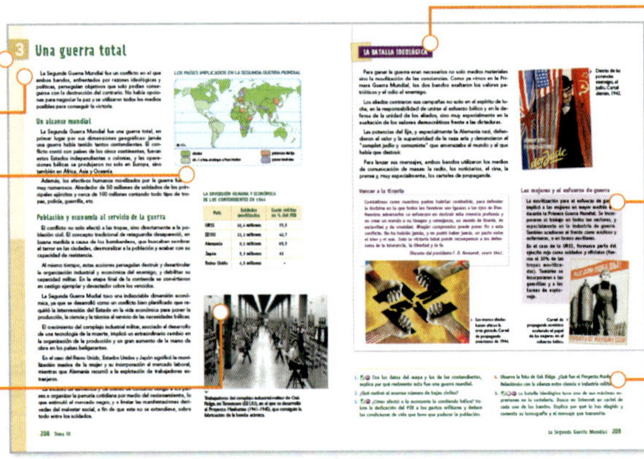

Grandes documentos que amplían o complementan contenidos destacados del apartado.

Dibujos con recreaciones históricas que ayudan a analizar las formas de vida del pasado.

Actividades que evalúan los estándares de aprendizaje y las competencias clave.

PÁGINAS MONOGRÁFICAS

El contenido se plantea mediante un problema a resolver o una situación a debatir:

Pregunta clave
Descubre
Protagonistas de la Historia
Pasado y presente
Arte y sociedad

Bloques de contenido que incluyen documentos de tipología diversa.

Actividades de argumentación, empatía, investigación y de sensibilidad artística.

SÍNTESIS Y TALLER DE HISTORIA

Mapa conceptual para completar los principales contenidos del tema.

Actividades para repasar el vocabulario, la cronología, los hechos y los personajes.

Actividades de razonamiento histórico y trabajo colaborativo.

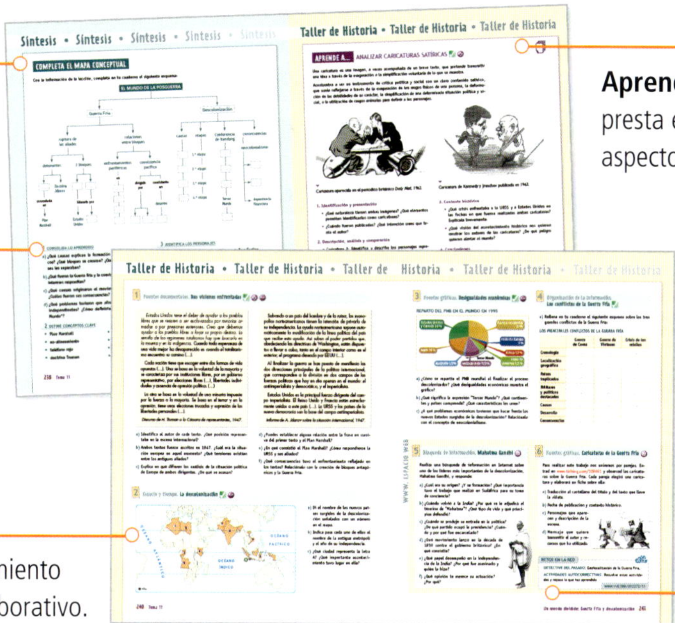

Aprende a... Actividad que presta especial atención a los aspectos procedimentales.

Retos en la Red: proyectos en línea basados en un reto y ejercicios autocorrectivos.

PROYECTO TIC

Utilizando herramientas que proporcionan las nuevas tecnologías, en estas páginas se profundiza en uno de los contenidos del libro: los problemas medioambientales de la Tierra.

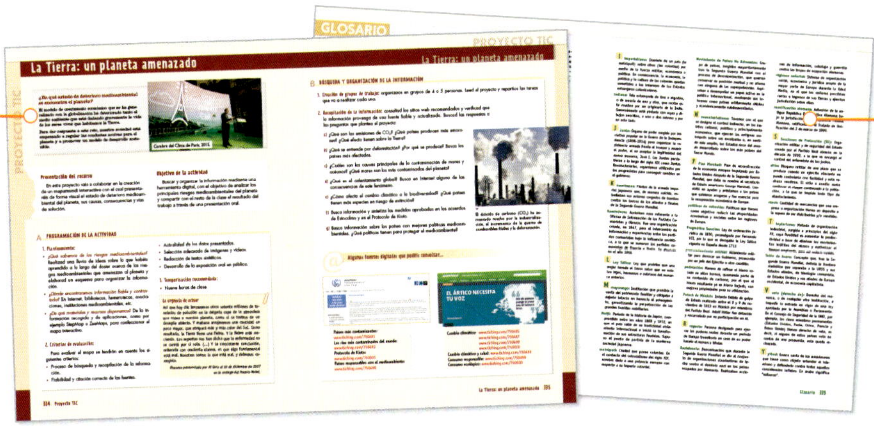

GLOSARIO

Definición de los conceptos básicos del libro, señalados con un asterisco en el tema correspondiente.

Índice

9 España en el primer tercio del siglo XX (1902-1939)

¿Qué ocurrió en España para que se desencadenase una Guerra Civil?

ALFONSO XIII · DICTADURA DE PRIMO DE RIVERA · SEGUNDA REPÚBLICA (BIENIO REFORMISTA, BIENIO CONSERVADOR) · GUERRA CIVIL

1902 1909 1910 1911 1912 1913 1914 1915 1916 1917 1918 1919 1920 1921 1922 1923 1924 1925 1926 1927 1928 1929 1930 1931 1932 1933 1934 1935 1936 1937 1938 1939

- **1902** Mayoría de edad de Alfonso XIII
- **1909** Semana Trágica
- **1910** Canalejas inicia el reformismo liberal
- **1914** Creación de la Mancomunidad de Cataluña
- **1917** Amplio movimiento de protesta
- **1921** Asesinato de Dato. Desastre de Annual
- **1923** Golpe de Estado de Primo de Rivera
- **1925** Desembarco de Alhucemas
- **1930** Pacto de San Sebastián
- **1931** Proclamación de la Segunda República. Constitución de 1931
- **1932** Reforma agraria
- **1934** Revueltas en Asturias y Cataluña
- **1936** Elecciones: Triunfo del Frente Popular
- **17-18 Julio 1936** Golpe de Estado. Incio Guerra Civil
- **1938** Batalla del Ebro
- **1 Abril 1939** Final de la guerra

Proclamación de la Segunda República en las calles de Madrid, 1931.

Los problemas del régimen de la Restauración se agravaron de manera progresiva durante las primeras décadas del siglo XX. Su incapacidad para recoger las demandas de sectores sociales, a los que no se permitía la representación política, acabó por derrocar al régimen.

Tras la dictadura de Primo de Rivera, una etapa en la que el ejército volvió a protagonizar la vida política del país, se inició la Segunda República.

Los intentos democratizadores y modernizadores de la República fueron respondidos con resistencias insalvables por parte de los sectores más conservadores del país. Así, en 1936 se produjo un golpe de Estado que se convirtió en una Guerra Civil de trágicas consecuencias para España.

¿Qué sabemos?

- ¿Por qué régimen fue sustituida la monarquía de Alfonso XIII?
- ¿Cómo quedó dividida políticamente España tras las elecciones de febrero de 1936?
- ¿Cuál es el acontecimiento central de la historia contemporánea de España?

¿Por qué entró en crisis el sistema de la Restauración?

Alfonso XIII inició su reinado en 1902, al ser declarado mayor de edad. Este hecho coincidió con una **fuerte crisis** provocada por el desastre del 98.

Los partidos dinásticos (conservadores y liberales) propusieron reformas regeneracionistas, pero el sistema de la Restauración se mostró incapaz de democratizar realmente la vida política y dar cabida a la oposición. Además, la **conflictividad social** era cada vez mayor.

¿Qué circunstancias concurrieron para que la Restauración entrara en crisis? ¿Cuáles fueron los actores sociales y políticos que reclamaron un mayor protagonismo?

Joaquín SOROLLA: *Alfonso XIII*, 1907.

A UNAS REFORMAS INSUFICIENTES

Los gobiernos de Alfonso XIII trataron de llevar a cabo algunas medidas para regenerar el país. Desde el **Partido Conservador**, Antonio Maura puso en marcha "la revolución desde arriba", con leves medidas de reforma fiscal y de regulación del derecho de huelga.

Por su parte, el **Partido Liberal** de José Canalejas trató de reducir la influencia de la Iglesia en la vida pública y en la educación; introdujo las primeras leyes de protección social a los trabajadores, y permitió la creación de la Mancomunidad de Cataluña, un primer paso en la descentralización del Estado.

Sin embargo, el caciquismo y la manipulación de los datos electorales continuaban debilitando el sistema, atacado también por acontecimientos como la Semana Trágica y el asesinato de Canalejas.

La corrupta política de la Restauración

La política no es entre nosotros servicio de la Patria, sino oficio lucrativo (...); no es lucha de ideales, sino pendencia movida por los más mezquinos y egoístas intereses.

Consecuencia de esta miseria moral e intelectual del ambiente político español es el creciente retraimiento de aquellos espíritus sanos y activos que no se han avenido a poner el caudal de sus energías al servicio de la corrompida política profesional, produciéndose de este modo una selección a la inversa, que ha abandonado los intereses públicos a las manos más indignas.

José Ortega y Gasset en la Liga de Educación Política Española, 1913.

B EL FORTALECIMIENTO DE LA OPOSICIÓN

Caricatura de Alejandro Lerroux en *¡Cu Cut!*, 1905.

Mitin de Pablo Iglesias en Madrid.

- Los grupos de la oposición al sistema adquirieron un mayor protagonismo:
- Los **republicanos** crearon la coalición Unión Republicana, que consiguió aumentar su fuerza electoral. Su líder, Alejandro Lerroux, tenía un discurso populista y extremista con el que consiguió muchos seguidores entre los obreros catalanes, y en 1908 fundó el Partido Republicano Radical.
- El **socialismo** se afianzó en el País Vasco, Asturias y Madrid, y Pablo Iglesias logró acta de diputado en 1910. A principios de 1921, alcanzó los 58 000 afiliados, pero ese mismo año los sectores más revolucionarios se escindieron y crearon el Partido Comunista de España (PCE).
- Los **nacionalismos** consolidaron su ascenso electoral a través de la Lliga Regionalista en Cataluña, y del Partido Nacionalista Vasco al País Vasco.

El auge del sindicalismo

El sindicalismo aumentó la afiliación obrera y su capacidad de presión mediante las huelgas. En 1910 se **creó la Confederación Nacional del Trabajo (CNT)**, un sindicato anarquista que en pocos años extendió su influencia entre el proletariado, sobre todo en Andalucía y Cataluña. En 1919, la CNT llegó a tener unos 700 000 afiliados, y el **sindicato socialista UGT**, unos 211 000.

C LA REVUELTA DE 1909: LA SEMANA TRÁGICA

En 1909, la oposición al reclutamiento de soldados ya licenciados para la **Guerra de Marruecos** desencadenó una revuelta popular en Barcelona, conocida como la Semana Trágica.

El levantamiento supuso un estallido espontáneo, **antimilitarista** y **anticlerical**, resultado de todas las tensiones sociales acumuladas a lo largo de décadas. Fue aplastado por el ejército, y la represión resultó desproporcionada (fusilamiento del pedagogo y librepensador Ferrer Guardia).

Los sucesos de 1909 fueron un duro golpe para el sistema político de la Restauración y los partidos dinásticos porque provocaron la repulsa de la opinión pública y la dimisión del presidente de gobierno, el conservador Antonio Maura.

Ante esta situación, el rey encargó la formación de un **nuevo gobierno** a Canalejas, del **Partido Liberal**. Su asesinato por un anarquista en 1912 abrió un periodo de inestabilidad que condujo de nuevo a los conservadores al poder.

Contra la guerra de Marruecos

La Asamblea protesta enérgicamente:

1. Contra la acción del gobierno español en Marruecos (...).
3. Contra el envío a la guerra de los ciudadanos útiles a la producción y, en general, indiferentes al triunfo de la cruz sobre la media luna (...).

Y compromete a la clase obrera a concentrar todas sus fuerzas, por si se hubiera de declarar la huelga general para obligar al gobierno a respetar los derechos que tienen los marroquíes a conservar intacta la independencia de su patria.

Moción de la Asamblea obrera de Terrassa, 21 de julio de 1909.

D LA CRISIS DE 1917

El descontento volvió a estallar en 1917 en diversos ámbitos:

- Las **fuerzas políticas** mostraban descontento ante la forma de gobernar del conservador **Eduardo Dato**, que clausuraba frecuentemente las Cortes y gobernaba por decreto-ley. Grupos de la oposición (Asamblea de Parlamentarios en Barcelona) exigieron la dimisión del gobierno y la convocatoria de Cortes constituyentes.
- Algunos **sectores del ejército** protestaron contra el sistema de ascenso que favorecía a los militares que participaban en las campañas de Marruecos (africanistas). Algunos militares organizaron Juntas de Defensa y se enfrentaron a la política del gobierno.
- Ante el empeoramiento de las condiciones de vida, como resultado del aumento de los precios, los sindicatos CNT y UGT convocaron una **huelga general revolucionaria**.

Aunque el gobierno consiguió reprimir las huelgas y pactar con militares y políticos, se evidenció una grave crisis del sistema de turno de partidos y la necesidad de una profunda renovación política.

EL IMPACTO ECONÓMICO DE LA PRIMERA GUERRA MUNDIAL EN ESPAÑA

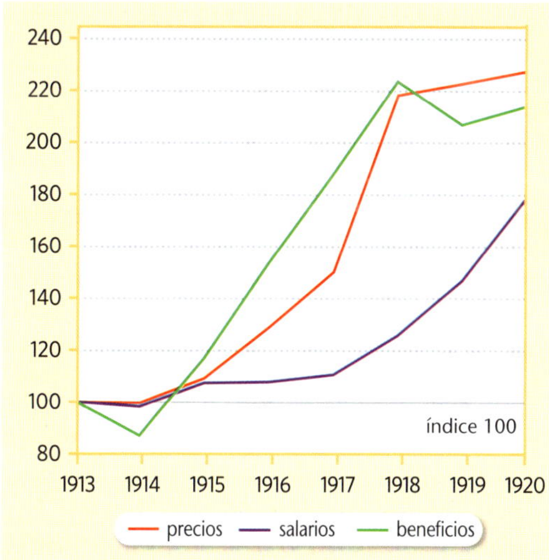

1. ¿En qué consistieron el reformismo conservador y el liberal? ¿Consiguieron una reforma en profundidad del sistema?
2. ¿Cuáles eran las principales fuerzas de oposición? ¿Crees que compartían los mismos objetivos?
3. Valora qué tienen en común y qué de diferente los sucesos de 1909 y 1917. ¿Por qué pusieron en evidencia la crisis del sistema político de la Restauración?

Argumenta la respuesta

4. Explica por qué entró en crisis el sistema de la Restauración haciendo alusión a los siguientes aspectos: incapacidad de los partidos dinásticos para democratizar el sistema político, marginación de la oposición, incremento de la conflictividad obrera y descontento del ejército.

DESCUBRE

2 La dictadura de Primo de Rivera

En 1923, a la incapacidad de los partidos dinásticos para reformar el sistema y a la conflictividad social se unieron las derrotas militares en Marruecos. La opinión pública empezó entonces a exigir responsabilidades políticas.

La salida al colapso del régimen fue la instauración de una dictadura militar impuesta por el general Primo de Rivera en 1923. ¿Cómo fue posible su instauración? ¿Qué política siguió el nuevo régimen? ¿Por qué acabó dimitiendo el dictador?

A EL PROBLEMA DE MARRUECOS

A principios del siglo XX, del antiguo Imperio colonial español solo quedaban algunos enclaves en el Norte de África. En la Conferencia de Algeciras de 1906 se acordó la creación de un Protectorado franco-español en Marruecos, y España obtuvo el control de la franja Norte, el Rif, rica en minerales.

La ocupación del Rif encontró la oposición de los bereberes, y originó una **guerra permanente**. En 1909, los españoles fueron derrotados en el Barranco del Lobo y, en 1921, en Annual. La guerra no contaba con el respaldo de la sociedad, que rechazaba la movilización de soldados veteranos, y el interés de la Corona y ciertas empresas por mantenerse en Marruecos.

EL PROTECTORADO ESPAÑOL EN MARRUECOS

Tras las derrotas, se abrió una investigación para depurar responsabilidades. Sus resultados formaron el **Expediente Picasso**, en el que algunos militares e incluso el Rey parecían implicados en escándalos de corrupción económica.

B LA CRISIS SOCIAL (1919-1923)

Unida a la crisis de Marruecos existía una grave **crisis social**. En las zonas industriales, sobre todo en Cataluña, los **trabajadores** promovieron una serie de huelgas reivindicando mejoras salariales y laborales. Las protestas se extendieron también al campo, en especial en Andalucía (Trienio bolchevique). Las huelgas campesinas, que reclamaban el reparto de los latifundios, fueron duramente reprimidas por la Guardia Civil.

El gobierno y las organizaciones patronales respaldaron la creación de sindicatos afines a sus intereses, y de grupos armados que ejercían la violencia contra dirigentes obreros, que también respondían violentamente (pistolerismo). Se llegó así a una **guerra social**. El propio presidente del gobierno, Eduardo Dato, fue asesinado por un anarquista en 1921.

EL PISTOLERISMO EN BARCELONA (1916-1923)

Asesinatos por motivos políticos y sociales	
Patronos	23
Gerentes, directores y encargados	24
Agentes de la autoridad	8
Obreros	171
TOTAL	**226**

C EL GOLPE DE ESTADO MILITAR

Ante la crisis generalizada y el temor a que el Expediente Picasso se debatiera en las Cortes, el **general Primo de Rivera** dirigió un **golpe de Estado** (1923). Contaba con el consentimiento del rey y el apoyo de la patronal y de algunos políticos conservadores.

El golpe se presentó como una solución para poner fin a los movimientos de protesta y a la violencia en las calles.

La justificación del golpe

No tenemos que justificar nuestro acto, que el pueblo sano demanda e impone. Asesinatos de prelados, ex gobernadores, agentes de la autoridad, patronos, capataces y obreros; audaces e impunes atracos; (...) rastreras intrigas políticas tomando como pretexto la tragedia de Marruecos; (...) indisciplina social (...); impune propaganda comunista; (...) descarada propaganda separatista. (...)

No venimos a llorar lástimas y vergüenzas, sino a ponerles pronto y radical remedio (...).

Manifiesto del golpe de Estado,
13 de septiembre de 1923.

D LA DICTADURA DE PRIMO DE RIVERA

El régimen de Primo de Rivera **suspendió la Constitución** y disolvió las Cortes. Se **prohibieron los partidos políticos** y algunos **sindicatos**, como la CNT. El recorte de libertades alcanzó también a la prensa, la educación y los intelectuales contrarios a la dictadura. Además, se **suprimió la Mancomunidad** de Cataluña y se persiguió al nacionalismo catalán y vasco, prohibiendo el uso público de sus lenguas.

Se creó un partido único, la Unión Patriótica, y un órgano legislativo, la Asamblea Nacional Consultiva, que no era elegida de forma democrática.

Aprovechando la buena de la situación internacional, hubo un cierto **crecimiento económico**. Se llevaron a cabo numerosas obras públicas –en especial carreteras– y se pusieron en marcha monopolios como Telefónica y Campsa (refinado de petróleo).

En 1925, el desembarco militar de Alhucemas (1925) acabó con el conflicto de Marruecos y estableció el control efectivo sobre el Protectorado.

Tropas españolas desembarcando en la bahía de Alhucemas en 1925 para enfrentarse a las fuerzas rifeñas de Abd el-Krim, que fueron derrotadas.

LA EXTENSIÓN DE LA RED DE CARRETERAS

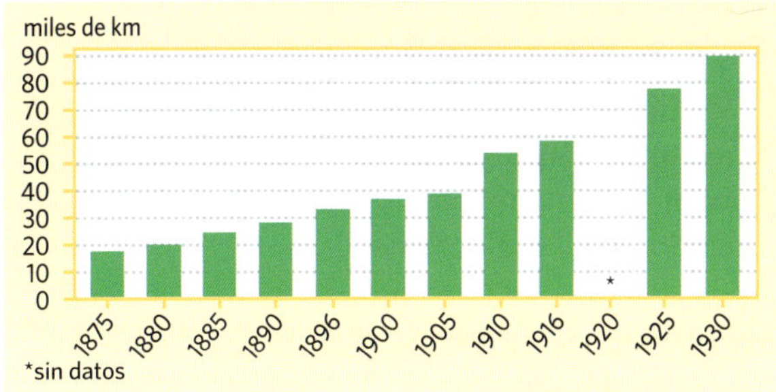

E LA CRISIS DE LA DICTADURA (1930-1931)

Las repercusiones de la crisis económica mundial de 1929 empezaron a notarse en España, y el clima de oposición a la dictadura aumentó considerablemente. Falto de apoyos, tras la pérdida de confianza de Alfonso XIII, Primo de Rivera dimitió en enero de 1930.

El rey nombró como jefe de gobierno al general Berenguer, que debía propiciar el retorno paulatino a la legalidad constitucional. Gran parte de la oposición firmó en agosto de 1930 el Pacto de San Sebastián, reivindicando unas elecciones democráticas y la instauración de una república.

Poco tiempo después, Berenguer fue sustituido por otro militar, el almirante Aznar, quien convocó elecciones municipales para el 12 de abril de 1931.

El Pacto de San Sebastián

¡Españoles! Surge de las entrañas sociales un profundo clamor popular que pide justicia (...). Venimos a poner a la monarquía en los archivos de la historia y a establecer una república sobre la base de la soberanía nacional representada en una Asamblea Constituyente, (...) un derecho nuevo, ungido de las aspiraciones a la igualdad económica y la justicia social. ¡Viva la República!

Manifiesto del Comité revolucionario republicano-socialista, octubre de 1930.

La repercusión de la crisis de 1929

La crisis económica internacional se dejó sentir en España, si bien su impacto fue menor que en otros países debido al fuerte proteccionismo de la economía española.

Aún así, se produjo un descenso de los productos orientados a la exportación como los cítricos, el hierro y la hulla, ya que se produjo una intensa reducción de la demanda proveniente de otros países del Norte de Europa.

1. ¿Qué intereses tenía España en Marruecos? ¿Qué problemas planteaba la ocupación del Rif?
2. ¿Qué situación condujo el golpe de Estado en 1923? ¿Cuáles fueron las principales medidas tomadas por Primo de Rivera tras su llegada al poder?
3. ¿Cómo finalizó la dictadura de Primo de Rivera? ¿Qué objetivo se propusieron sus sucesores?

Investiga

4. @ Con ayuda de Internet, averigua qué fue el Expediente Picasso: quién lo instruyó, cuáles fueron sus conclusiones y cómo se ocultaron sus resultados.

3 La Segunda República española

La proclamación de la República

Las elecciones municipales del 12 de abril de 1931 fueron entendidas por la población como un plebiscito entre monarquía y república.

La participación fue muy elevada y los resultados electorales señalaron una clara voluntad de cambio político: el triunfo republicano fue evidente en las grandes ciudades (mayoría en 41 capitales de provincia) y en las regiones industriales, aunque los monárquicos obtuvieron un mayor número global de concejales.

Ante estos resultados electorales y la proliferación de manifestaciones solicitando la proclamación de la República, **Alfonso XIII suspendió la potestad real**, abandonó el país y partió hacia el exilio.

Dos días después, **el 14 de abril de 1931, fue proclamada la Segunda República española**, y se formó un gobierno provisional con miembros de la coalición republicano-socialista, vencedora en las elecciones.

El gobierno provisional y las Cortes Constituyentes

El nuevo gobierno puso en marcha varias **reformas** solicitadas por un amplio espectro de la población: legalidad de todos los partidos y sindicatos, amnistía general para presos políticos de la dictadura, creación de una Generalitat provisional para el gobierno de Cataluña y amplias leyes sociales que incluían la jornada de 8 horas, el salario mínimo y el seguro ante los accidentes de trabajo.

La implantación de la República no estuvo exenta de problemas. Por un lado, la actitud hostil hacia el nuevo régimen de algunos sectores eclesiásticos provocó una oleada de anticlericalismo y en varias ciudades se quemaron iglesias. Por otro lado, algunos grupos anarquistas (sobre todo la CNT) presionaron al nuevo gobierno, llamando a la revolución social con una oleada de huelgas obreras y ocupaciones de tierras.

En junio de 1931, se convocaron elecciones a **Cortes Constituyentes**, que dieron la mayoría a la coalición republicano-socialista. La primera gran tarea de las nuevas Cortes fue elaborar una **Constitución**, que fue aprobada en diciembre de ese mismo año.

Un nuevo clima político

La República dio lugar a una gran efervescencia política. Los debates en las Cortes eran seguidos con interés por la población, que según su posición ideológica apoyaba a unos u otros partidos.

Dirigentes como el republicano Manuel Azaña, el socialista Francisco Largo Caballero, el conservador José María Gil Robles, la dirigente comunista Dolores Ibárruri, "la Pasionaria", y el anarquista Buenaventura Durruti arrastraban a las multitudes en sus mítines.

Alfonso XIII abandona el trono

Las elecciones celebradas el domingo me revelan claramente que no tengo el amor de mi pueblo. (...) Soy el Rey de todos los españoles y, también, un español. (...) Pero, resueltamente, quiero apartarme de cuanto sea lanzar a un compatriota contra otro, en fratricida guerra civil. No renuncio a ninguno de mis derechos, porque más que míos son un depósito acumulado por la Historia (...). Espero a conocer la auténtica expresión de la conciencia colectiva y, mientras habla la Nación, suspendo deliberadamente el ejercicio del Poder Real y me aparto de España, reconociéndola así como única Señora de sus destinos.

Comunicado de Alfonso XIII, 14 de abril de 1931.

PARTIDOS POLÍTICOS Y SINDICATOS

	IZQUIERDAS	DERECHAS
Partidos republicanos o que aceptan la República	• Izquierda Republicana (Azaña) • Partido Radical Socialista (Domingo)	• CEDA (Gil Robles) • Partido Radical (Lerroux)
Partidos autonomistas	• Esquerra Republicana de Catalunya (Macià, Companys) • Organización Republicana Gallega Autónoma (ORGA; Casares Quiroga)	• Lliga Regionalista (Cambó) • Partido Nacionalista Vasco (Aguirre)
Partidos contrarios a la República		• Renovación Española (Calvo Sotelo) • Falange Española (J. A. Primo de Rivera) • JONS (Ledesma) • Comunión Tradicionalista (antiguos carlistas)
Partidos y sindicatos obreros	• PSOE (Prieto, Besteiro) • UGT (Largo Caballero) • CNT y FAI (Montseny, Durruti) • PCE ("Pasionaria") • POUM (Nin)	

LAS ELECCIONES GENERALES DE JUNIO DE 1931

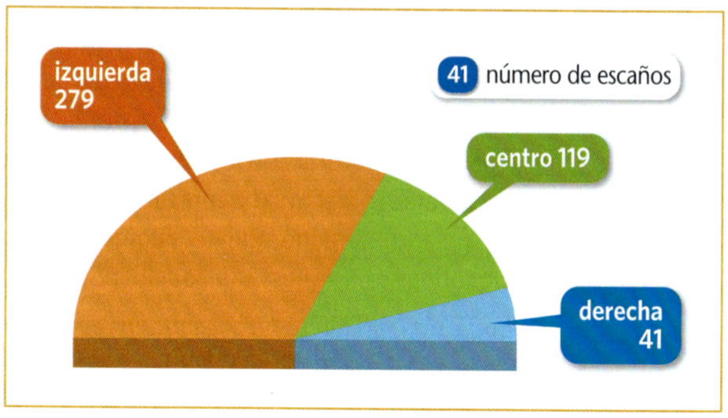

LA CONSTITUCIÓN REPUBLICANA DE 1931

La nueva Constitución estableció las bases de una república democrática y de progreso, pero no tuvo el apoyo de los grupos conservadores que disentían en cuestiones sociales, religiosas y autonómicas. El texto establecía los siguientes principios:

- España se definía como un **Estado integral**, con la posibilidad de establecer gobiernos autónomos.
- Se instauró el **sufragio** universal masculino y **femenino**.
- Se proclamó la **aconfesionalidad del Estado**, pero se respetaban todos los cultos y creencias. Se permitió el matrimonio civil y se implantó el divorcio.
- Presentaba una **declaración de derechos individuales** y establecía amplias **libertades públicas y privadas**. Reconocía el derecho a la propiedad privada, aunque el gobierno podía expropiar bienes de utilidad social.
- El **poder legislativo** residía en las **Cortes**, formadas por una sola Cámara; el **poder ejecutivo** estaba en manos del Consejo de Ministros y el Presidente de la República. Se asentaba la independencia del poder judicial.

Una vez aprobada la Constitución, Niceto Alcalá Zamora, republicano católico y moderado, fue elegido presidente de la República, y Manuel Azaña, republicano de izquierdas, fue nombrado jefe de un gobierno integrado por republicanos, socialistas y nacionalistas. Se iniciaba la etapa del **Bienio Reformista** (1931-1933).

La Constitución de 1931

Art. 1. España es una República democrática de trabajadores de toda clase, que se organiza en régimen de Libertad y de Justicia. Los poderes de todos sus órganos emanan del pueblo. La República constituye un Estado integral, compatible con la autonomía de los Municipios y las Regiones. (...)

Art. 3. El Estado español no tiene religión oficial. (...)

Art. 25. No podrán ser fundamento de privilegio jurídico: la naturaleza, la filiación, el sexo, la clase social, la riqueza, las ideas políticas ni las creencias religiosas. (...)

Art. 29. Nadie podrá ser detenido ni preso sino por causa de delito. (...)

Art. 34. Toda persona tiene derecho a emitir libremente sus ideas y opiniones. (...)

Art. 39. Los españoles podrán asociarse o sindicarse libremente. (...)

Art. 52. El Congreso de los Diputados se compone de los representantes elegidos por sufragio universal, igual, directo y secreto.

El voto femenino

La Constitución de 1931 reconoció, por primera vez en España, el derecho al sufragio femenino. El debate en las Cortes fue controvertido.

Las derechas se oponían al voto femenino porque consideraban que el lugar de la mujer en la sociedad era el hogar, reservando los asuntos públicos a los hombres.

Las izquierdas apoyaban la igualdad legal de hombres y mujeres y defendían su derecho a votar y a ser elegidas. Sin embargo, algunos diputados republicanos dudaban de su conveniencia, ya que tildaban el voto femenino de conservador.

Mitin de Clara Campoamor en demanda del sufragio femenino, 1931.

1. Explica por qué se considera que las elecciones municipales de 1931 fueron plebiscitarias.
2. ¿Cuáles fueron las principales medidas del gobierno provisional? ¿Qué grupos sociales fueron los más beneficiados?
3. Observa el cuadro de partidos políticos y sindicatos y explica su ideología, quiénes eran sus líderes y cuál era su posición frente al nuevo régimen republicano. Después, fíjate en el gráfico de las elecciones de junio de 1931, y explica qué representación obtuvieron las diferentes tendencias políticas.
4. Ordena las características de la Constitución de 1931 en una tabla que incluya: tipo de Estado, sufragio, poder legislativo, poder ejecutivo y poder judicial. Justifica si se trataba de una Constitución progresista o conservadora.
5. Sintetiza las dos posturas que se enfrentaron en el debate sobre la conveniencia del sufragio femenino.

4 ¿Qué reformas emprendió la República?

DESCUBRE

Durante el Bienio Reformista (1931-1933), el gobierno de la conjunción republicano-socialista puso en marcha un programa de reformas que abordasen la modernización del Estado y el crónico problema de la agricultura española.

Las reformas chocaron con la oposición frontal de aquellos que perdían parte de sus privilegios, pero también con la de quienes consideraban que los cambios eran demasiado lentos. ¿A qué sectores afectaban estas reformas? ¿En qué consistían?

Alegoría de la Segunda República.

A LA MODERNIZACIÓN DEL ESTADO

La Segunda República emprendió algunas reformas que desde hacía decenios estaban pendientes y eran indispensables para modernizar el país y asentar el régimen republicano.

En primer lugar, Manuel Azaña acometió la **reforma del ejército**, atrasado y con exceso de oficiales, para transformarlo en una institución eficiente y leal a la incipiente República.

Otra de las iniciativas que recogía la Constitución era la **separación Iglesia-Estado**. Las reformas querían disminuir la influencia de la Iglesia sobre la vida pública y la educación.

Asimismo, se puso en marcha el proceso de **descentralización del Estado**, recogido en la Constitución, que reconocía la existencia de unas nacionalidades históricas con lengua e identidad propias, y permitía elaborar **estatutos de autonomía** y establecer gobiernos autónomos.

La reforma del ejército

- Decretos entre abril y septiembre de 1931 (Ley de Retiro), que posibilitaron la jubilación de casi la mitad de los oficiales.
- Cierre de la Academia Militar de Zaragoza donde se formaban los altos mandos, en general hostiles a la República.
- Cambio de destino de los oficiales contrarios al nuevo régimen.
- Creación de la Guardia de Asalto, nueva policía militarizada y leal a la República.

La separación Iglesia-Estado

- Supresión del presupuesto público para el mantenimiento del clero.
- Disminución de la influencia de las órdenes religiosas dedicadas a la enseñanza y disolución de la Compañía de Jesús.

La reforma territorial: los estatutos de autonomía

- El primer territorio que se acogió a la prerrogativa autonómica fue Cataluña. Tras una Generalitat provisional en 1931, y pese a la oposición de las derechas en las Cortes, el Estatuto de Autonomía fue aprobado en 1932.
- En el País Vasco empezó a redactarse un estatuto, que fue aprobado en 1936.
- En Galicia, el inicio de la Guerra Civil frenó el proceso autonómico.

El exceso de oficiales

Es manifiesto que en todas las escalas del ejército hay un enorme sobrante de personal (...). A esto se ha llegado por consecuencia de las guerras civiles y coloniales, en virtud de un sistema erróneo en el reclutamiento de la oficialidad. (...) Tal situación ha de concluir, y el gobierno se halla resuelto a que concluya.

Preámbulo del Decreto de 25 de abril de 1931.

La oposición de la Iglesia

Se ha cometido el grave y funesto error de excluir a la Iglesia de la vida pública y activa de la nación, de las leyes, de la educación de la juventud, de la misma sociedad doméstica, con grave menosprecio de los derechos sagrados y de la conciencia cristina del país.

Declaración colectiva del episcopado ante la nueva Constitución, 20 de diciembre de 1931.

Portada del Estatuto de 1932, que proclamaba la autonomía de Cataluña dentro de la República española.

B LA REFORMA AGRARIA

La República abordó el problema del latifundismo. En algunas zonas de España, sobre todo en Andalucía y Extremadura, existían cientos de miles de jornaleros sin tierras y en una situación de extrema miseria, mientras que la propiedad se concentraba en manos de unos centenares de propietarios.

Una ley de 1932 decretó **expropiables las grandes fincas que no se cultivaran**, y permitió distribuirlas entre los campesinos sin tierras. Se creó el **Instituto de Reforma Agraria** (IRA) para indemnizar a los propietarios y facilitar el asentamiento a las familias campesinas.

Sin embargo, la escasez de recursos para indemnizar a los propietarios y los numerosos pleitos que estos interponían hicieron que la reforma fuera lenta y limitada.

@ Amplía en la Red...

Para saber más sobre la reforma agraria y los grupos sociales más afectados, entra en: www.tiching.com/63320

PROPIEDAD AGRARIA Y MOVIMIENTOS SOCIALES HACIA 1930

LA REFORMA AGRARIA ENTRE 1932 Y 1934

	Fincas	Extensión (ha)	Familias asentadas
Expropiadas	468	89 133	8 609
Ocupadas	61	27 704	3 651

C LA OPOSICIÓN AL GOBIERNO REPUBLICANO-SOCIALISTA

El reformismo republicano tuvo que hacer frente a dos bloques de oposición:

- El **enfrentamiento con los afectados por las reformas**, como los grandes propietarios agrarios, la jerarquía de la Iglesia católica, una parte del ejército y amplios sectores de las clases altas y medias-altas, que sentían amenazados sus privilegios. En 1932, aprovechando el descontento, el general Sanjurjo dio un golpe de Estado que fue frenado por el gobierno.
- La **crítica de los sectores de izquierda**, debida a la lentitud de algunas reformas, especialmente la reforma agraria, irritó a una parte de los jornaleros y obreros.

  La UGT se radicalizó y ciertos núcleos anarquistas, sobre todo los vinculados a la FAI, apostaron directamente por la insurrección armada. Así, protagonizaron algunos levantamientos como los del **Alto Llobregat** (1932) y **Casas Viejas** (1933) que fueron duramente reprimidos por las fuerzas del orden público.

Grupo de campesinos detenidos por la Guardia Civil tras el levantamiento de Casas Viejas (Cádiz).

1. Elabora un cuadro sobre las grandes reformas del bienio reformista en el que consten las causas que las motivaron, las medidas que se tomaron y las consecuencias que se derivaron.
2. Lee el texto sobre el exceso de oficiales y explica a qué causas respondía y qué solución proponía el gobierno.
3. Observa el mapa sobre la propiedad agraria e identifica las regiones españolas con mayor concentración de latifundios. A continuación, observa la tabla de la reforma agraria y explica qué medidas se tomaron para paliar el latifundismo.

Investiga

4. El levantamiento de Casas Viejas fue un incidente que hizo entrar en crisis al gobierno republicano-socialista. Busca información y explica en qué consistieron estos sucesos.

PROTAGONISTAS DE LA HISTORIA

5 Las maestras y los maestros de la República

La Segunda República, en especial durante el Bienio Reformista, llevó a cabo una política educativa y cultural muy activa. La reforma educativa se consideraba de vital importancia para la formación de nuevas generaciones que emprendieran la modernización definitiva del país.

Tanto en el ámbito de la cultura como en el de la educación, se revalorizó el papel de las mujeres y se estimuló su formación e incorporación a la vida activa. En este proceso fue especialmente relevante el protagonismo de las maestras y maestros como agentes del cambio.

A EL NUEVO PAPEL DE LAS MUJERES

Uno de los objetivos de la Segunda República fue impulsar la igualdad entre hombres y mujeres, no solo concediendo el voto femenino sino también eliminando las trabas legales y sociales que impedían a la mujer su incorporación a la vida social, política y económica.

Se impulsó la coeducación, es decir, la formación de hombres y mujeres juntos y en condiciones de igualdad. Asimismo, las mujeres tuvieron acceso a puestos de trabajo que hasta entonces les estaban vetados; profesoras de bachillerato y universidad o inspectoras de educación comenzaron a ser habituales en el ámbito de la enseñanza.

Algunas maestras y pedagogas, becadas por la Junta de Ampliación de Estudios, viajaron al extranjero para conocer el sistema educativo de otros países y poder ponerlo en práctica a su regreso a España.

NOMBRES DESTACADOS

María de Maeztu (1881-1948), pedagoga y directora del Instituto Escuela y de la Residencia de Señoritas, instituciones pioneras en la formación de las maestras.

Clara Campoamor (1888-1972) y **Victoria Kent** (1898-1987), licenciadas en Derecho y diputadas en las Cortes republicanas, fueron las primeras mujeres incorporadas al Colegio de Abogados de Madrid.

Federica Montseny (1905-1994), política y sindicalista defensora del anarquismo, fue la primera mujer ministra, en la cartera de Sanidad, no solo de España sino de toda Europa occidental.

María Zambrano (1904-1991), intelectual y escritora, profesora en la Facultad de Filosofía y Letras de Madrid.

Margarita Nelken (1894-1968), diputada socialista e intelectual especializada en Literatura y Arte.

B LA ESCUELA REPUBLICANA

Durante la Segunda República se crearon 13 000 escuelas y 30 nuevos institutos, así como miles de puestos docentes. Muchos de ellos fueron ocupados por mujeres, cuya formación en las escuelas de magisterio aumentó de manera considerable. El gobierno becó a estudiantes con problemas económicos o con elevadas capacidades.

Uno de los esfuerzos más significativos fue la llegada al medio rural de esa **nueva generación de maestros y maestras** que intentaron llevar a cabo, junto a la instrucción, una intensa propagación de las ideas y valores republicanos.

La Institución Libre de Enseñanza

La influencia de la Institución Libre de Enseñanza estuvo presente en especial a través de Fernando de los Ríos, ministro de Instrucción Pública desde 1931.

La política educativa tuvo una orientación laica y se centró especialmente en la enseñanza primaria. Uno de sus grandes objetivos fue el de formar ciudadanos que apoyaran a la incipiente República.

Aula de enseñanza primaria durante la Segunda República.

Las resistencias al cambio

A sus manejos fue debido el que (...) la nombrasen directora y poder así poner en práctica por primera vez en el pueblo la coeducación, aspecto escolar discutidísimo con anterioridad (...), encontrando siempre la obstinada oposición a la separación de los alumnos y alumnas (...), de los elementos afines a su tendencia política, ya entonces marcadamente izquierdista.

Acusación a una maestra tras la Guerra Civil, en el Archivo General de la Administración.

C LA REFORMA DE LAS ESCUELAS DE MAGISTERIO

En 1931 se realizó una profunda reforma de los estudios de magisterio, con el llamado Plan Profesional de Magisterio para formar maestros comprometidos con los nuevos principios republicanos: modernización, laicidad, coeducación, etc. Asimismo, en 1936 se realizaron cursos para acceder directamente al magisterio infantil. Muchas mujeres se incorporaron durante estos años a las escuelas como maestras.

Otra de las preocupaciones de la República fue la promoción de la lectura. Se crearon unas 5000 bibliotecas, en las que se podían tomar libros prestados. Numerosas mujeres accedieron a los puestos de bibliotecarias.

Una educación pública y laica

1. La educación pública es una función del Estado. (...) Se acepta la existencia de la enseñanza privada, siempre que no persiga fines políticos o confesionales partidistas.
2. La educación pública debe ser laica. La escuela debe limitarse a dar información sobre historia de las religiones, con especial atención a la religión católica. (...)
3. La educación pública debe ser gratuita, especialmente en las enseñanzas primaria y media. La educación universitaria debe reservar un 25 % de matrículas gratuitas.
4. La educación pública debe tener un carácter activo y creador.
5. La educación pública debe tener un carácter social (...) y mantener relaciones con padres, entidades profesionales y culturales, etc.

Ley de Instrucción Pública, 1931.

D LA INCORPORACIÓN AL PROYECTO CULTURAL DE LA REPÚBLICA

Numerosos maestros y maestras, universitarios y estudiantes, se incorporaron a una de las iniciativas más reconocidas del periodo: las Misiones Pedagógicas, dirigidas por Manuel Bartolomé Cossío. Su objetivo era difundir la cultura en los medios rurales más abandonados.

Las actividades que programaban en cada "misión" consistían en teatro, coro, museo del pueblo, cine y divulgación de innovaciones tanto sanitarias como agrarias. Cada expedición viajaba en camiones con libros (bibliotecas circulantes) que se depositaban en la escuela del pueblo y eran gestionados por el maestro o maestra de la localidad.

Varios intelectuales de la época como Federico García Lorca y Max Aub se implicaron en las Misiones Pedagógicas y participaron en las representaciones teatrales.

Miembros del grupo teatral *La Barraca*, con Federico García Lorca al frente.

@ Amplía en la Red...

Para saber más sobre la educación en la Segunda República, entra en: www.tiching.com/748151

Extender la cultura

Cuando todo español, no solo sepa leer, que ya es bastante, sino tenga ansias de leer, de gozar y divertirse, sí, de divertirse leyendo, habrá una nueva España. Por eso, la República ha empezado a repartir por todas partes libros y por eso también al marcharnos os dejaremos nosotros una pequeña biblioteca.

Presentación de las Misiones Pedagógicas por Manuel Bartolomé Cossío, 1931.

1. ¿Qué objetivos tenía la República respecto a la educación y la cultura? ¿Qué nuevo papel adquirieron las mujeres? ¿Crees que fue sencilla la posición de las maestras? ¿Por qué causas fueron represaliadas tras el fin de la República?
2. Explica en qué consistió el plan de promoción de la lectura y qué objetivos perseguía.

Ponte en su lugar

3. Averigua con ayuda de Internet algunas de las actividades de las Misiones Pedagógicas. A continuación, imagina que eres uno de esos alumnos que descubría por primera vez el cine, las pinturas del Museo del Prado o el fonógrafo, y relata en una redacción tus sensaciones.

6 El Bienio Conservador y el Frente Popular

El Bienio Conservador (1933-1935)

La represión de los sucesos de Casas Viejas generó críticas al gobierno y división en la coalición republicano-socialista. Miembros de la CNT y socialistas denunciaron el autoritarismo gubernamental, y la derecha acusó al gobierno de incapacidad para controlar las revueltas. Azaña dimitió como jefe del gobierno, y el presidente Alcalá Zamora convocó nuevas elecciones para el 18 de noviembre de 1933.

Los republicanos de izquierda se presentaron divididos a las elecciones, mientras los conservadores se unieron en la **Confederación Española de Derechas Autónomas (CEDA)**, liderada por Gil Robles. La victoria del centro-derecha (Partido Radical y CEDA) comportó la formación de un nuevo gobierno presidido por Lerroux, que paralizó buena parte del proceso reformista desarrollado en la etapa anterior.

En **octubre de 1934**, la entrada de ministros de la CEDA en el gobierno provocó un fuerte rechazo entre los partidos y sindicatos de izquierda. En **Asturias**, un movimiento insurreccional, impulsado por socialistas y comunistas, declaró la revolución social y ocupó la cuenca minera. En **Cataluña**, la Generalitat proclamó el Estado catalán dentro de la República federal española.

Ambos movimientos fueron duramente reprimidos por el ejército, causando un gran número de víctimas y detenidos en Asturias. En Cataluña, el conflicto acabó con la suspensión del Estatuto y el encarcelamiento del gobierno.

Después de estos sucesos de octubre de 1934, las diferencias entre el Partido Radical y la CEDA fueron en aumento. En 1935 algunos ministros radicales se vieron implicados en diversos escándalos de corrupción, y el presidente de la República convocó elecciones para febrero de 1936.

El Frente Popular (1936-1939)

Los partidos republicanos de izquierda concurrieron a las elecciones formando un **Frente Popular**. El sindicato anarquista CNT no propuso la abstención a sus afiliados como en ocasiones anteriores.

Los partidos de centro y de derecha se unieron en coalición en la mayoría de las provincias. Su programa era continuar la política contrarreformista del Bienio Conservador y modificar la Constitución.

La victoria electoral correspondió por escaso margen al Frente Popular. El gobierno fue asumido por los **republicanos de Azaña**, quien se convirtió en presidente de la República mientras Santiago Casares Quiroga asumía la jefatura del gobierno.

El Frente Popular puso de nuevo en marcha el **programa de reformas iniciado en 1931**, pero con mayor iniciativa y resolución política. Se aceleró la reforma agraria, se reinstauró la Generalitat de Cataluña y se reinició el proceso autonómico en el País Vasco y Galicia. Asimismo, a los militares sospechosos de preparar un golpe de Estado (Franco, Mola y Goded) se les dio un destino lejos de Madrid.

Peticiones de los obreros de Asturias

1. Aumento de los salarios (...).
2. Jornada de siete horas y de seis para los trabajos nocturnos (...).
3. Igualdad de salarios para trabajo igual.
4. Dos meses al año de vacaciones pagadas.
5. Pago del 75 % del salario por parte del Estado a los obreros sin trabajo.
6. Dos meses de vacaciones pagadas antes y después del parto para las obreras, y media hora cada tres horas durante la lactancia.
7. Pago (...) del salario en caso de accidente.
8. Libertad (...) de reunión y manifestación.
9. Desarme de las fuerzas reaccionarias y armamento del proletariado.
10. Destrucción del régimen capitalista y edificación de la sociedad socialista.

Manifiesto de los Obreros de Asturias, 1934.

LOS RESULTADOS ELECTORALES EN 1933 Y 1936

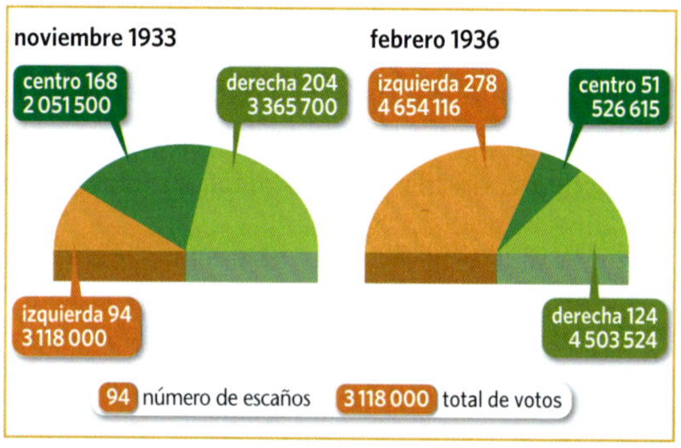

Carteles de propaganda electoral de las elecciones de 1936, que muestran la radicalización de las posturas de ambos bloques electorales.

DEL FRENTE POPULAR A LA GUERRA CIVIL

El triunfo del Frente Popular fue mal recibido por los sectores más conservadores de la sociedad, que se oponían al proceso democratizador y reformista iniciado por las fuerzas republicanas en 1931. Al mismo tiempo, algunos sindicatos y grupos de izquierda defendieron la conveniencia de impulsar un proceso de revolución social.

En este contexto, los militares opuestos a la República (Emilio Mola, desde Navarra, Francisco Franco, desde Canarias, y José Sanjurjo, desde Portugal) establecieron contactos con grupos de extrema derecha (algunos monárquicos, tradicionalistas, falangistas) para **organizar un golpe de Estado**.

Las tensiones políticas desencadenaron un clima de **enfrentamiento entre milicias de izquierdas y derechas**. El 13 de julio fue asesinado el diputado monárquico José Calvo Sotelo, en represalia por la muerte del teniente José Castillo, militante socialista, abatido a tiros en Madrid.

Este clima de confrontación social sirvió de pretexto a las fuerzas contrarias a la República para acelerar sus planes golpistas. El levantamiento militar se inició el **17 de julio** en el Norte de África (Melilla, Ceuta y Tetuán), y los **días 18 y 19 se extendió** a Canarias, Baleares y toda la Península.

La **insurrección fracasó**, sobre todo en las grandes ciudades y zonas industriales, gracias a la resistencia popular y de algunos cuerpos policiales, y a que un sector del ejército se mantuvo leal a la República.

El inicio de la Guerra Civil

El fracaso del alzamiento militar desencadenó una guerra civil. El general Queipo de Llano extendió la sublevación por Andalucía (Algeciras, Cádiz, Sevilla), mientras que las tropas del general Franco, por el Sudoeste, y las del general Mola, por el Norte, trataron de avanzar hacia Madrid, pero la capital resistió el ataque.

El contexto internacional

El estallido de la Guerra Civil no puede entenderse sin enmarcarlo **en el contexto europeo de la década de 1930.**

En aquellos años, las democracias europeas se veían amenazadas por el ascenso de los fascismos y por los movimientos revolucionarios influidos por la Revolución soviética.

En consecuencia, la guerra de España fue el resultado de la **polarización** entre un sector de la derecha, que no admitía la democratización real del país, y otro de la izquierda que aspiraba a un proceso revolucionario.

Cartel en el que se caricaturizan los apoyos de Franco.

LA DIVISIÓN DE ESPAÑA TRAS EL GOLPE DE ESTADO

1. ¿Qué cambio político comportaron las elecciones de 1933? ¿Qué sucedió en octubre de 1934? Compara las revueltas de Asturias y Cataluña.
2. ¿Por qué motivo se convocaron nuevas elecciones en febrero de 1936? ¿Cómo concurrieron los dos grandes sectores políticos del país? ¿A quién correspondió la victoria de dichas elecciones?
3. Relaciona las reformas del Bienio Reformista con las que impulsó el Frente Popular: ¿eran las mismas? ¿Tenían que ver con problemas anteriores?
4. ¿Por qué se produjo un golpe de Estado en 1936? ¿Quiénes lo apoyaron? Observa el mapa y enumera las zonas en que triunfó el levantamiento militar.
5. ¿Por qué se inició una guerra civil?

7 La Guerra Civil: los bandos enfrentados

La República en guerra

En julio de 1936, el gobierno se vio desbordado ante el golpe militar. Azaña nombró jefe de gobierno a José Giral con la esperanza de que pudiera frenar la sublevación. Ante la negativa de los golpistas de finalizar la rebelión, Giral disolvió el ejército y dio armas a los partidos y sindicatos del Frente Popular, organizados en comités obreros.

Numerosos sindicalistas de la CNT-FAI y también de la UGT aprovecharon el momento para llevar a cabo un **proceso revolucionario**. Los comités obreros repartieron tierras, colectivizaron fábricas y ejercieron una fuerte represión sobre los sospechosos de simpatizar con los sublevados (detenciones, fusilamientos, quema de iglesias...).

En septiembre de 1936, el socialista **Largo Caballero**, el líder más aceptado por el conjunto de las fuerzas de izquierda, formó un gobierno de republicanos, socialistas, comunistas e incluso anarquistas. Se creó el **Ejército Popular** con ayuda soviética y se trató de poner fin a la represión ejercida de forma incontrolada por los comités.

Las derrotas militares aumentaron la división entre los partidos y sindicatos republicanos. El gobierno, con el apoyo de la mayoría de los partidos consideraba prioritario concentrarse en el **esfuerzo militar para ganar la guerra**, mientras que los grupos más radicales defendían la prioridad de profundizar en la revolución social.

Ante las propuestas gubernamentales de restringir el poder de los comités obreros, anarquistas y trotskistas del POUM (Partido Obrero de Unificación Marxista), defensores de un proceso revolucionario radical, se enfrentaron al gobierno en mayo de 1937, pero fueron derrotados.

El socialista **Juan Negrín** formó un gobierno en el que contó con el respaldo de los comunistas, cada vez más fuertes debido al apoyo soviético. Negrín planteó una propuesta de paz, los llamados Trece Puntos, que fue rechazada por Franco.

Cartel de propaganda alusivo a la formación del gobierno del socialista Largo Caballero.

Los Trece Puntos de Negrín

3. República democrática con un gobierno de plena autoridad.
4. Plebiscito para determinar la estructuración jurídica y social de la República.
5. Libertades regionales sin menoscabo de la unidad española.
7. Garantía de la propiedad legítima y protección al elemento productor.
8. Democracia campesina y liquidación de la propiedad semifeudal.
9. Legislación social que garantice los derechos del trabajador.
11. Ejército al servicio de la Nación, estando libre de tendencias y partidos.
12. Renuncia a la guerra como instrumento de política nacional.
13. Amplia amnistía para los españoles que quieran reconstruir y engrandecer España.

30 de abril de 1938..

Los sublevados: La creación de una dictadura

En la zona donde había triunfado el golpe militar, el **ejército** asumió el poder. Todos sus esfuerzos fueron dirigidos a lograr la victoria militar y a organizar un nuevo **Estado de inspiración fascista**, que anulara la legislación reformista de la República.

Tras algunos titubeos sobre a quién correspondía llevar la iniciativa, la Junta de Defensa Nacional -primera institución del nuevo Estado- nombró a **Francisco Franco generalísimo y jefe de gobierno** (tanto Sanjurjo como Mola murieron en accidentes de aviación).

En abril de 1937, Franco decretó la unificación de falangistas y tradicionalistas en un partido único (FET y de las JONS), y un año después se creó el primer gobierno en Burgos, capital provisional del nuevo Estado.

Las principales medidas políticas del nuevo gobierno fueron la prohibición de partidos y sindicatos, a excepción de FET y de las JONS, la supresión de la Constitución y de los estatutos de autonomía, la recuperación del catolicismo como religión oficial del Estado y la anulación de todas las reformas republicanas.

Los objetivos de los sublevados

El gobierno resultante de la insurrección tiene que constituirse en sentido puramente apolítico, por militares (...). Inmediatamente habrá de procederse a la revisión de cuanto se ha legislado hasta el día, especialmente en materia religiosa y social. Es necesario que cesen las actividades de los partidos políticos (...) e ir hacia la estructuración del país desechando el actual sistema liberal y parlamentario.

Carta del general Sanjurjo, 11 de julio de 1936.

LA REVOLUCIÓN SOCIAL EN EL BANDO REPUBLICANO

La República contaba con el apoyo de amplios sectores de la población de características ideológicas diversas: republicanos moderados, reformistas, socialistas, nacionalistas de izquierda, comunistas y anarquistas. Todos defendían la legalidad republicana y la necesidad de cambios sociales y económicos.

Pero el sector más radical de la izquierda, cuya actuación en las primeras semanas de la guerra impidió el triunfo del golpe militar en muchas zonas de España, quiso aprovechar su fuerza para impulsar una revolución social. La discusión entre la prioridad bélica o la necesidad de ahondar en el proceso revolucionario provocó, como hemos visto, numerosos enfrentamientos entre los leales a la República.

Milicianos en el frente de Aragón.

Guerra y revolución

La guerra que hacemos actualmente sirve para aplastar al enemigo en el frente, pero ¿es este el único enemigo? No. El enemigo es también aquel que se opone a las conquistas revolucionarias y que se encuentra entre nosotros, y al que aplastaremos igualmente. (...)

Discurso del líder anarquista Buenaventura Durruti, noviembre de 1936.

LOS MILICIANOS

El término "miliciano" designa a las fuerzas civiles voluntarias que, organizadas por sindicatos o partidos, participaron en la guerra al lado de la República.

En el primer año, se mantuvieron **al margen de la autoridad del propio gobierno** y entraron en conflicto con algunas de las decisiones gubernamentales. En 1937, todas las milicias quedaron integradas en el Ejército Popular, a pesar de la resistencia anarquista.

LA COLECTIVIZACIÓN DE LA ECONOMÍA

Los sectores más radicales del bando republicano impusieron a partir de 1936 la colectivización de la producción y la supresión de la propiedad privada. También en el campo se formaron comunas autogestionadas de campesinos.

UN NUEVO PAPEL DE LAS MUJERES

En el bando republicano, y especialmente entre las organizaciones más revolucionarias, se defendieron los derechos femeninos y la incorporación de las mujeres a los ámbitos social y laboral en pie de igualdad con los hombres.

En los primeros meses de la guerra se les permitió el alistamiento como milicianas, y su incorporación en las industrias de guerra fue muy importante durante todo el conflicto.

Mujer trabajando en la industria de guerra.

La colectivización de la industria

Se hace, pues, necesario organizar la producción, orientarla en el sentido que el único beneficiario debe ser la colectividad, el trabajador (...). El principio de la organización económico-social de la gran industria ha de ser la producción colectivizada. La sustitución de la propiedad individual por la colectividad la concibe el Consell de la Generalitat, colectivizando los bienes de las grandes empresas, es decir, el capital, y dejando subsistir la pequeña propiedad privada de los bienes de consumo y de la pequeña industria.

Decreto sobre colectivización de la Generalitat de Cataluña, octubre de 1936.

1. ¿Cuáles fueron los principales problemas internos a los que se enfrentó la República en guerra?
2. ¿Qué esfuerzos realizó Negrín para conseguir la paz? ¿Tuvieron alguna consecuencia?
3. Lee el texto de Sanjurjo y explica qué objetivos políticos se habían planteado los insurrectos. ¿Qué medidas se tomaron?
4. ¿Qué pretendían y qué acciones llevaron a cabo los sectores más revolucionarios de la República?

8 La Guerra Civil: las fases militares

La Guerra Civil duró cerca de tres años, durante los cuales el ejército rebelde, mejor organizado y equipado, llevó la iniciativa militar. Los republicanos, faltos de una estrategia militar eficaz y de ayudas exteriores importantes, actuaron casi siempre a la defensiva, intentando frenar el avance del ejercito franquista.

AGOSTO 1936 - MARZO 1937: LA BATALLA DE MADRID

Las tropas sublevadas avanzaron por Extremadura y Toledo, y se situaron a las puertas de Madrid en noviembre de 1936. Ante el temor de una inminente conquista de la capital, el gobierno republicano abandonó Madrid y se trasladó a Valencia.

En la Batalla de Madrid, las fuerzas republicanas (parte del ejército, milicias de voluntarios y miembros de las Brigadas Internacionales) resistieron el ataque. Los mandos sublevados intentaron sin éxito otras vías para entrar en la ciudad (Batallas del Jarama y Guadalajara), y Franco decidió abandonar el frente de Madrid y avanzar en otras regiones.

ABRIL 1937 - DICIEMBRE 1937: LA BATALLA DEL NORTE

Entre abril y octubre de 1937 se libró la Batalla del Norte. Durante estos meses, el ejército franquista atacó las ciudades más importantes de la costa cantábrica. El 26 de abril de 1937, la Legión Cóndor alemana bombardeó y arrasó la ciudad de Gernika (Bizkaia), con un elevado número de víctimas civiles. El País Vasco y su producción minera e industrial cayó en manos de los sublevados.

Para intentar frenar la ofensiva franquista en el Norte, los republicanos contratacaron en Brunete (Madrid) y Belchite (Zaragoza), pero no pudieron impedir la caída de Cantabria (agosto de 1937) y Asturias (octubre de 1937).

ENERO 1938 - ABRIL 1939: DE LA BATALLA DEL EBRO AL FIN DE LA GUERRA

En febrero de 1938, las tropas franquistas ocuparon definitivamente Teruel, avanzaron sobre Aragón y llegaron al Mediterráneo.

Para detener el avance de los insurrectos, el gobierno de la República concentró todas sus fuerzas en la Batalla del Ebro (julio-octubre de 1938), la más larga y dura de la Guerra Civil. Tras llevar la iniciativa, el ejército republicano tuvo que retroceder ante el avance franquista.

Entre noviembre de 1938 y febrero de 1939, toda Cataluña fue ocupada por las tropas franquistas. Madrid y la zona centro, las únicas que resistían, fueron ocupadas entre febrero y marzo. El 1 de abril de 1939, un parte de guerra dio el conflicto por finalizado.

¿QUÉ APOYOS INTERNACIONALES RECIBIÓ CADA BANDO?

La Guerra Civil española se libró entre las dos grandes **ideologías** que en aquellos momentos se enfrentaban, como hemos visto, en toda Europa. El conflicto fue visto como un choque entre los sistemas democráticos y los regímenes fascistas. Los partidos políticos, los intelectuales y los grupos sociales influyentes se alinearon en uno u otro bando.

Al margen de la posición de los gobiernos, las **Brigadas Internacionales** fueron el ejemplo más relevante de **movilización social** que originó la Guerra Civil en el mundo. Esas unidades militares agruparon a unos 30000 voluntarios de más de 50 países, que acudieron a apoyar al bando republicano entre septiembre de 1936 y de 1938.

Cartel de Joan Miró en favor de la causa republicana, 1937.

La ayuda militar a ambos bandos

La Italia de Mussolini fue el primer gran apoyo para los golpistas con el envío de material de guerra y soldados. Lo mismo hizo la **Alemania** de Hitler, que vio la ayuda al bando sublevado como una forma de experimentar con el nuevo armamento. Fue especialmente valiosa la Legión Cóndor, un cuerpo de aviación de élite.

Portugal, donde se había implantado recientemente una dictadura militar, apoyó a los sublevados tanto con voluntarios como permitiendo operar en su territorio.

La **Unión Soviética** fue el único país que apoyó al gobierno republicano. Su ayuda consistió en armamento, tanques y aviones. Asimismo enviaron oficiales para la formación del Ejército Popular.

La Legión Cóndor bombardeó la población de Gernika en abril de 1937.

INTERVENCIÓN EXTRANJERA EN LA GUERRA CIVIL

Hombres y armamento	Italia	Alemania	URSS
Soldados y técnicos	80000	18000	4000
Aviones	726	756	680
Carros de combate	180	202	390
Cañones y ametralladoras pesadas	5237	5230	6416

El Comité de No Intervención

Los países europeos, temerosos ante la política expansionista de Hitler en Europa, formaron un Comité de No Intervención que proclamó su neutralidad ante el conflicto en España, aunque reconocían que la guerra era una agresión contra un gobierno legítimo.

Esto significó la prohibición de importar a España material de guerra y otros recursos, sobre todo de Francia y el Reino Unido, y la inhibición de las democracias europeas ante las dificultades de la República para defender la democracia.

Las Brigadas Internacionales

¿Qué es esto que veo yo, sino un plebiscito en pequeño de todos los pueblos del mundo, testimoniado por todos los que sienten como suya la causa de España, que es la causa de la libertad y del derecho? Habéis venido a España, espontáneamente, a defender nuestro país; sin ninguna obediencia a jerarquía superior a vosotros: por vuestra propia voluntad de sacrificar lo que más difícilmente se presta a nadie, a sacrificar la vida. Veníais a defender la justicia, el derecho escarnecido, porque sabíais, también, que aquí, en España, se jugaba la libertad del mundo entero.

Discurso de despedida a las Brigadas Internacionales por Juan Negrín, 1938.

1. Cita los territorios controlados por cada bando hasta el mes de marzo de 1937.
2. ¿Qué fue la Batalla del Norte? ¿Cuál fue el resultado final?
3. Sintetiza la evolución de la guerra entre los inicios de 1938 y abril de 1939. ¿Qué importancia tuvo la batalla del Ebro?
4. ¿Por qué las democracias occidentales no apoyaron al gobierno de la República? Relaciónalo con la situación internacional. ¿Con qué ayudas exteriores contó cada bando?
5. Observa la tabla de la intervención extranjera en la Guerra Civil. ¿Qué bando recibió una ayuda mayor? ¿Qué consecuencias tuvo esta circunstancia?
6. ¿Qué fueron las Brigadas Internacionales? ¿Qué razones habían motivado a los voluntarios para venir a España? ¿Cuánto tiempo estuvieron en el campo de batalla? Lee el texto de Negrín de despedida a las Brigadas Internacionales: ¿cómo las valora?

Los desastres de la guerra

Detrás de la línea del frente quedaba la población civil que también sufría las consecuencias de la guerra. En ambos bandos se vivía el temor por la vida de quienes combatían en primera línea, pero también el miedo a los bombardeos, al hambre y a la represión. ¿De qué manera afectó la guerra a la vida cotidiana de las personas?

Cola para recoger comida en Madrid, 1937.

A EL SUFRIMIENTO DE LA POBLACIÓN CIVIL

UN REFUGIO DURANTE LA GUERRA CIVIL

La Guerra Civil fue una de las primeras en el mundo que vivió el fenómeno de los **bombardeos sobre la población civil**. Para protegerse de las bombas, las personas acudían a los refugios subterráneos, a veces tan improvisados como los túneles del metro.

Se estima que los bombardeos causaron 12 000 víctimas mortales, de las que 11 000 lo fueron en territorio republicano, debido a la potencia de la aviación franquista y la de sus aliados alemanes.

El **hambre** provocada por la escasez de alimentos fue muy grave, sobre todo en la zona republicana, al comprender territorios con menor producción agrícola. A medida que avanzaba el conflicto, el hambre se hizo más presente y las dificultades para conseguir el sustento diario se multiplicaron.

Ante la falta de alimentos, se racionaron los productos de primera necesidad, lo que provocó la aparición de un mercado negro. La desnutrición originó enfermedades y, en ocasiones, la muerte.

Los refugiados

Ante el avance de los sublevados, centenares de miles de personas abandonaban sus casas y se convertían en refugiados. Cataluña y Valencia llegaron a acoger a unos 800 000.

Para alejar a los niños y niñas de los horrores de la guerra, el gobierno decidió evacuar a muchos de ellos. La gran mayoría fue desplazada a Francia, pero unos 3 000 acabaron en la URSS, de donde no volvieron, formando la generación de "los niños de Rusia".

Grupo de niños vascos evacuados de España a la URSS durante la Guerra Civil.

B PERSECUCIÓN Y REPRESIÓN

Los combates de la Guerra Civil dejaron numerosos muertos y heridos. Además de en los campos de batalla, en ambos bandos la violencia se ejerció, contra la población civil, como venganza del adversario por motivos políticos o personales.

En la **zona republicana**, la represión se manifestó de forma violenta e incontrolada en los primeros meses de la guerra, cuando las patrullas obreras detuvieron o asesinaron a numerosos partidarios de los golpistas. Con la llegada al poder de Negrín, esta violencia incontrolada fue prácticamente erradicada.

En la **zona franquista** se institucionalizó la persecución sistemática (detenciones, encarcelamientos, depuraciones y fusilamientos) de los dirigentes y militantes de los partidos y sindicatos de izquierda. Esta represión fue llevada a cabo con el consentimiento de los grupos políticos que respaldaban el alzamiento, y su objetivo era atemorizar a la población e impedir cualquier oposición.

"Paseos" o "sacas"

El descontrol inicial en el bando republicano dio lugar a numerosos "paseos" o "sacas", en los que detenidos o prisioneros eran llevados a las afueras de pueblos y ciudades, donde eran fusilados por alguno de los numerosos grupos armados existentes (milicias de partidos o sindicatos).

Destruir al enemigo

Se tendrá en cuenta que la acción ha de ser en extremo violenta para reducir lo antes posible a un enemigo fuerte y bien organizado. Desde luego, serán encarcelados todos los dirigentes de los partidos políticos, sociedades o sindicatos no afectos al movimiento, aplicándose castigos ejemplares a dichos individuos para estrangular los movimientos de rebeldía o huelga.

Circular del general Mola a sus subordinados, julio de 1936.

C LAS CONSECUENCIAS DE LA GUERRA

La Guerra Civil dejó un impacto de largo alcance en la sociedad española, visible en cuatro aspectos:

- **Demográficos**: A las víctimas en los campos de batalla, hay que unir las de la población civil y el elevado número de **exiliados** al finalizar el conflicto.
- **Económicos**: La destrucción de infraestructuras durante los combates fue muy importante y resultaron muy costosas de reconstruir. La producción agraria e industrial también se vio muy mermada.
- **Políticos**: Significó la destrucción de la democracia y la imposición de una dictadura militar que privó a los españoles y españolas de sus derechos y libertades durante casi 40 años.
- **Sociales**: La **división entre vencedores y vencidos** se mantuvo durante todo el régimen de Franco, quien se opuso siempre a cualquier política de reconciliación.

Republicanos españoles cruzando la frontera hacia Francia.

VÍCTIMAS DURANTE LA GUERRA

	Republicanos	Franquistas
Muertos en combate	90 000	60 000
Víctimas de la represión	78 000*	51 000
Muertos por bombardeos	11000	1000
Muertos por penalidades	60000	30000

* No se contabiliza la represión de posguerra, posterior a 1939.

1. ¿Qué penalidades pasó la población civil durante la guerra? ¿Cuáles tenían mayor impacto en la vida cotidiana?
2. Observa el dibujo del refugio y las partes de las que constaba. ¿Qué función desempeñaba este tipo de construcción?
3. Infórmate acerca de "los niños de Rusia" entrando en www.tiching.com/748197 y en www.tiching.com/748198. A continuación, redacta un texto contando sus experiencias: cuándo y cómo fue su salida de España y cómo se adaptaron a su nueva vida. Por último, explica qué harías tú si vivieras una situación similar: ¿preferirías quedarte con tu familia o ser evacuado?
4. ¿Cuáles fueron las consecuencias de la guerra? Diferencia las que tuvieron un impacto a corto plazo de las que lo tuvieron a largo plazo.

10 Valencia entre 1898 y 1939

La crisis de la Restauración (1898-1931)

Durante la Restauración, los partidos políticos del turno dinástico continuaron controlando la vida parlamentaria valenciana. Al margen de aquel sistema político tan excluyente, surgió un **valencianismo político** que reivindicaba la personalidad propia de las tres provincias dentro del escenario español.

Entre las diferentes corrientes regionalistas que se desarrollaron, la más notable fue el **blasquismo**. Empezó como un movimiento, fundado por el escritor Vicente Blasco Ibáñez, que defendía la república como modelo de Estado, se declaraba anticlerical y apoyaba la modernización de la educación y la ciencia.

De esta ideología surgió el **Partido de Unión Republicana Autonomista** (PURA), aunque más que un partido regionalista tal y como estaban desarrollándose en otros lugares de España, se trataba de una alternativa a los partidos dinásticos, que simpatizaba con el Partido Radical de Lerroux. Consiguió hacerse con el control del Ayuntamiento de Valencia a pesar de la retirada de Blasco Ibáñez de la política activa.

En este período también se produjo un gran avance del **movimiento obrero**, tanto anarquista como socialista. La Federación Regional de Levante (anarquista) llegó a contar con 100 000 afiliados, y UGT, hacia 1930, con unos 60 000. La creciente conflictividad social, en especial desde 1917 (huelgas de ferroviarios y estibadores del puerto de Valencia), explica el crecimiento del sindicalismo de clase.

El escritor y político Vicente Blasco Ibáñez fue clave en la política valenciana desde finales del siglo XIX hasta la Segunda República.

Los hechos de Cullera

Entre 1909 y 1911, el reclutamiento de **tropas para la Guerra de Marruecos** provocó numerosas protestas con destacada participación de obreros y campesinos anarquistas.

En 1911, en **Cullera**, los manifestantes mataron a un juez, a un secretario y a un alguacil llegados desde Sueca con intención de sofocar la revuelta. La ciudad fue tomada por el ejército y se declaró el estado de guerra en la provincia de Valencia.

Los responsables fueron detenidos y juzgados; se dictaron seis penas de muerte, que fueron conmutadas debido a las protestas de la prensa extranjera.

1. ¿Con qué otros hechos relacionas los de Cullera?

La Segunda República (1931-1936)

Las elecciones municipales de 1931 significaron un gran triunfo de las opciones republicanas en las tres provincias valencianas. Esas mayorías, en la **convocatoria a Cortes Constituyentes**, dieron su apoyo a la coalición republicano-socialista.

A pesar de que las **reformas** territoriales y en educación que inició la República beneficiaron a nuestra Comunitat (se favoreció el movimiento valencianista, se construyeron escuelas y se dinamizó la cultura), la reforma agraria no satisfizo a los agricultores. Las exigencias de calidad para las exportaciones de naranja hicieron caer las ventas, y se culpó al gobierno. De este modo, en las **elecciones de 1933**, se reorganizaron los grupos conservadores en torno a la Derecha Regional Valenciana, liderada por Luis Lucia, que contaba con el apoyo de numerosos agricultores. También el PURA, que se alió con el Partido Radical, dio un giro a la derecha.

Con todo, en las **elecciones de febrero de 1936** triunfó el Frente Popular, al que se le había unido el Partit Valencianista d'Esquerra, que reivindicaba el Estat valencià dentro de una futura España federal. El Frente Popular quería recuperar el programa de reformas iniciado durante el primer bienio republicano y tenía la esperanza de sacar adelante un proyecto de Estatuto de Autonomía que debía consensuarse en septiembre de 1936.

NÚMERO DE DIPUTADOS EN LAS ELECCIONES GENERALES

Año	Provincias	Coalición rep.-soc.	Partidos de derecha	
1931	Alicante	10	–	
	Castellón	5	1	
	Valencia	19	1	
Año	**Provincias**	**Partidos de izquierda**	**PURA-PR**	**DRV**
1933	Alicante	3	8	–
	Castellón	–	3	3
	Valencia	–	14	6
Año	**Provincias**	**Frente Popular**	**Bloque Nacional**	
1936	Alicante	8	3	
	Castellón	4	2	
	Valencia	15	5	

LA GUERRA CIVIL EN VALENCIA

El fracaso del golpe de Estado militar en julio de 1936 determinó **la adscripción del territorio valenciano** al bando republicano durante casi toda la Guerra Civil.

En los primeros meses se desencadenó una intensa represión contra los sectores más conservadores de la sociedad y se formaron comités obreros que impulsaron una **colectivización** masiva de las tierras. Se expropiaron cerca de 300 000 hectáreas, un tercio de las cuales fueron ocupadas por las colectividades agrarias.

El territorio valenciano sufrió las penurias de la guerra y algunos bombardeos, pero hasta 1938 estuvo **alejado de los frentes de batalla** y acogió a centenares de refugiados republicanos que huían de sus tierras cuando acababan en manos franquistas.

El traslado, en noviembre de 1936, del gobierno de la República y la **capitalidad** a Valencia, convirtió la ciudad en el centro político y cultural del republicanismo. Pero la derrota republicana en la Batalla del Ebro facilitó el avance de las tropas franquistas sobre nuestras tierras, pues dividió en dos la zona leal a la República hasta la ocupación definitiva por los franquistas en 1939.

REPRESIÓN EN VALENCIA (1936-1939)

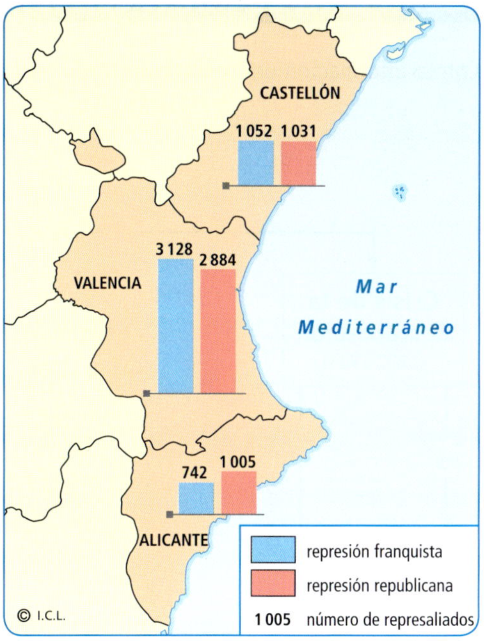

La huida del puerto de Alicante

El puerto de Alicante fue el último que permaneció en manos republicanas. Allí acudieron miles de refugiados que querían huir del país; no lo tenían fácil, puesto que el puerto estaba bloqueado por el ejército franquista y los barcos no se atrevían a atracar en él, excepto uno, el buque inglés *Stanbrook*.

Su capitán subió a bordo a casi 3 000 personas y zarpó entre bombardeos, navegando durante un día por debajo de la línea de flotación del barco hasta llegar a Orán (Argelia). Sin embargo, una vez allí, no se le permitió atracar en el puerto hasta después de varios días, y sólo a mujeres y niños, con el consecuente drama humano que significó esta situación, y que el capitán Dickson relató en una carta.

El *Stanbrook*, cargado con los refugiados republicanos en el puerto de Alicante.

Carta del capitán Dickson

Éste es el sexto día que el resto de refugiados permanece a bordo (alrededor de 1 500). Se han tomado disposiciones por las autoridades locales para suministrar pan. Antes de que las mujeres y los niños desembarcasen, los oficiales del barco y yo mismo les hemos suministrado pequeños lujos tales como leche, chocolate, dulces, etc. Todos los refugiados masculinos siguen a bordo y su apariencia es realmente patética, especialmente por que no han tenido oportunidad de lavarse ni afeitarse. Algunos de ellos se han despojado de sus ropas.

Carta d'A. Dickson a un periódico inglés,
6 de abril del 1939.

1. ¿Por qué motivos (militares, políticos, culturales y económicos) fue tan importante la Comunitat Valenciana durante la Guerra Civil?
2. Fíjate en el mapa de la represión en Valencia (1936-1939), compara la represión franquista y la republicana y extrae conclusiones.
3. Investiga qué pasó con los pasajeros del *Stanbrook* al llegar a Orán y con los republicanos que se quedaron en Alicante.
4. Indica qué partidos surgieron en nuestro territorio en la etapa estudiada y cuál era su ideología.
5. Explica las causas de los cambios de tendencia que se manifestaron en las elecciones durante la Segunda República.

COMPLETA EL MAPA CONCEPTUAL

Con la información del tema, completa en tu cuaderno el siguiente esquema:

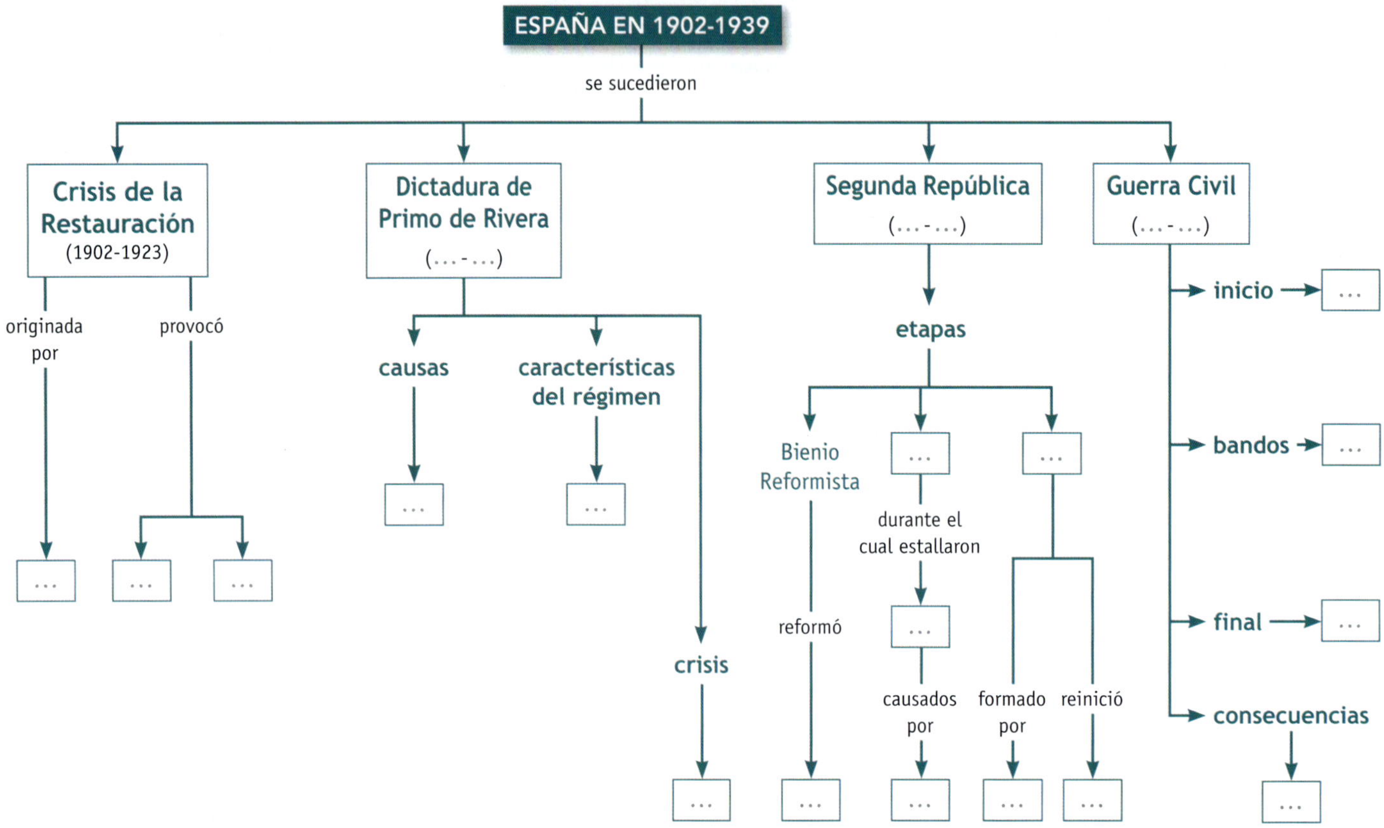

1 CONSOLIDA LO APRENDIDO

a) ¿En qué consistió "la revolución desde arriba" puesta en marcha por Antonio Maura?

b) ¿Cuáles fueron las medidas más significativas tomadas durante la dictadura de Primo de Rivera?

c) ¿Cómo se pasó de la monarquía a la República? ¿Quiénes firmaron el Pacto de San Sebastián?

d) ¿Qué reformas emprendió el régimen republicano durante el Primer Bienio (1931-1933)?

e) ¿Cuáles fueron las causas profundas que explican el estallido de la Guerra Civil?

f) ¿Qué apoyos internacionales recibió cada bando?

2 DEFINE CONCEPTOS CLAVE

- Trienio Bolchevique
- Cortes Constituyentes
- Comité de No Intervención
- coeducación
- latifundismo
- miliciano

3 IDENTIFICA LOS PERSONAJES

- Canalejas
- Primo de Rivera
- Alcalá Zamora
- Lerroux
- Azaña
- Largo Caballero
- Mola
- Franco
- Negrín

4 ESTABLECE LA CRONOLOGÍA

- Barranco del Lobo
- revolución de octubre
- Pacto de San Sebastián
- Frente Popular

5. EXPLICA LAS DIFERENCIAS

- Annual/Alhucemas
- PSOE/CEDA
- franquistas/republicanos

RESPONDE A LA PREGUNTA INICIAL

¿Qué ocurrió en España para que se desencadenase una Guerra Civil?

APRENDE A... COMENTAR UNA OBRA DE FICCIÓN HISTÓRICA

Las bicicletas son para el verano es una obra teatral que se sitúa en Madrid durante la Guerra Civil. Narra la vida cotidiana de una familia y sus vecinos y refleja fielmente el contexto histórico en el que transcurre la trama.

Título: *Las bicicletas son para el verano* (Premio Lope de Vega, 1977).

Autor: Fernando Fernán Gómez.

Género: Teatro.

Edición impresa: Vicens Vives, 1996.

Estreno de la obra: Teatro Español de Madrid, 24 de abril de 1982.

Portada de la obra de Fernando Fernán Gómez.

> El sistema que emplea Fernán Gómez para su desarrollo es (...) un corte de escenario en una casa de vecindad, con alguna -breve- salida al exterior. (...). Es una obra de cuadros; por tanto, de escenas separadas por el paso del tiempo. Ese tiempo es el de la Guerra Civil, y eso es lo que da a la comedia de costumbres una dimensión profunda. Si por una parte en la construcción de la obra hay un uso de técnica teatral ya establecida, por esa interiorización y esa profundidad hay un fondo de Chejov, un fondo de Gorki (...).
>
> Eduardo Haro Tecglen: "Una obra maestra". *El País*, 25 de abril de 1982.

1. Tema y resumen del argumento

- Define el tema de la obra. ¿Qué pretende mostrarnos?
- Resume en pocas líneas la trama argumental.

2. Estructura y ubicación cronológica

- ¿De cuántas partes consta la obra? ¿Cuántos cuadros presenta cada una de ellas?
- ¿En qué época se sitúan los diferentes cuadros? ¿Cuánto tiempo transcurre entre cada uno de ellos? ¿Es homogénea esta distribución?
- ¿Qué función tienen el prólogo y el epílogo?

3. Caracterización de los personajes y ambientación

- Caracteriza los diferentes personajes (principales y secundarios) y explica la relación que hay entre ellos.
- ¿Qué ideología política puedes atribuir a cada uno de ellos? ¿Cómo se manifiestan las diferencias entre vencedores y vencidos?
- ¿Qué personaje está mejor caracterizado? ¿Por qué?
- ¿Qué papel desarrollan en la obra los efectos acústicos (tiroteos, explosiones, golpes...)? ¿Y el aparato de radio?

4. Contexto histórico

- ¿Qué datos históricos permiten al lector la ubicación temporal de las diferentes escenas? Pon algunos ejemplos.
- ¿Cómo se presentan las penalidades cotidianas de la guerra (hambre, miedo...) que sufren los personajes?
- Haz una breve relación de las diferentes situaciones del Madrid de la Guerra Civil que aparecen en la obra.

5. Punto de vista del autor

- ¿Crees que el autor ofrece una visión neutral de la Guerra Civil? ¿En qué punto de vista se sitúa respecto a los diferentes personajes? Justifica tus respuestas.
- ¿Qué sentido atribuye el autor al título de la obra? ¿Qué valor simbólico atribuye don Luis al "verano" cuando al finalizar la obra dice: "¿Cuándo habrá otro verano?"
- Explica qué quería decir don Luis cuando comenta a su hijo: "No ha llegado la paz Luisito, ha llegado la victoria".

6. Valoración personal

- Expresa tu opinión sobre la obra: ¿Qué aspectos te han interesado más? ¿Con qué personajes te has identificado? ¿ Cómo te ha ayudado a comprender la Guerra Civil?

RAZONA HISTÓRICAMENTE

Empatía. Reflexiona por qué se dice que la peor de las guerras es la guerra civil. Escribe una lista de elementos en la que justifiques qué la hace diferente a otros conflictos.

Argumentación. ¿Por qué decimos que el régimen de Primo de Rivera es una dictadura? Utiliza conceptos como libertad o libertades, constitución y pluralidad política.

1 Espacio y tiempo. Las etapas militares de la Guerra Civil

a) ¿Cuáles fueron las ofensivas franquistas más importantes? ¿Y las republicanas? ¿Qué objetivos perseguía cada una de ellas?

b) ¿Cuál ejército era más potente? ¿Por qué? ¿Qué apoyos recibió cada bando? ¿Fueron más fuertes en un bando que en otro?

c) ¿Qué consecuencias tuvo la imposibilidad de conquistar Madrid en los inicios del conflicto por parte del ejército franquista? ¿Cuál fue su estrategia a partir de entonces?

d) ¿En cuál de las grandes batallas de la Guerra Civil pareció que el bando republicano tomaba la iniciativa? ¿Cuál fue el desenlace final?

2 Fuentes gráficas. Conflictividad social

La estadística de huelgas en España es una forma de aproximarse a la conflictividad social de la época.

Analiza el gráfico y responde a las preguntas que tienes a continuación:

a) ¿Cuál fue la evolución del número de huelgas en el primer tercio del siglo XX?

b) ¿En qué momentos se desató una mayor conflictividad social? Relaciona cada máximo con el momento histórico que le corresponde.

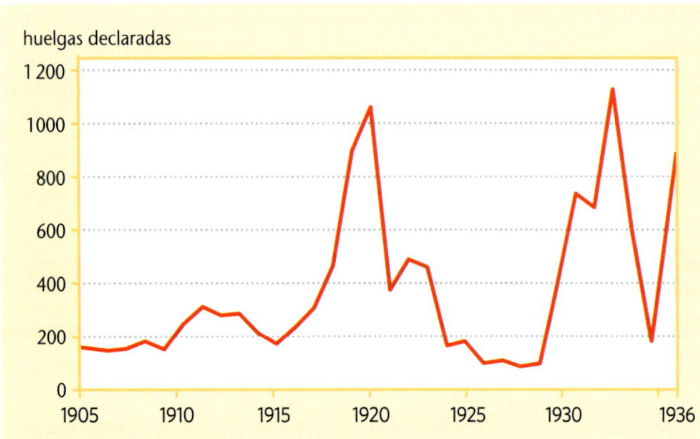

3 Fuentes documentales. Programa de la CEDA

Los candidatos de la coalición antimarxista defenderán resueltamente la necesidad de una inmediata derogación, por la vía que en cada caso proceda, de los preceptos tanto constitucionales como legales, inspirados en designios laicos y socializantes, en realidad encaminados a destruir el inmenso patrimonio moral y la ya exhausta riqueza material de la sociedad española; trabajarán sin descanso para lograr la cancelación de todas las disposiciones confiscadoras de la propiedad y persecutorias de las personas, de las asociaciones y de las creencias religiosas.

Programa de la CEDA, octubre de 1933.

a) Lee con atención este texto y contesta las siguientes preguntas: ¿Qué pretendía derogar la CEDA? ¿Por qué? ¿Cómo se calificaban a sí mismos los candidatos de la CEDA?

b) ¿Cuál fue el resultado de las elecciones de 1933? ¿Qué periodo iniciaron? ¿Qué partido o partidos gobernaron a partir de 1933? ¿Hasta qué año?

c) ¿Estaba la CEDA en el gobierno cuando se dio a conocer su programa político?

4 Fuentes iconográficas. Carteles de la Guerra Civil

Durante la Guerra Civil, la agricultura y la ganadería se convirtieron en un objetivo esencial para ambos bandos ya que cada zona necesitaba alimentar a la numerosa población civil de la retaguardia.

Observa y compara ambos carteles de propaganda:

- **a)** ¿Qué puedes ver en cada uno de ellos? ¿Cómo se ilustra la libertad en el cartel prorrepublicano? ¿De qué aparece acompañado el personaje del cartel profranquista?
- **b)** ¿Cómo interpretas los elementos escritos que aparecen en cada uno de los carteles? ¿A quiénes se da protagonismo en estos carteles?
- **c)** ¿Qué gran región agrícola quedó en manos de los golpistas desde los inicios de la Guerra Civil?
- **d)** ¿En qué consistió el proceso de colectivización de la zona republicana?

Cartel del diseñador gráfico Arturo Ballester (1892-1981).

Cartel realizado por el pintor Teodoro Delgado (1907-1975).

WWW. ESPACIO WEB

5 Búsqueda de información. El Guernica

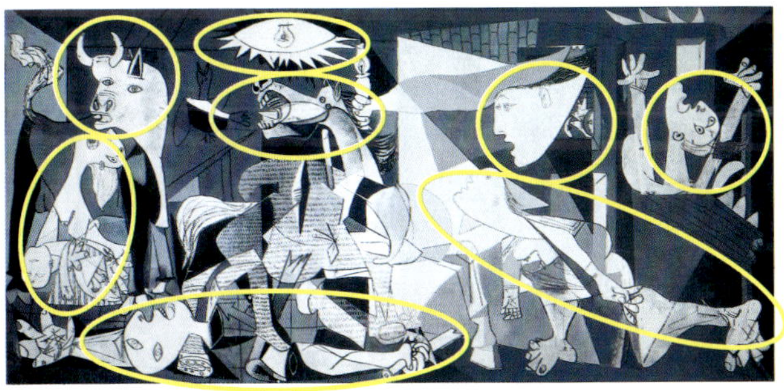

Pablo Ruiz Picasso: *Guernica*, 1937.

Busca información en Internet sobre el cuadro *Guernica* de Picasso y contesta las preguntas:

- **a)** Identifica cada una de las imágenes señaladas con un círculo y el simbolismo que el pintor les ha querido otorgar.
- **b)** La pintura se titula Guernica. ¿Qué hecho motivó a Picasso su realización? ¿Qué ha querido denunciar? ¿Con qué recursos lo ha conseguido?
- **c)** Averigua en qué circunstancias fue pintado el cuadro y dónde fue expuesto por primera vez.

6 Fuentes audiovisuales. La Semana Trágica

Visiona el vídeo acerca de la Semana Trágica de 1909 en www.tiching.com/63359 y contesta las preguntas:

- **a)** ¿Por qué España se vio implicada en una guerra en el Norte de África?
- **b)** ¿Qué soldados eran reclutados para ir a la guerra?
- **c)** Explica las causas que provocaron el estallido de la Semana Trágica y resume los principales sucesos.
- **d)** ¿Por qué la ejecución de Ferrer Guardia suscitó una campaña de protesta en varias ciudades europeas?

RETOS EN LA RED

MINI UNIDAD VISUAL: Aquel 14 de abril.

ACTIVIDADES AUTOCORRECTIVAS: Resuelve estas actividades y repasa lo que has aprendido.

www.vvd.link/012382/9

10 La Segunda Guerra Mundial

¿Quiénes y por qué se enfrentaron en la Segunda Guerra Mundial?

VICTORIAS Y EXPANSIÓN DEL EJE (1940–1942)

RECONQUISTAS Y VICTORIAS DE LOS ALIADOS (1942–1945)

1940 · 1941 · 1942 · 1943 · 1944 · 1945 · 1946

- **Septiembre** Invasión de Polonia
- **Mayo** Ofensiva alemana hacia el Oeste
- **Junio** Invasión de la URSS
- **Diciembre** Ataque japonés contra Pearl Harbor
- **Junio** Victoria americana de Midway
- **Nov. Febrero** Batalla de Stalingrado
- **Noviembre** Desembarco aliado en África del Norte
- **Septiembre** Capitulación de Italia
- **Junio** Desembarco aliado en Normandía
- **Mayo** Capitulación de Alemania
- **Agosto** Bombas atómicas sobre Hiroshima y Nagasaki
- **Septiembre** Capitulación de Japón

La ciudad de Berlín en agosto de 1945. Fotografía de Robert Cappa.

La Segunda Guerra Mundial (1939-1945) fue el conflicto más brutal y devastador del siglo XX, por la duración e intensidad de los combates, por los recursos que se emplearon y por la pérdida de vidas humanas.

Los desencadenantes de la guerra fueron los expansionismos nazi y japonés, y la incapacidad de las democracias occidentales para frenarlos.

Este conflicto fue una "guerra total", que afectó a la población civil y que puso la economía, la ciencia y la técnica al servicio de las necesidades bélicas.

Fue, además, una guerra ideológica que perseguía la plena liquidación del enemigo, y que significó un durísimo enfrentamiento entre los que morían por los ideales de la democracia y el socialismo y los que se alineaban con el fascismo.

¿Qué sabemos?

- Observa el eje cronológico. ¿Qué periodo cronológico abarca la Segunda Guerra Mundial? ¿Qué dos grandes fases puedes observar? ¿Qué diferentes frentes había?
- ¿Sabes por qué esta guerra recibe el nombre de mundial? ¿Crees que tuvo mayor ámbito geográfico que la Primera Guerra Mundial?

PREGUNTA CLAVE 1

¿Por qué se llegó a la Segunda Guerra Mundial?

Los orígenes remotos de la Segunda Guerra Mundial hay que buscarlos en el orden internacional surgido tras la Primera Guerra Mundial. El Tratado de Versalles fomentó la humillación y el resentimiento de los vencidos.

Muchos alemanes e italianos no aceptaron las imposiciones de Versalles y eso estimuló el revanchismo y el ascenso, como hemos visto, de sistemas políticos dictatoriales, deseosos de buscar en una nueva guerra el predominio económico y político en Europa.

¿Qué hechos se encadenaron para hacer inevitable el conflicto? ¿Qué alianzas dieron lugar a un alcance mundial de la guerra?

Ilustración escolar italiana. Los niños etíopes se inclinan ante la bandera italiana. Un ejemplo del adoctrinamiento expansionista del fascismo.

A EL BELICISMO DE LOS REGÍMENES TOTALITARIOS

Los regímenes fascista italiano y nazi alemán desarrollaron, como hemos visto, una **política expansionista** que aspiraba a engrandecer sus fronteras territoriales y desafiaba al consenso establecido en la Sociedad de Naciones (SDN).

Para ello, reforzaron el ejército, impulsaron el militarismo y propiciaron una intensa carrera de armamentos.

En estos países se exaltó el sentimiento nacional y se inició una política exterior agresiva que condujo al estallido de un nuevo enfrentamiento armado.

El programa de Hitler

La solución definitiva reside en el ensanchamiento de nuestro espacio vital (*lebensraum*), fuente de materias primas y de la subsistencia de nuestro pueblo (...).

Por tanto, establezco los siguientes objetivos:

- El ejército alemán tiene que estar preparado para entrar en acción en el plazo de cuatro años.
- En cuatro años, la economía alemana ha de estar en condiciones de sostener una guerra.

Memorándum secreto de Adolf Hitler, agosto de 1936.

B UNA ESCALADA DE AGRESIONES

El pasillo de Danzig era un corredor sobre territorio alemán otorgado a Polonia en el Tratado de Versalles para darle salida al mar. Separaba a la Prusia oriental del resto de Alemania.

En la década de 1930, los Estados autoritarios impulsaron una serie de agresiones bélicas hacia otros países:

- En Asia, **Japón** buscaba ampliar sus territorios a costa de China. En el año 1931 ocupó Manchuria y, en 1937, inició la invasión de China.
- En África, en 1935, **Italia** ocupó Etiopía en sus deseos de ampliar su imperio colonial. En Europa, también invadió Albania.
- Italia y Alemania intervinieron en la **Guerra Civil española** entre 1936 y 1939, facilitando soldados y armamento a los militares sublevados, mientras Francia y el Reino Unido se mantenían al margen (Pacto de No Intervención).
- **Alemania** desarrolló una política de expansión territorial con la idea de crear un gran imperio (**III Reich**) con las tierras habitadas por todos los pueblos germánicos. En 1936, en contra de lo impuesto en el Tratado de Versalles, Hitler remilitarizó la región de Renania.

  En marzo de 1938 ocupó militarmente Austria (*Anchluss*) y, en septiembre, exigió a Checoslovaquia la entrega del territorio de los Sudetes, poblado por una importante minoría alemana.

C LA DEBILIDAD DE LAS DEMOCRACIAS

Ante la política agresiva de los regímenes autoritarios, las democracias se empeñaron en mantenerse al margen de los problemas del mundo (aislacionismo de Estados Unidos) o en preocuparse por sus propios problemas internos, como el aumento del paro o la agitación social.

Así, la debilidad de las democracias y el fracaso de la Sociedad de Naciones ante las agresiones de los regímenes nazi y fascista estimuló el belicismo de estas y acabó conduciendo a la guerra.

La **Conferencia de Múnich** (1938), convocada por el propio Hitler, ante las quejas de Francia, el Reino Unido y otras potencias por su expansionismo, acabó con la claudicación de las democracias ante las promesas de Hitler de detener su avance.

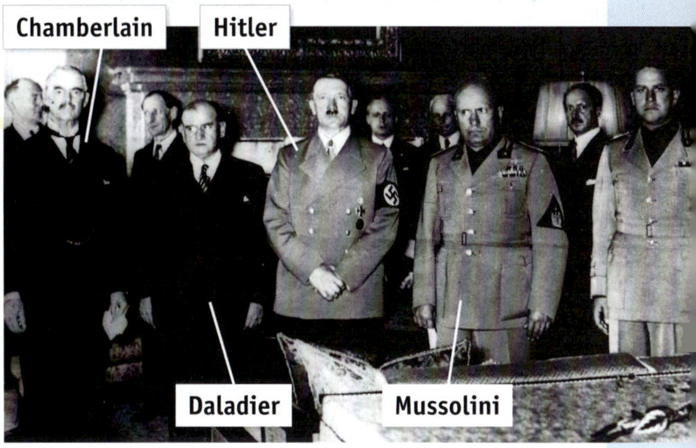

El ministro británico Chamberlain, el ministro francés Daladier, Adolf Hitler y Benito Mussolini en la Conferencia de Múnich. Hitler consiguió la aceptación de Francia y del Reino Unido para la ocupación de los Sudetes, una parte de Checoslovaquia.

D PREPARANDO LA GUERRA: LA FORMACIÓN DE ALIANZAS

Esta política expansionista se basó en una serie de tratados internacionales de apoyo mutuo. En 1936, Alemania firmó una alianza con Italia, conocida como el **Eje Roma-Berlín**. Esta alianza se renovó en mayo de 1939 con el nombre de **Pacto de Acero**.

Además, en noviembre de 1936, Alemania firmó con Japón el **Pacto Antikomintern**.

Francia y el Reino Unido se habían mantenido al margen. Pero, cuando en 1939 Hitler reclamó el corredor de Danzig (territorios que separaban Alemania de Prusia Oriental), Francia y el Reino Unido se comprometieron con Polonia a ir a la guerra si era necesario.

Para evitar que la URSS se aliara con Francia y que el Reino Unido ayudara a Polonia, Hitler firmó con Stalin el **Pacto Germano-Soviético** (agosto de 1939), tras el cual inició la invasión de Polonia (septiembre de 1939).

Entonces, los **aliados** (Francia y el Reino Unido) declararon la guerra a Alemania. Este fue el inicio de la Segunda Guerra Mundial.

El Pacto Germano-Soviético

Ambas potencias, enemigas políticamente, deseaban posponer su enfrentamiento. Hitler quería evitar el conflicto, ya que consideraba que no podía mantener una guerra en dos frentes. Los soviéticos también querían evitar la guerra hasta estar mejor preparados.

El acuerdo, además, incluía unas cláusulas secretas de reparto de Polonia y de reconocimiento del control de la URSS.

La invasión de Polonia

He enviado al extranjero a mis escuadrones de la muerte con la orden de matar sin piedad a todos los hombres, mujeres y niños de raza y lengua polaca. Solo así obtendremos el espacio vital que necesitamos. (...) Lo que voy a hacer en Polonia se repetirá de igual forma en Rusia.

Hitler a sus colaboradores militares, 1939.

1. ¿Cómo evidencia el memorándum secreto de Hitler los planes belicistas del nazismo?
2. ¿Qué cambios territoriales en las fronteras de Alemania se evidencian en el mapa? ¿Cómo y cuándo se realizaron?
3. ¿Qué actitud mantuvieron las potencias democráticas? ¿Cómo se reflejó su actitud en la Conferencia de Múnich? ¿Qué alianzas se firmaron?
4. ¿Por qué la invasión de Polonia significó el estallido de la guerra?

Argumenta la respuesta

5. Justifica razonadamente por qué la Segunda Guerra Mundial fue un conflicto largamente preparado y buscado, con causas profundas generadas desde el final de la Primera Guerra Mundial.

2 El desarrollo de la guerra

Las victorias del Eje (1939-1941)

Con la invasión de Polonia (septiembre de 1939), Hitler inició la **guerra relámpago**, basada en el uso de divisiones acorazadas (los Pánzer) y en un importante apoyo aéreo. Este tipo de guerra permitió el ataque sorpresa y avanzar con rapidez. Polonia se hundió en tres semanas y el país fue dividido entre Alemania y la URSS, según el Pacto Germano-Soviético.

En 1940, los ejércitos alemanes invadieron la mayor parte de **Europa Occidental** (Dinamarca, Noruega, Países Bajos, Bélgica y el Norte y Oeste de Francia). En el verano de ese mismo año, solo el Reino Unido resistía a Alemania. Para preparar un posible desembarco en el Reino Unido, la Luftwaffe, la aviación de guerra alemana, bombardeó los puertos y las ciudades británicas: fue la llamada **Batalla de Inglaterra**.

El Reino Unido resistió el ataque y Hitler tuvo que renunciar al desembarco, pero decretó el bloqueo de las islas Británicas y desencadenó la **Batalla del Atlántico** para impedir la llegada de suministros a los británicos. También combatió a los británicos en el Mediterráneo, y las tropas del Afrikakorps* (bajo el mando de Rommel) conquistaron el **Norte de África**. Yugoslavia y Grecia fueron también conquistadas en abril de 1941.

En junio de 1941, Hitler lanzó la **Operación Barbarroja** y atacó Rusia, llegando con rapidez hasta las puertas de Moscú y Leningrado. Este hecho fue de enorme trascendencia. La URSS se incorporó a los Aliados y se enfrentó a las potencias del Eje.

En diciembre de 1941, Japón destruyó la flota estadounidense en **Pearl Harbor** y Estados Unidos entró en la guerra.

Soldados alemanes arrancando los puestos fronterizos de Polonia, 1939.

LA OFENSIVA JAPONESA

En 1932, Japón había invadido Manchuria en China, y en 1937 ocupó Pekín. A partir de esa fecha continuó extendiéndose por el Pacífico.

LA EXPANSIÓN DEL EJE (1939-1941)

El Reino Unido, solo ante el Eje

Yo diría a la Cámara, como dije a todos los que se han incorporado a este gobierno: "No tengo nada más que ofrecer que sangre, esfuerzo, lágrimas y sudor".

(...) ¿Cuál es nuestra política?: hacer la guerra por mar, por tierra y por aire, con toda nuestra potencia y con toda la fuerza que Dios nos pueda dar; hacer la guerra contra una tiranía monstruosa, nunca superada en el oscuro y lamentable catálogo de crímenes humanos.

Discurso de Winston Churchil, mayo 1940.

Las ofensivas aliadas (1942-1945)

Tras la entrada de la URSS y EEUU en el conflicto, la guerra empezó a dar un vuelco en junio de 1942. Los estadounidenses frenaron el avance japonés en el Pacífico (**batallas de Midway** y **Guadalcanal**) e iniciaron la reconquista de los territorios ocupados.

En el Norte de África, los británicos derrotaron en **El-Alamein** a los alemanes, que iniciaron su retirada. Poco después, un ejército aliado, bajo el mando del general Eisenhower, desembarcó en el África francesa y venció a los alemanes en Túnez (mayo de 1943).

El asalto alemán sobre **Stalingrado** (agosto 1942-febrero 1943) fue el primer gran fracaso de Hitler. La ciudad resistió varios meses de asedio, tras los cuales el mariscal alemán Paulus se rindió. Los soviéticos pasaron entonces a la ofensiva, recuperando Ucrania y liberando Leningrado de su asedio (enero de 1944).

LAS VICTORIAS DE LOS ALIADOS (1942-1945)

La liberación de Europa se inició tras el **desembarco angloestadounidense en Normandía** (junio de 1944), que supuso la entrada de numerosos soldados y armamento. Vencida la resistencia alemana, los angloamericanos iniciaron el avance desde el Oeste, liberaron parte de Francia y entraron en Alemania. Por su lado, los rusos avanzaron por el Este y expulsaron a los alemanes de Polonia, Rumania y Bulgaria. Para apoyar este avance, los aliados sometieron a las ciudades alemanas a fuertes bombardeos.

Ambos ejércitos aliados iniciaron la ocupación de Alemania y se encontraron en el río Elba el 26 de abril de 1945. El día 30, Hitler se suicidó, y el 8 de mayo, **Alemania capitulaba**.

El fin de la guerra en el Pacífico

En el Pacífico, la reconquista estadounidense de los territorios ocupados por japoneses estaba prácticamente finalizada, pero Japón mantenía una fanática resistencia, simbolizada por la acción de los *kamikazes**.

Para precipitar la rendición, el presidente estadounidense, Harry S. Truman, decidió utilizar un arma nueva, la **bomba atómica**, que fue lanzada sobre las ciudades de Hiroshima y Nagasaki en agosto de 1945. Ante el horror nuclear, el 2 de septiembre, Japón capituló. La Segunda Guerra Mundial había terminado.

La ciudad de Hiroshima completamente arrasada por la bomba atómica. La destrucción alcanzó proporciones desconocidas hasta ese momento, y el número de víctimas ascendió a 150 000.

1. Explica las grandes ofensivas que llevaron a cabo las potencias del Eje en Europa a partir de 1939. ¿Qué importancia tuvo la Operación Barbarroja? ¿Cómo cambió las alianzas bélicas?
2. ¿Qué zonas fueron ocupadas por los japoneses en el Pacífico antes y durante la guerra?
3. ¿Cuál fue el detonante de la entrada de EEUU en la guerra? ¿Qué importancia tuvo su incorporación?
4. Explica las diferentes fases de las ofensivas de los aliados en Europa y el Norte de África. ¿Cuándo se rindió Alemania?
5. @ ¿Por qué se lanzaron las bombas atómicas sobre Hiroshima y Nagasaki? Averigua cuáles fueron sus consecuencias.

3 Una guerra total

La Segunda Guerra Mundial fue un conflicto en el que ambos bandos, enfrentados por razones ideológicas y políticas, perseguían objetivos que solo podían conseguirse con la destrucción del contrario. No había opciones para negociar la paz y se utilizaron todos los medios posibles para conseguir la victoria.

Un alcance mundial

La Segunda Guerra Mundial fue una guerra total, en primer lugar por sus dimensiones geográficas: jamás una guerra había tenido tantos contendientes. El conflicto contó con países de los **cinco continentes**, fueran estos Estados independientes o colonias, y las operaciones bélicas se produjeron no solo en Europa, sino también en África, Asia y Oceanía.

LOS PAÍSES IMPLICADOS EN LA SEGUNDA GUERRA MUNDIAL

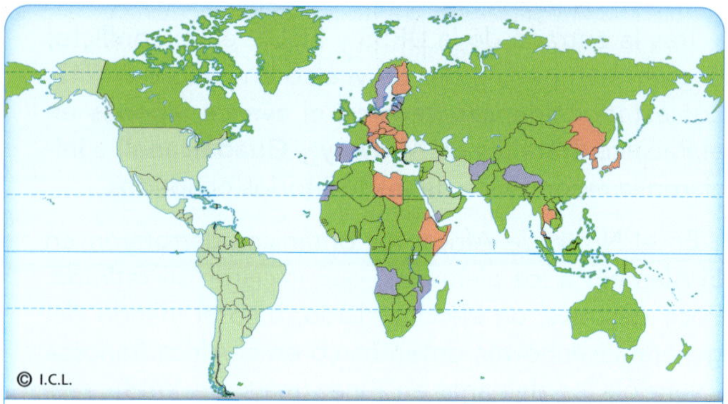

Además, los efectivos humanos movilizados por la guerra fueron muy numerosos. Alrededor de **50 millones de soldados** de los principales ejércitos y cerca de 100 millones contando todo tipo de tropas, policía, guerrilla, etc.

LA INVERSIÓN HUMANA Y ECONÓMICA DE LOS CONTENDIENTES EN 1944

País	Soldados movilizados	Gasto militar en % del PIB
URSS	12,4 millones	35,5
EE UU	11,2 millones	42,7
Alemania	9,1 millones	65,5
Japón	5,3 millones	41
Reino Unido	4,5 millones	–

Población y economía al servicio de la guerra

El conflicto no solo afectó a las tropas, sino directamente a la población civil. El concepto tradicional de retaguardia desapareció, en buena medida a causa de los **bombardeos**, que buscaban sembrar el terror en las ciudades, desmoralizar a la población y acabar con su capacidad de resistencia.

Al mismo tiempo, estas acciones perseguían destruir y desarticular la organización industrial y económica del enemigo, y debilitar su capacidad militar. En la etapa final de la contienda se convirtieron en castigo ejemplar y devastador sobre los vencidos.

La Segunda Guerra Mudial tuvo una indisociable dimensión económica, ya que se desarrolló como un conflicto bien planificado que requirió la **intervención del Estado** en la vida económica para poner la producción, la ciencia y la técnica al servicio de las necesidades bélicas.

El crecimiento del complejo industrial militar, asociado al desarrollo de una tecnología de la muerte, implicó un extraordinario cambio en la organización de la producción y un gran aumento de la mano de obra en los países beligerantes.

En el caso del Reino Unido, Estados Unidos y Japón significó la **movilización masiva de la mujer** y su incorporación al mercado laboral, mientras que Alemania recurrió a la explotación de trabajadores extranjeros.

La escasez de alimentos y de bienes de consumo obligó a los países a organizar la penuria cotidiana por medio del **racionamiento**, lo que estimuló el mercado negro, y a limitar las manifestaciones derivadas del malestar social, a fin de que este no se extendiese, sobre todo entre los soldados.

Trabajadoras del complejo industrial-militar de Oak Ridge, en Tennessee (EE UU), en el que se desarrolló el Proyecto Manhattan (1941-1945), que consiguió la fabricación de la bomba atómica.

LA BATALLA IDEOLÓGICA

Para ganar la guerra eran necesarios no solo medios materiales sino la movilización de las conciencias. Como ya vimos en la Primera Guerra Mundial, los dos bandos exaltaron los valores patrióticos y el odio al enemigo.

Los aliados centraron sus campañas no solo en el espíritu de lucha, en la responsabilidad de unirse al esfuerzo bélico y en la defensa de la unidad de los aliados, sino muy especialmente en la exaltación de los **valores democráticos** frente a las dictaduras.

Las potencias del Eje, y especialmente la Alemania nazi, defendieron el valor y la superioridad de la **raza aria** y denunciaron el "**complot judío y comunista**" que amenazaba al mundo y al que había que destruir.

Para lanzar sus mensajes, ambos bandos utilizaron los medios de comunicación de masas: la radio, los noticiarios, el cine, la prensa y, muy especialmente, los carteles de propaganda.

Detrás de las potencias enemigas, el judío. Cartel alemán, 1942.

Vencer a la tiranía

Combatimos como nuestros padres habrían combatido, para defender la doctrina en la que todos los hombres son iguales a los ojos de Dios. Nuestros adversarios se esfuerzan en destruir esta creencia profunda y en crear un mundo a su imagen y semejanza, un mundo de tiranía, de esclavitud y de crueldad. Ningún compromiso puede poner fin a este conflicto. No ha habido jamás, y no podrá haber jamás, un pacto entre el bien y el mal. Solo la victoria total puede recompensar a los defensores de la tolerancia, la libertad y la fe.

Discurso del presidente F. D. Roosevelt, enero 1942.

Las manos aliadas hacen añicos la cruz gamada. Cartel de propaganda americano de 1944.

Las mujeres y el esfuerzo de guerra

La movilización para el esfuerzo de guerra implicó a las mujeres en mayor medida que durante la Primera Guerra Mundial. Se incorporaron al trabajo en todos los sectores, y especialmente en la industria de guerra. También acudieron al frente como médicos y enfermeras, o en tareas auxiliares.

En el caso de la URSS, formaron parte del ejército rojo como soldados y oficiales (fueron el 10% de las tropas movilizadas). También se incorporaron a las guerrillas y a las tareas de espionaje.

Cartel de propaganda soviético exaltando el papel de las mujeres en el esfuerzo bélico.

1. Con los datos del mapa y los de los contendientes, explica por qué realmente esta fue una guerra mundial.
2. ¿Qué motivó el enorme número de bajas civiles?
3. ¿Cómo afectó a la economía la contienda bélica? Valora la dedicación del PIB a los gastos militares y deduce las condiciones de vida que tuvo que padecer la población.
4. Observa la foto de Oak Ridge. ¿Qué fue el Proyecto Manhattan? Relaciónalo con la alianza entre ciencia e industria militar.
5. La batalla ideológica tuvo una de sus máximas expresiones en la cartelería. Busca en Internet un cartel de cada uno de los bandos. Explica por qué lo has elegido y comenta su iconografía y el mensaje que transmite.

Ocupación y violencia durante la guerra

La guerra, como hemos visto, afectó profundamente a la vida cotidiana de la población de los países beligerantes. Pero, además, aquellos territorios que fueron ocupados, fundamentalmente por los nazis en Europa y por el Imperio japonés en Asia, padecieron opresión política, persecución ideológica y explotación económica.

@ Amplía en la Red...

Para saber más sobre la expansión de Alemania durante la guerra, entra en: www.tiching.com/746127

A EL DOMINIO POLÍTICO

Los alemanes quisieron imponer el nuevo orden nazi sobre el conjunto de Europa. A medida que ocupaban los países, estos pasaban a depender, en diversas categorías, del III Reich. Organizaron los territorios conquistados en:

- **Regiones incorporadas al Reich** (Alsacia, Lorena, Luxemburgo, Bohemia...), como una parte más de Alemania.
- **Estados satélites** con gobiernos colaboracionistas con la ocupación (la Francia de Vichy, Eslovaquia, Rumania...).
- **Territorios ocupados** (Polonia oriental, países bálticos, etc.), que eran los de menor consideración y más maltratados.

EL TERCER REICH

B LA EXPLOTACIÓN ECONÓMICA

La ocupación nazi tenía como finalidad la **explotación** de los territorios sometidos en beneficio de Alemania. Estos territorios eran obligados a contribuir al esfuerzo de guerra alemán y a proveer al Reich de materias primas, productos agrícolas, bienes industriales y trabajadores. En 1944, el 30% de los trabajadores de la industria armamentística alemana eran extranjeros.

También exigieron la participación de **capital alemán** en las empresas extranjeras, controlaron la **producción** alimentaria y minera y procedieron a requisamientos forzosos, sin atender a las necesidades de la población autóctona. En consecuencia, los desplazamientos masivos, el hambre y una mortalidad extraordinaria se extendieron, sobre todo, por el Este europeo.

Expoliar a los países ocupados

La única manera de administrar Polonia consiste en explotar ese país (...) tomando todos sus productos alimentarios, materias primas, máquinas, instalaciones industriales, etc., necesarios para la economía de guerra alemana, y utilizar todas las categorías de trabajadores necesarios para enviarlos a Alemania. Se trata de reducir al conjunto de la econonomía polaca al mínimo absolutamente indispensable para la simple superviencia de la población. Polonia será tratada como una colonia. Los polacos se convertirán en esclavos del Gran Reich alemán.

Hans Frank, gobernador de la Polonia ocupada, 1939.

LOS TRABAJADORES EXTRANJEROS EN ALEMANIA

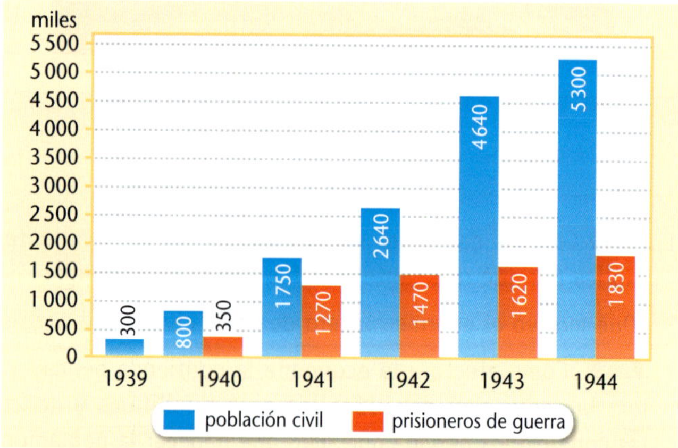

C EL SOMETIMIENTO DE LA POBLACIÓN

La violencia contra la población civil fue enorme con la ocupación alemana. La implantación de un **régimen de violencia y terror** fue consustancial al dominio militar y político.

La **Gestapo*** y las **SS*** alemanas fueron brutales instrumentos de disuasión frente a cualquier disidencia, y de represión implacable sobre los resistentes, que fueron sometidos a arresto, tortura, deportación o ejecución.

La invasión japonesa

En los territorios ocupados por los japoneses (China, Corea y el Sudeste asiático), los asesinatos en masa, la tortura, el trabajo forzado y la esclavitud sexual fueron prácticas comunes.

Una de las matanzas más conocidas se realizó en 1937 contra la población civil de la ciudad de Nanking (China), donde fueron asesinadas un mínimo de 200 000 personas.

La utilización del terror: los desaparecidos

Con el inicio de la campaña de Rusia, elementos comunistas y germanófobos han intensificado sus ataques contra el Reich. (...) se imponen medidas de intimidación muy rigurosas (...).

Un efecto de terror eficaz y duradero no se puede obtener más que con la pena de muerte o por medidas que mantengan a los familiares y a la población en la incertidumbre de cuál es el destino de los detenidos.

Deben ser transportados a Alemania para su desaparición (...) ninguna información sobre su paradero debe ser difundida.

Decreto Nacht und Nebel *(Noche y Niebla)*, diciembre de 1941.

D COLABORAR O RESISTIR

Los alemanes encontraron colaboradores en los países ocupados: los **gobiernos colaboracionistas**; también, industriales temerosos del comunismo o seducidos por el beneficio que ofrecían los ocupantes, así como sectores de la población atraídos por el nuevo orden nazi, o aterrorizados por la brutalidad del nazismo.

Sin embargo, a pesar del peligro, un buen número de **resistentes*** trabajaron contra el enemigo o se incorporaron a grupos armados clandestinos (guerrilla).

El gobierno colaboracionista francés de Petain aceptaba los principios antisemitas. La inscripción de una oficina francesa dice: "Los judíos están en tierra extranjera, porque no son franceses, ni cristianos, ni europeos".

Resistir frente a la ocupación

2. Debes trabajar mal y despacio cuando lo hagas para los alemanes.
3. Debes destruir todos los utensilios y máquinas que puedan ser útiles a los alemanes.
4. Debes retrasar todos los transportes que partan hacia Alemania. (...)
6. No debes comprar nada en comercios alemanes.
7. Debes comportarte con los traidores como ellos se merecen.
8. Debes proteger a cualquiera que sea perseguido por los alemanes.

Consejos de la resistencia danesa dirigidos a la población, 1941.

1. ¿Qué territorios ocuparon en Europa las potencias del Eje? ¿Cómo organizó Alemania esos territorios? ¿Qué países o zonas quedaron fuera de su dominio?
2. ¿Qué explotación económica se llevó a cabo en las zonas ocupadas? Valora el texto sobre Polonia. ¿Cómo es considerada su población?
3. Describe la evolución de los trabajadores extranjeros en Alemania durante la guerra, comparando a la población civil con los prisioneros.
4. ¿Qué interés tenían los trabajadores extranjeros para la economía alemana?
5. ¿Cómo sometieron los alemanes a la población? ¿Qué establecía el decreto de *Nacht und Nebel*?

Investiga

6. @ Busca información sobre la resistencia en Europa. Agrúpala según se trate de resistencia civil y colaboración con las fuerzas aliadas, y guerrillas armadas contra el enemigo.

5 El Holocausto judío

El racismo, el autoritarismo y la xenofobia contenidos en el ideario nazi comportó crímenes monstruosos contra todos aquellos que fueron considerados inferiores: disminuidos físicos o psíquicos, eslavos, gitanos, comunistas u opositores políticos.

Pero de entre todos los grupos étnicos o sociales, los judíos fueron escogidos por Hitler como el colectivo a exterminar. El Holocausto*, es decir, el exterminio de millones de seres humanos, culpables solo de haber nacido judíos, marcaría la historia del siglo XX y la del pueblo protagonista de tan terrible acontecimiento.

EL EXTERMINIO DE LOS JUDÍOS EN EUROPA

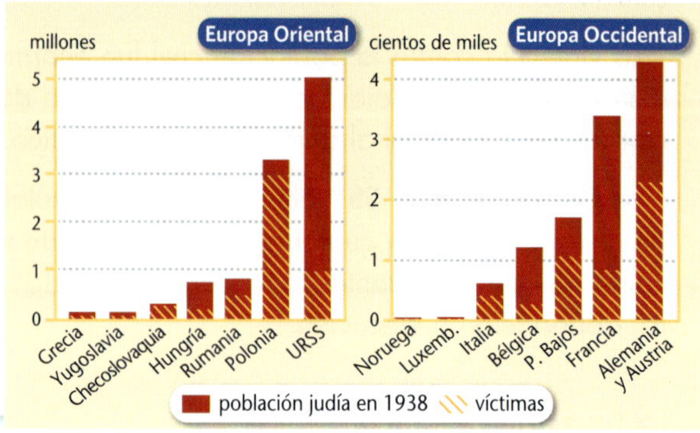

A PERSECUCIÓN Y DETENCIÓN

Desde la subida al poder de los nazis en Alemania, los judíos fueron perseguidos y forzados a llevar un distintivo en la ropa y, en ocasiones, trasladados posteriormente a **campos de concentración** con la imposición de realizar trabajos forzados.

Desde 1940, los judíos en Polonia, y después en otros países, fueron obligados a vivir en **guetos**. A partir de junio de 1941 empezaron las masacres de judíos en la URSS y en la Europa Oriental.

Judíos detenidos en el gueto de Varsovia, después de una revuelta en 1943. En ese gueto llegaron a hacinarse 400 000 personas, de las que solo sobrevivieron unas 50 000.

Las masacres de judíos

Nuestro objetivo, librar a Lituania de judíos, ha podido ser conseguido (...). La realización de esta operación es un problema de organización (...). Es necesario reunir a los judíos en uno o diversos lugares, y después, teniendo en cuenta su número, buscar un lugar adecuado para abrir las fosas necesarias. Es un trabajo difícil y a prueba de nervios (...).

Informe de Karl Jäger, comandante de las SS, responsable del asesinato de 137 346 personas, mayoritariamente judíos, 1941.

B LA DEPORTACIÓN: EL CAMINO AL EXTERMINIO

En 1942, los jerarcas nazis decidieron llevar a cabo la "**solución final**", es decir, la eliminación total de los judíos. Fue entonces cuando los campos de concentración se convirtieron en lugares de exterminio masivo para los prisioneros.

La tortura sistemática empezaba con el viaje a esos lugares en vagones de ganado, hacinados, sin comida ni servicios higiénicos. El viaje significaba en ocasiones también la muerte y, en cualquier caso, un método de terror para paralizar cualquier posible rebeldía.

La llegada al campo

En Auschwitz, dos médicos de las SS examinaban las llegadas de prisioneros, que debían pasar ante uno de ellos que, con una señal, indicaba su decisión. Los que eran considerados aptos para el trabajo, eran enviados a los campos, los otros, dirigidos a los lugares de exterminio.

Los niños pequeños eran exterminados sin excepción, al no ser capaces de trabajar.

Rudolf Franz Hoess, comandante de Auschwitz, 1946.

Judíos trasladados al campo de concentración en vagones sellados.

EL CAMPO DE CONCENTRACIÓN DE MAUTHAUSEN

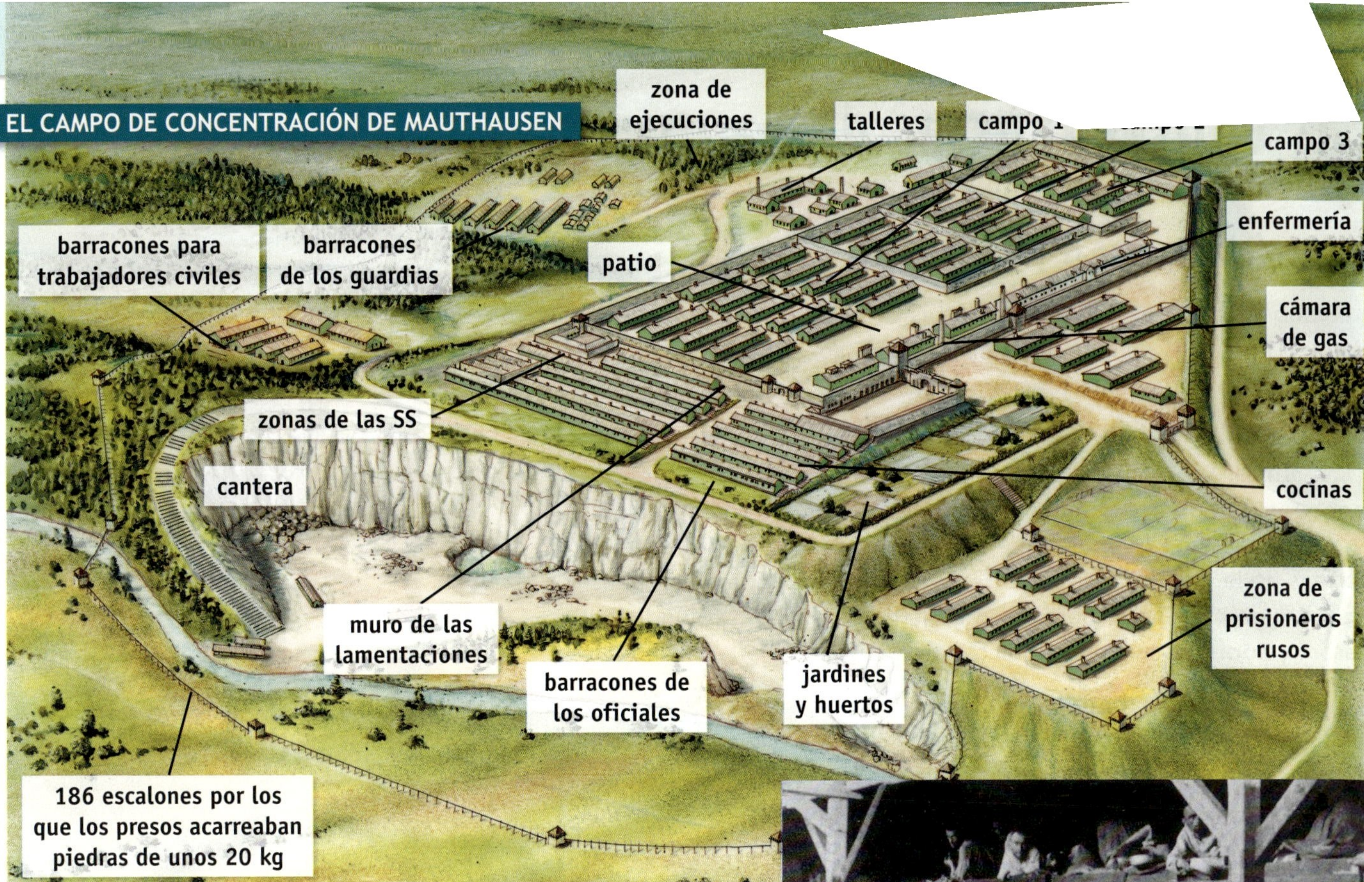

Interior de un barracón de Dachau, el primer campo de concentración de la Alemania nazi, 1945.

C VIDA Y MUERTE EN LOS CAMPOS DE CONCENTRACIÓN

Los campos de concentración y, especialmente, los de exterminio eran "fábricas" de tortura, degradación y muerte para los prisioneros. Sometidos a extenuantes trabajos, apenas alimentados y vestidos, eran torturados, sometidos a experimentos médicos y asesinados masivamente. Un mundo de horror y desprecio por la vida humana.

Las cámaras de gas

En apariencia eran unas inofensivas salas de duchas: techumbre de mosaico, paredes con un friso de azulejos (...). Una vez cerrada la puerta de la cámara, aquellos desgraciados, desnudos y en completa promiscuidad, esperaban el chorro de agua. De las peras, en lugar de agua, salía gas, que pronto saturaba el aire.

J. AMAT-PINIELLA: *K. L. Reich*, 1963.

Los prisioneros de Auschwitz

Covertidos en esclavos hacemos cien veces el recorrido monótono, como el de una bestia, al trabajo, muertos para nosotros mismos, antes de morir para la vida, anónimamente. No volveremos. Nadie saldrá de aquí que pueda llevar al mundo, con el signo grabado en su carne, la siniestra noticia de lo que el hombre, en Auschwitz, ha podido hacerle a otro hombre.

Primo LEVI: *Si esto es un hombre*, 1947.

1. ¿Qué principios ideológicos condujeron a la persecución, la tortura y la muerte de opositores políticos y minorías étnicas o religiosas? ¿Qué grupo fue el más perseguido? ¿Qué fue el Holocausto? ¿Y la llamada "solución final"?

Ponte en su lugar

2. Formad grupos en el aula. Vais a elaborar la correspondencia de una familia judía polaca que escribe a sus parientes de Estados Unidos entre 1939 y 1945. Podéis consultar www.tiching.com/746128/746129/746130.

- Un grupo elaborará tres cartas que envían durante la primera persecución y su estancia en el gueto de Varsovia.
- Otro grupo escribirá la carta que clandestinamente entregan a un guardián a cambio de dinero al final de su viaje al campo de exterminio.
- Otro grupo escribirá las tres cartas que envía el único superviviente del campo de exterminio para contar qué les ha sucedido y valorar qué sentimiento experimentó la opinión pública mundial al conocer la existencia de los campos de exterminio.

Las consecuencias de la guerra

Las pérdidas humanas y económicas

La Segunda Guerra Mundial dejó tras de sí un rastro de devastación y horror. Más de **cincuenta millones de seres humanos** murieron a lo largo de la confrontación, de los cuales la mitad correspondió a la URSS, y a continuación Alemania y Polonia.

Las armas, las bombas, los aviones utilizados en esa guerra aumentaron el poder de destrucción no solo en los frentes también entre la población civil. El número de víctimas civiles representó algo más de la mitad de las víctimas totales. Si se compara con el escaso 5 % de civiles que perecieron en la Primera Guerra Mundial, el desastre adquiere su pleno significado.

Las **destrucciones materiales** fueron muy importantes y afectaron, sobre todo, a las ciudades, los medios de comunicación y las instalaciones industriales. El pillaje constante en las ciudades, la práctica de quemar los cultivos y los bosques, y la destrucción de industrias provocaron una drástica reducción de la producción en los países beligerantes.

En contrapartida, los países que habían quedado al margen de la contienda (Canadá, Australia, Suecia…) se convirtieron en suministradores y experimentaron un gran crecimiento económico.

Los desplazamientos de población, habituales durante el conflicto, continuaron en la posguerra: liberación de prisioneros y de trabajadores forzosos que retornaban a sus países, expulsión de minorías étnicas a raíz de la configuración de nuevos Estados y de los acuerdos de paz, etc. Cerca de treinta millones de europeos deambularon por el continente en la inmediata posguerra.

Europa estaba material y moralmente destrozada y su población, diezmada. Sobre este paisaje de ruina y desolación emergieron dos nuevas potencias: Estados Unidos y la URSS, que relegaron a Europa a un segundo plano.

El impacto moral

La barbarie de las acciones bélicas cuestionó los valores morales y políticos sobre los que había reposado buena parte de la civilización europea anterior. Los derechos humanos habían sido conculcados sistemáticamente y se había impuesto a lo largo de seis años una **cultura de la violencia** y la crueldad.

El descubrimiento de los campos de concentración y de las prácticas de exterminio puso en evidencia las dimensiones del horror nazi. Y, en otro sentido, la bomba atómica sobre Hiroshima y Nagasaki fue sentida como un verdadero apocalipsis mundial. Asimismo, el descubrimiento de las masacres practicadas por los soviéticos en Polonia aumentó las dudas ideológicas. Todo ello provocó un intenso trauma moral del que emanarían profundos interrogantes sobre la **barbarie de la civilización occidental**.

VÍCTIMAS DE LA SEGUNDA GUERRA MUNDIAL

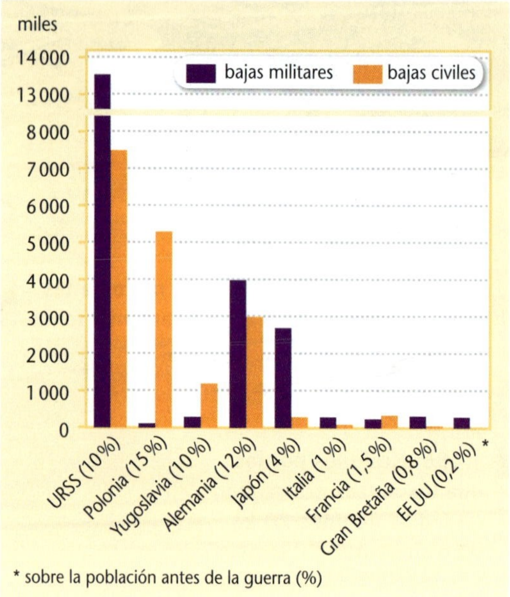

* sobre la población antes de la guerra (%)

@ Amplía en la Red...

Para saber más sobre los juicios de Núremberg, entra en: www.tiching.com/746131

Los juicios de Núremberg

Los vencedores de la guerra impulsaron la creación de un tribunal que definió un nuevo concepto en el derecho internacional: el de los **crímenes contra la humanidad.**

El juicio principal de Núremberg (20 de noviembre de 1945-30 de septiembre de 1946) permitió sentar en el banquillo a 21 dirigentes nazis ante un tribunal formado por magistrados de los cuatro grandes Estados aliados que habían ganado la guerra: Estados Unidos, URSS, Reino Unido y Francia.

Este proceso permitió hacer un balance público de las atrocidades del nazismo y sentó un precendente para que, en el futuro, no quedaran impunes los actos criminales contra la humanidad.

Altos dirigentes de la política nazi juzgados durante los procesos de Núremberg.

LAS CONFERENCIAS DE PAZ Y LA DIVISIÓN DE EUROPA

Los tres grandes aliados (el Reino Unido, Estados Unidos y la URSS) se reunieron por primera vez en la **Conferencia de Teherán** (noviembre de 1943), a la que asistieron Churchill, Roosevelt y Stalin. Allí se tomaron medidas militares conjuntas para acelerar el final de la guerra.

La segunda conferencia tuvo lugar en **Yalta** (febrero de 1945). Se decidió la desnazificación y partición de Alemania y Austria en cuatro zonas de ocupación (incorporando también a Francia). Además, se pactaron una división similar de las ciudades de Berlín y Viena, la organización de elecciones democráticas en los países liberados y la creación de la ONU para garantizar la paz. Esta conferencia supuso de hecho la división de Europa en dos grandes zonas de influencia: la americana y la soviética.

La tercera conferencia de paz se celebró en **Potsdam** (agosto de 1945). Los nuevos protagonistas (Atlee, Truman y Stalin) se pusieron de acuerdo en la devolución de todos los territorios europeos anexionados por Alemania, la separación de Austria, el desmantelamiento de la industria militar y el proceso y castigo de los líderes nazis.

En la **Conferencia de París** (1946) se elaboraron los tratados de paz con el resto de aliados de Alemania. El tratado con Austria no se firmó hasta 1955 y mientras tanto el país estuvo intervenido por los aliados.

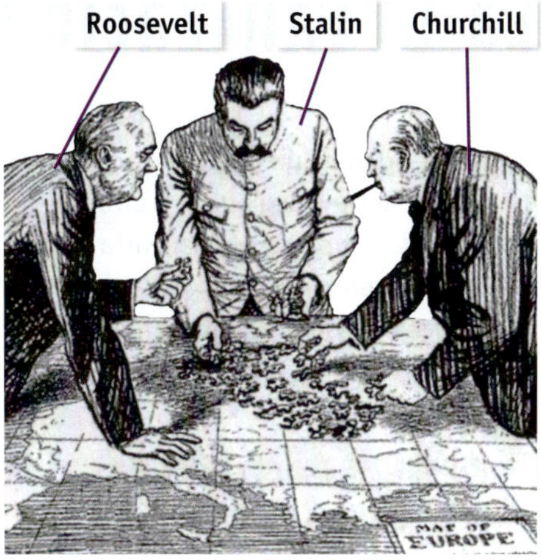

La Conferencia de Yalta según una caricatura británica, 1945.

@ Amplía en la Red...

Para saber más sobre los tratados de paz de la Segunda Guerra Mundial, entra en: www.tiching.com/64371

EUROPA DE 1945 A 1947

El reparto de Europa

La URSS quiso aprovechar su victoria sobre Alemania para iniciar la expansión del comunismo y mantener su hegemonía en los territorios ocupados por el Ejército Rojo. Con este objetivo forzó la instauración de las llamadas democracias populares (Polonia, Rumania, Hungría, Checoslovaquia, Bulgaria, Alemania Oriental, Yugoslavia y Albania), en las que el Partido Comunista se hizo con el poder.

Estados Unidos también afianzó su dominio en Europa occidental, obligando a los partidos comunistas a abandonar los gobiernos de coalición formados en la posguerra. En Grecia, las fuerzas británicas intervinieron militarmente para impedir el triunfo de las guerrillas comunistas.

1. ¿Qué países sufrieron más bajas totales? ¿Y en referencia al total de población antes de la guerra? ¿Por qué?
2. Relaciona el número de bajas civiles y militares con el tipo de guerra, de armamento, etc. Extrae consecuencias.
3. ¿Qué fueron los juicios de Núremberg? Valora su importancia para la justicia internacional.
4. Observa la caricatura. ¿Quiénes son los personajes representados? ¿Qué tarea están realizando? Indica cuáles fueron las principales conferencias de paz y sus acuerdos.
5. ¿Qué sucedió al final de la guerra en Europa? ¿Qué área de influencia quedó bajo el control de la URSS? ¿Y de Estados Unidos y el bloque occidental?

La Organización de las Naciones Unidas (ONU)

La necesidad de un organismo que sustituyese a la desprestigiada Sociedad de Naciones se planteó entre los aliados ya en 1941. Fue en la Conferencia de San Francisco (abril-junio de 1945) donde se aprobó la Carta de la Organización de las Naciones Unidas (ONU), a la que se adhirieron 46 Estados fundacionales. En la actualidad agrupa a casi todos los Estados del mundo y realiza tareas humanitarias y de mediación en los conflictos bélicos.

A LA FUNDACIÓN DE LA ONU

La nueva organización pretendía el mantenimiento de la paz y la seguridad internacionales, y la cooperación económica y social entre las naciones.

Establecía la igualdad soberana de todos sus miembros para resolver los conflictos, así como el rechazo de la fuerza, la no injerencia en los asuntos internos de cada nación y el derecho de los pueblos a disponer de sí mismos.

Inspirada en estos principios, en 1948 se aprobó la **Declaración Universal de Derechos Humanos**, un texto de enorme trascendencia hasta nuestros días.

La Carta fundacional de la ONU

Nosotros, los pueblos de las Naciones Unidas, decididos a preservar a las generaciones venideras del flagelo de la guerra, cuyo sufrimiento indescriptible hemos padecido dos veces a lo largo de nuestras vidas; a reafirmar la fe en los derechos fundamentales del hombre, en la dignidad y en el valor de la persona humana, en la igualdad de los derechos de hombres y mujeres y de las naciones grandes y pequeñas; a crear condiciones bajo las cuales se puedan mantener la justicia y el respeto de las obligaciones emanadas de los tratados y de otras fuentes del derecho internacional; a promover el progreso social y a elevar el nivel de vida dentro de un concepto más amplio de libertad.

Y, con esta finalidad, a practicar la tolerancia y a convivir en paz como buenos vecinos; a unir nuestras fuerzas para el mantenimiento de la paz y la seguridad mediante la aceptación de principios y la adopción de métodos que no utilizarán las fuerzas armadas si no es en servicio del interés común, y a promover el progreso económico y social de todos los pueblos.

Hemos decidido unir nuestros esfuerzos para hacer reales estos designios (...). La Carta de la ONU establece por este acto una organización internacional que se llamará Naciones Unidas.

San Francisco, 26 de junio de 1945.

B LOS ÓRGANOS DE GOBIERNO

Desde 1950, la sede de la ONU está en Nueva York, y el lugar en el que se encuentra se considera territorio internacional.

En la actualidad, la ONU está formada por 193 países miembros, la totalidad de Estados reconocidos en el mundo excepto el Vaticano, que solo está como observador. En 2012 también fue admitido Palestina como Estado observador.

Desde entonces, todos los Estados miembros están representados y tienen voto en la **Asamblea General**, órgano deliberativo cuya autoridad es básicamente moral, ya que solo puede emitir recomendaciones.

El **Consejo de Seguridad** es el órgano ejecutivo básico. Inicialmente estaba formado por 11 miembros (que se han ampliado actualmente a 15), de los cuales los grandes, Estados Unidos, URSS, Reino Unido, Francia y China son permanentes, y los otros son elegidos periódicamente por la Asamblea General.

El Consejo recoge las recomendaciones de la Asamblea y puede transformarlas en decisiones aprobadas por mayoría simple y de obligado cumplimiento para los Estados miembros, si bien cualquiera de los miembros permanentes tienen **derecho a veto**. Con ello se asegura el predominio de las grandes potencias.

Una **Secretaría General**, en Nueva York, se encarga de la administración permanente de la institución y lleva a cabo la coordinación de toda la ONU. El Secretario General es escogido por la Asamblea General, a propuesta del Consejo de Seguridad, por un periodo de cinco años.

C LA LABOR DE LA ONU

Además de los órganos de representación y gobierno, la ONU tiene otros organismos, algunos dependientes de la propia Asamblea, como el **Tribunal Internacional de La Haya**, al que pueden recurrir todos los Estados miembros.

El **Consejo Económico y Social** es el principal organismo para promocionar el desarrollo social y económico de los países. Con el paso del tiempo se ha convertido en una institución de enorme importancia de la que dependen gran cantidad de organismos especializados que velan por la salud, la infancia, el desarrollo, los refugiados, etc.

Aunque el papel político de la ONU está muy limitado por su incapacidad para imponerse a las grandes potencias, la labor de estos organismos es de gran importancia para la defensa de los derechos humanos. Así, organismos como **ACNUR** se dedican a la protección de los refugiados; **UNICEF**, a los programas para la infancia desfavorecida; la **UNESCO**, al patrimonio cultural…

EL FUNCIONAMIENTO DE LA ONU

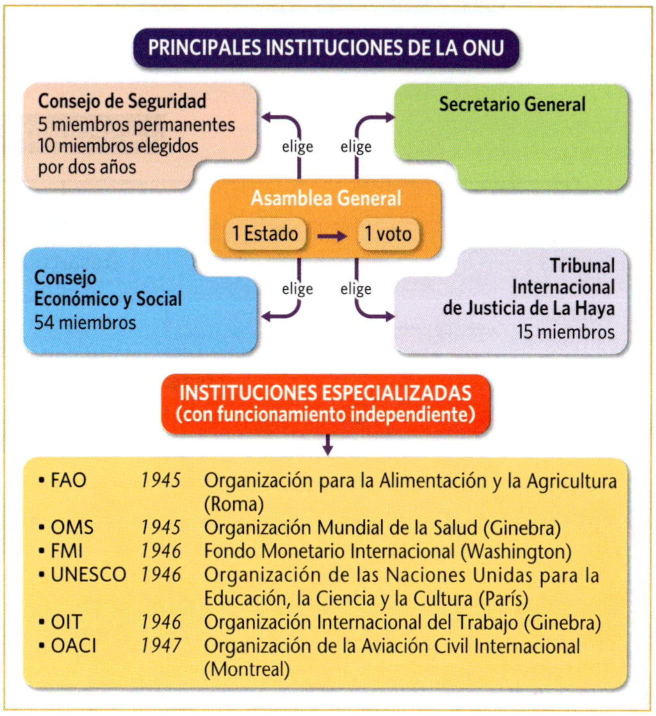

D LA ONU EN LA ACTUALIDAD

El papel de la ONU en nuestros días ha derivado en dos direcciones esenciales:

- El estímulo y control del respeto a los derechos humanos. En el año 2000 se aprobó la **Declaración del Milenio**, en la que se establecen los objetivos de lucha contra la pobreza, la defensa de la igualdad entre hombres y mujeres, la protección del medioambiente y los programas de desarrollo económico para el Tercer Mundo. Los recursos para estas políticas son limitados pero establecen principios de acción en numerosos países.
- Las **misiones de paz** o mediación en casos de conflicto. Tropas conocidas como **cascos azules** (provenientes de todos los países miembros), actúan en nombre de resoluciones de la ONU, con consentimiento de los bandos enfrentados. Su papel esencial es la protección de la población civil, de las organizaciones humanitarias y de los refugiados.

La protección de la población civil

En tiempos de guerra, los hospitales deben ser santuarios. Sin embargo, recientemente hemos visto un aumento de los ataques a hospitales y centros de salud. En Afganistán, un bombardeo aéreo destruyó una sala de operaciones y devastó otras instalaciones. En Yemen, los hospitales han sido atacados y los niños que no han muerto a causa de las balas o bombas mueren por falta de medicinas o cuidado.

Jan Eliasson, vicesecretario general de la ONU, 19 de enero de 2016.

1. ¿Cuándo se fundó la ONU? ¿Qué objetivos buscaba la nueva organización? ¿De qué otra organización era la heredera? ¿Dónde se ubicó su sede?
2. Explica cuáles son los organismos esenciales de la ONU y cuál es su función. ¿Por qué es tan importante el Consejo de Seguridad?
3. ¿A cuántos países agrupa la ONU en la actualidad?

Relaciona ayer y hoy

4. @ Busca información y sintetiza la labor de los organismos de la ONU dependientes del Consejo Económico y Social. Señala tres de las tareas, campañas o acciones realizadas por esos organismos en los últimos tres años.
5. @ Indaga sobre tres misiones de paz que en la actualidad realicen los cascos azules. Describe el tipo de conflicto.

COMPLETA EL MAPA CONCEPTUAL

Con la información del tema, completa en tu cuaderno el siguiente esquema:

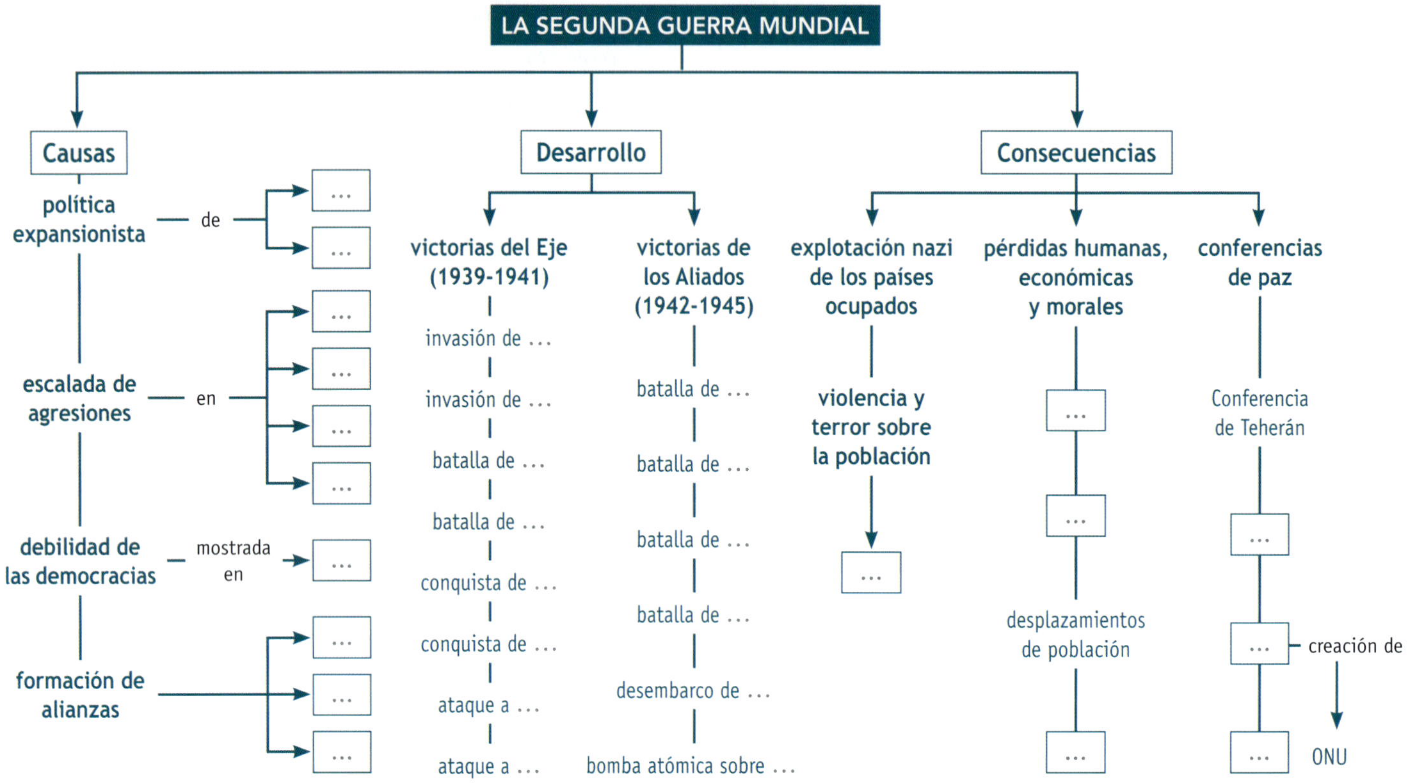

1 CONSOLIDA LO APRENDIDO

a) ¿Qué agresiones bélicas desencadenaron el estallido de la Segunda Guerra Mundial? ¿Qué alianzas se acordaron entre los distintos Estados?

b) ¿Qué dos bloques se enfrentaron? ¿Quiénes eran los principales contendientes de cada bando?

c) ¿Qué etapas tuvo la contienda? Establece su cronología.

d) ¿Qué trascendencia tuvieron el ataque japonés a Pearl Harbor y la batalla de Stalingrado en el desarrollo de la guerra?

e) ¿Que significó para Europa el dominio nazi?

f) ¿Qué fue el Holocausto? ¿En qué principios ideológicos se basó esta barbarie ejercida por los nazis?

g) ¿Cuáles fueron las consecuencias inmediatas de la contienda? ¿Qué sucedió a partir de 1947?

2 DEFINE CONCEPTOS CLAVE

- Eje Roma-Berlín
- guerra total
- Pacto Germano-Soviético
- ONU
- Holocausto
- colaboracionistas
- expansionismo nazi
- conferencia de Yalta
- campos de exterminio
- guerra relámpago
- imperialismo nipón

3 ESTABLECE LA CRONOLOGÍA

- Batalla de Stalingrado
- bombardeo de Hiroshima
- Operación Barbarroja
- Desembarco de Normandía
- Batalla de Guadalcanal

4 IDENTIFICA LOS PERSONAJES

- Neville Chamberlain
- Clement Attlee
- Charles De Gaulle
- Friedrich Paulus
- Henri-Philippe Pétain
- Erwin Rommel
- Hermann Goering

RESPONDE A LA PREGUNTA INICIAL

¿Quiénes y por qué se enfrentaron en la Segunda Guerra Mundial?

APRENDE A... ANALIZAR UN GRÁFICO

Una gran parte de los datos que nos aportan las series estadísticas y las tablas numéricas pueden ser representados de forma gráfica.

Los gráficos son, pues, un instrumento visual de gran importancia y muy útil para estudiar fenómenos cuantificables, sobre todo de la historia social y económica.

Gracias a ellos comprendemos los hechos de forma rápida y clara.

Hay diversos tipos de gráficos, pero los más comunes son:

- Los de barras, como el que te presentamos. Las barras se pueden disponer horizontal o verticalmente.
- Los diagramas sectoriales (circulares), muy apropiados para ver la proporción que hay entre distintas cantidades de un mismo concepto.
- Los gráficos de curvas o de evolución, que permiten ver la evolución de un fenómeno a lo largo del tiempo.

LA PRODUCCIÓN EN LA URSS EN 1945

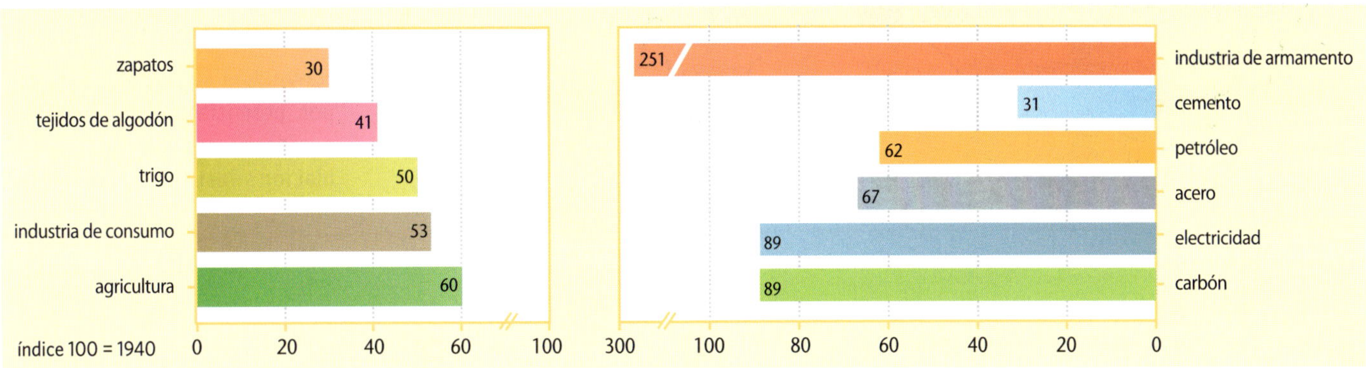

1. Identificación y presentación

- Tema: ¿De qué trata el gráfico?
- Tipo: ¿Qué tipo de gráfico es? ¿Qué se representa en cada eje? ¿Qué variables están representadas? ¿En qué unidades (tantos por ciento, miles...) están expresadas?
- Cronología y ubicación: ¿A qué época corresponde? ¿A qué país?

2. Análisis

- ¿A partir de qué índice se parte en 1940 para comparar con la producción de 1945?
- ¿Qué producción ha descendido por debajo del índice 100 en 1945? ¿Qué productos son los que más han bajado? ¿Cuáles ocupan una posición intermedia?
- ¿Qué producción ha aumentado? ¿A qué nivel?
- ¿Tiene relación el aumento de dicha producción con la bajada del resto? ¿Por qué?

3. Contexto histórico

- ¿Qué momento histórico vivía la Unión Sovietica a principios de 1945? ¿Crees que la transformación de su economía entre 1940 y 1945 tuvo relación con la Segunda Guerra Mundial? ¿Consideras que se produjo una situación similar en otros países contendientes?

4. Conclusiones

- Valora por qué hablamos de una economía al servicio de la guerra durante el conflicto. ¿Qué consecuencias piensas que tuvo para la población civil?

RAZONA HISTÓRICAMENTE

Argumentación. ¿Por qué llamamos política de apaciguamiento a la actitud de las democracias occidentales respecto a la Alemania nazi?

Empatía. Sitúate en el juicio de Núremberg y defiende las razones por las que los dirigentes nazis deben ser condenados por crímenes contra la humanidad.

Causalidad. En el estallido de la Segunda Guerra Mundial, ¿en qué medida crees que fue causa determinante la actitud y las acciones emprendidas en la década de 1930 por Alemania?

¿Qué importancia tuvo la incorporación de Estados Unidos y la Unión Soviética al bando aliado para la victoria de los aliados en la guerra?

1 Espacio y tiempo. Los campos de concentración nazis

LOS CAMPOS DE CONCENTRACIÓN Y DE EXTERMINIO

a) ¿Qué aspecto histórico se representa en el mapa? ¿En qué año se sitúa? ¿De qué periodo es representativo?

b) ¿Qué ámbito territorial abarca el mapa? ¿Qué símbolos y colores aparecen? ¿Qué nos indican?

c) ¿A qué principios ideológicos correspondían los campos que nos muestra el mapa? ¿Qué diferenciaba a los campos de concentración de los de exterminio?

d) ¿Crees que la densidad de campos permitía que no fuera conocida su actividad por la población? Justifica tu respuesta.

2 Fuentes documentales. Hiroshima

Veía desfilar delante de mí sombras humanas que parecían una procesión de fantasmas. Algunos expresaban un dolor indescriptible y avanzaban con los brazos separados del cuerpo y balanceando los antebrazos (...).

Las calles, silenciosas, estaban pobladas solo de cadáveres. Esta masa inmóvil tenía el aspecto de haber sido congelada por la muerte en medio de su huida.

Otros yacían tendidos en el suelo con los miembros desmenuzados como si algún gigante los hubiera precipitado desde lo alto de una montaña. Hiroshima ya no era una ciudad, sino un desierto de fuego. Hacia Levante y hacia Poniente todo había sido devastado.

Michihiko HACHIYA: *Diario de Hiroshima*, 1955.

a) ¿Quién es el autor del texto? ¿En qué época está escrito? ¿Crees que es una fuente primaria?

b) ¿Qué describe el texto? Sintetiza el contenido.

c) Valora la trascendencia de la devastación que causó la bomba de Hiroshima y el cambio que supuso en las técnicas de destrucción masiva.

3 El arte en su contexto. Las mujeres y la guerra

Laura KNIGHT: *Ruby Loftus Screwing a Breech Ring*, 1943. La trabajadora concentra su atención en la fresadora para conseguir la máxima precisión en la fabricación de un cañón británico.

a) ¿Por qué crees que en ese momento la artista representó a una obrera de las fábricas de guerra? ¿Qué importancia tenían estas trabajadoras en el Reino Unido durante la Segunda Guerra Mundial?

b) Valora la relación entre el papel de las mujeres en las dos guerras mundiales y el aumento de sus derechos políticos y sociales.

4 Organización de la información. La Segunda Guerra Mundial

LAS ETAPAS DE LA SEGUNDA GUERRA MUNDIAL

	1939-1941	1942-1945
EUROPA (frente oriental)	...	...
EUROPA (frente occidental)	...	...
ASIA	...	...
ÁFRICA	...	...

a) Copia en tu cuaderno el esquema y complétalo con los hechos más importantes de las dos etapas de la Segunda Guerra Mundial.

b) ¿Qué contendientes dominaron la guerra en cada una de las dos etapas?

c) Explica por qué se produjo un cambio de signo en la guerra en el año 1942 y cuáles fueron sus consecuencias.

5 Fuentes gráficas. La resistencia al fascismo

Mujeres partisanas en Milán, abril de 1945.

a) Describe la foto. ¿Quiénes aparecen? ¿Qué portan en sus manos? ¿Son civiles o militares?

b) Busca información sobre los partisanos y relaciónalos con las personas que participaron en la liberación de Milán en 1945.

c) Averigua también cuál fue su importancia en la victoria sobre el fascismo y el nazismo.

WWW. ESPACIO WEB

6 Fuentes digitales. El gran dictador

Visiona en www.tiching.com/64374 el fragmento de la película *El gran dictador*, donde Charles Chaplin parodia un discurso de Adolf Hitler, y analiza la escena:

a) ¿Qué elementos de gesticulación, escenografía y manipulación utilizaba Hitler en sus discursos? ¿Cómo los parodia Chaplin? ¿Cuál es la actitud de sus seguidores?

b) ¿Qué onomatopeyas utiliza Chaplin? ¿Con qué finalidad?

c) ¿Qué aspectos ideológicos del nazismo se denuncian en este fragmento?

d) Esta película fue estrenada en 1940. ¿Cuál era la situación de Europa? ¿Qué intención motivó a Chaplin a rodar esta película?

e) Cuando finalizó la guerra, Chaplin declaró que si hubiera sabido de la crueldad con que los nazis aplicaron sus teorías racistas, no hubiera hecho una comedia sobre ese tema. ¿Por qué crees que lo dijo?

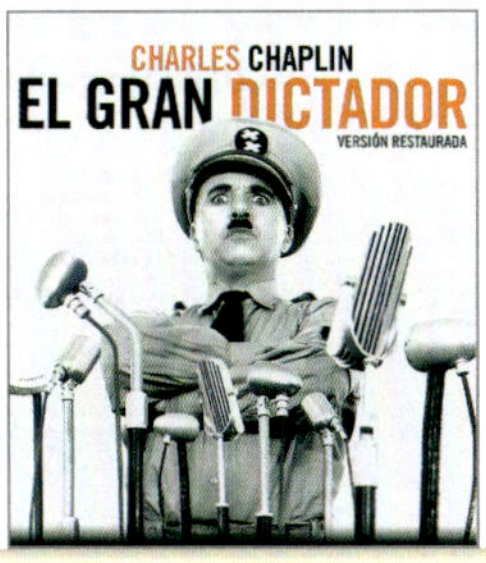

7 Fuentes documentales. La Declaración de Derechos Humanos

Lee en www.tiching.com/746648 la Declaración de Derechos Humanos de la ONU y contesta:

a) ¿Qué establecen los artículos 1 y 2 de la Declaración? Sintetiza los derechos reconocidos en los artículos 3 a 28. ¿Qué establecen los artículos 29 y 30?

b) ¿Qué importancia tiene para la humanidad el establecimiento de esta Declaración? ¿Crees que es justa y necesaria? ¿Conoces algún precedente parecido?

c) ¿Cuál es su ámbito de actuación? ¿Piensas que se respetan estos Derechos Humanos en todos los lugares y momentos? Explica tu opinión.

RETOS EN LA RED

DETECTIVE DEL PASADO: Una guerra por la radio.

ACTIVIDADES AUTOCORRECTIVAS: Resuelve estas actividades y repasa lo que has aprendido.

www.vvd.link/012382/10

11 UN MUNDO DIVIDIDO: GUERRA FRÍA Y DESCOLONIZACIÓN

¿Qué nuevo orden político internacional se creó tras la Segunda Guerra Mundial?

GUERRA FRÍA · **COEXISTENCIA PACÍFICA** · **RETORNO A LA GUERRA FRÍA**

- 1947 Plan Marshall
- 1949 OTAN
- 1950 Inicio de la Guerra de Corea
- 1955 Pacto de Varsovia
- 1956 Intervención americana en Vietnam
- 1957 Tratado de Roma
- 1961 Muro de Berlín
- 1962 Crisis de los misiles
- 1963 Teléfono rojo
- 1972 Acuerdos de desarme
- 1975 Fin de la Guerra de Vietnam
- 1979 Invasión de Afganistán
- 1983 Invasión de la isla de Granada

1945 · 1950 · 1955 · 1960 · 1965 · 1970 · 1975 · 1980

- 1947 Independencia de la India
- 1949 Independencia de Indonesia
- 1951 Independencia de Libia
- 1955 Conferencia de Bandung
- 1955–1965 Independencia colonias británicas, francesas y belgas del África subsahariana
- 1961 Conferencia de Belgrado
- 1962 Independencia de Argelia
- 1975 Independencia de Angola y Mozambique

DESCOLONIZACIÓN

Desde 1945 hasta 1990, el mundo estuvo dividido en dos bloques antagónicos: el socialista, dirigido por la URSS, y el capitalista, liderado por EEUU.

La tensión permanente entre estos dos mundos se tradujo en una situación de constante confrontación, la llamada Guerra Fría. En la década de 1960, la tensión disminuyó y se inauguró un nuevo marco de relaciones internacionales: la coexistencia pacífica.

También en 1945 se inició la descolonización, y de los imperios coloniales surgieron nuevos Estados independientes. Sin embargo, las metrópolis mantuvieron sus intereses económicos e impusieron un neocolonialismo.

¿Qué sabemos?

- Observa el mapa. ¿Qué dos grandes bloques se crearon al finalizar la guerra? ¿Qué intereses les enfrentaban?
- Observa la fotografía. ¿Qué situación internacional nos muestra?
- ¿Puedes decir el nombre de cinco países del mundo que fueron antiguas colonias y consiguieron su independencia en la segunda mitad del siglo XX?

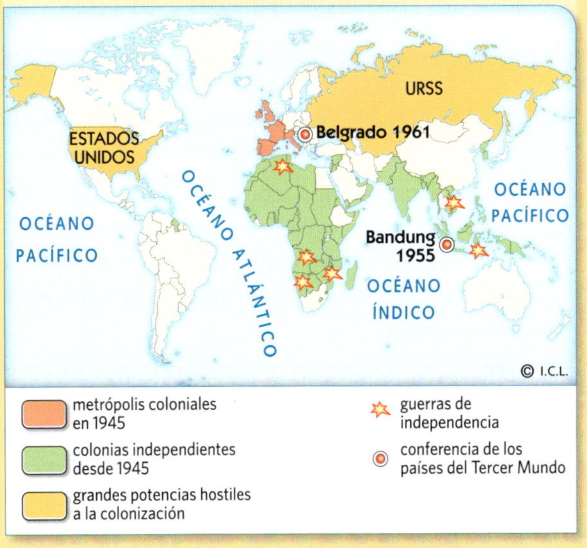

Los retratos de los gobernadores holandeses son descolgados tras la independencia de Indonesia en 1949.

PREGUNTA CLAVE

1 ¿Por qué Europa quedó dividida por un "telón

La victoria en la Segunda Guerra Mundial puso fin a la alianza de los vencedores del nazismo.

El reparto de influencias en los tratados de paz aumentó la desconfianza entre dos potencias vencedoras (Estados Unidos y la URSS), que se acusaban de aprovechar los desastres de la guerra para aumentar su esfera de influencia.

Desde 1945 hasta 1989, el mundo estuvo dividido en dos bloques antagónicos, que representaban dos formas de organización política, económica y social: el socialista, dirigido por la URSS, y el capitalista, liderado por EE UU.

Un infranqueable telón de acero*, en palabras de Winston Churchill, dividió Europa y el mundo entero.

A LA DESCONFIANZA ENTRE LOS ALIADOS

Al finalizar la guerra, la **influencia de la URSS** en Europa había aumentado notablemente. Sus antiguos aliados (Estados Unidos y Reino Unido) desconfiaban de las intenciones expansionistas de la URSS y se mostraban recelosos ante el crecimiento del comunismo en el mundo.

La mayoría de los países que habían sido liberados del nazismo por el Ejército Rojo habían caído bajo la influencia soviética: el Partido Comunista se había hecho con el poder y se había implantado el comunismo. En Grecia, una guerra civil enfrentaba a los resistentes comunistas con los no comunistas, que contaban con el apoyo angloamericano. En Italia, en Francia y en Bélgica, los partidos comunistas formaban parte de los nuevos gobiernos de coalición.

Del mismo modo, los soviéticos acusaban a sus antiguos aliados de querer mantener su dominio imperialista sobre toda Europa, imponiéndose sobre la voluntad de los pueblos.

Además, el **papel hegemónico de Estados Unidos** en la nueva Organización de Naciones Unidas (ONU) y su indiscutible liderazgo económico tras los acuerdos monetarios de Bretton Woods* (1944) acrecentaron los temores soviéticos.

El telón de acero

Un telón de acero se ha levantado en el continente. Detrás de esta línea se encuentra toda la Europa central y oriental (...) que ha caído en lo que debo denominar esfera soviética.

W. Churchill, 1946.

Churchill echa un vistazo bajo el telón de acero. Caricatura del *Daily Mail*, 1946.

B DOS SISTEMAS OPUESTOS Y ENFRENTADOS

La rivalidad entre las dos grandes potencias reflejaba la oposición entre dos sistemas económicos y políticos:

- **Estados Unidos** se erigió en defensor del "mundo libre". Representaba un sistema de democracia liberal basado en la pluralidad de partidos, en el respeto a los derechos individuales y en el predominio de una **economía capitalista** de mercado.
- La **URSS** se presentaba como una garantía contra la expansión del "imperialismo capitalista" representado por Estados Unidos. Su sistema político se fundamentaba en el poder de un único partido, el Partido Comunista, y negaba el sufragio libre y las libertades individuales.

  Presentaba una **economía planificada por el Estado**, que negaba la propiedad privada y se basaba en la propiedad estatal de los medios de producción.

El mundo del Este y el mundo del Oeste. Caricatura alemana, 1945.

de acero"?

C LA CONSOLIDACIÓN DE DOS BLOQUES ANTAGÓNICOS

La ruptura entre los aliados se desencadenó en 1947, cuando el presidente estadounidense Truman fijó como objetivo prioritario la contención del comunismo en el mundo (**doctrina Truman**).

Su secretario de Estado, George Marshall, creyó que una ayuda económica para la reconstrucción posbélica constituiría la mejor arma para frenar la expansión comunista y, para ello, presentó el **Plan Marshall**.

La propuesta americana fue criticada por los soviéticos (**doctrina Jdanov**) como una forma de imperialismo para mantener bajo su dominio a los países europeos. La URSS se opuso a la ayuda económica y obligó a rechazarla a los países del Este bajo su control.

Europa se hallaba dividida en dos bloques antagónicos y hostiles y las dos superpotencias iniciaron una verdadera guerra de propaganda para defender su causa. En Estados Unidos se detuvo a muchos sospechosos de comunismo (macarthismo) y en la URSS se sometía a duras purgas a los acusados de traición. La Guerra Fría había comenzado.

El Plan Marshall

- Era un programa de asistencia económica a Europa de cuatro años de duración, que ofrecía ayudas y créditos que debían repartirse entre los países que lo aceptasen.
- Estos países crearon en 1948 la Organización Europea de Cooperación Económica (OECE), y entre los años 1947 y 1952 recibieron 13 000 millones de dólares.

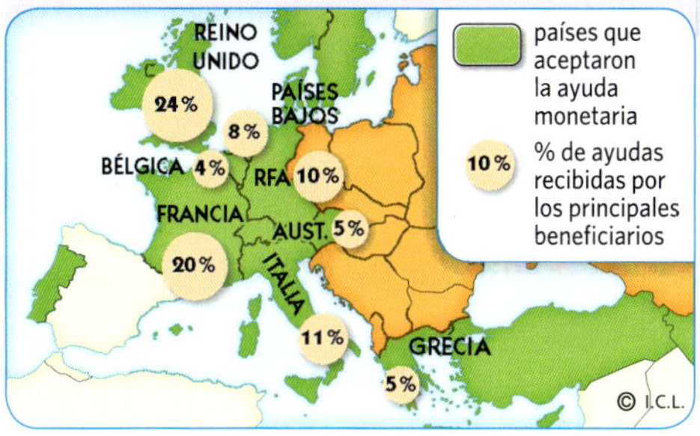

D LOS DIFERENTES SISTEMAS DE ALIANZA

Los dos grandes organizaron sus respectivos bloques mediante sistemas de alianzas económicas y militares.

En 1949 se firmó el **Pacto Atlántico**, que integraba a Estados Unidos, Canadá y diez países de la Europa Occidental. Fue el origen de la **OTAN**, organismo de cooperación militar para defenderse de cualquier agresión extranjera y bajo la dirección de Washington. En 1961, veinte países de Europa y América del Norte transformaron la OECE en la **OCDE**, para fomentar el desarrollo económico de los países de libre mercado.

La URSS y los países del Este europeo también estrecharon sus vínculos. En 1949 se fundó el **COMECON***, una organización que ofrecía ayuda económica al bloque socialista, y en 1955 se creó una alianza militar, el **Pacto de Varsovia**, que unía a la URSS y a los países del Este para garantizar militarmente la seguridad e integridad del territorio comunista.

LAS DOS GRANDES ALIANZAS MILITARES (1955)

1. ¿Por qué se deterioraron las relaciones entre los aliados al finalizar la Segunda Guerra Mundial? ¿Qué dos bloques se crearon? ¿Qué países integraban cada bloque?
2. ¿Qué diferencias ideológicas y de organización de la sociedad enfrentaban a las dos grandes potencias? ¿Cómo representa la caricatura alemana a cada una de ellas?
3. ¿Qué fue el Plan Marshall? ¿A quiénes se dirigía? ¿Cuál era su objetivo? ¿Quiénes fueron sus principales beneficiarios?
4. ¿Por qué la URSS y sus aliados se negaron a aceptar la ayuda americana?
5. ¿Qué alianzas económicas y militares crearon ambos bloques?

Argumenta la respuesta

6. ¿Por qué Winston Churchill utilizó la expresión "telón de acero" para describir la situación de Europa en la posguerra? ¿Te parece apropiada?

2 Alemania, centro de la Guerra Fría

DESCUBRE

El primer escenario del enfrentamiento entre las dos grandes potencias tuvo lugar en Alemania, en el año 1948, cuando la ciudad de Berlín quedó bloqueda. Recién finalizada la Segunda Guerra Mundial, el mundo empezó a temer el estallido de un nuevo conflicto bélico.

El desenlace de la cuestión berlinesa finalizó con la división de Alemania en dos Estados, uno en el bloque occidental y el otro bajo influencia soviética. Paralelamente, Berlín se dividió en dos sectores, que acabaron separados por un muro en 1961.

Alemania y su capital se convirtieron en el centro de la Guerra Fría y de la oposición entre los dos bloques. El telón de acero estaba allí más presente que en cualquier otro lugar de Europa porque dividía en dos el país y también su capital.

El oso soviético bloquea Berlín, caricatura de 1948.

A EL BLOQUEO DE BERLÍN

Alemania había quedado dividida por los vencedores en **cuatro zonas de ocupación militar**. Las regiones orientales, un 30% del territorio, fueron otorgadas a soviéticos y polacos, mientras que el resto del país quedó bajo el control de estadounidenses, británicos y franceses.

Los soviéticos comenzaron a introducir el sistema comunista en el área bajo su control. Como respuesta, en 1948, los aliados occidentales decidieron unificar sus territorios y anunciaron su intención de crear un **Estado federal alemán** y de establecer una moneda única.

La capital, Berlín, repartida también en cuatro zonas de ocupación, se encontraba en pleno territorio controlado por los soviéticos, los cuales, como respuesta, decidieron cerrar todas las fronteras y aislar el sector occidental de la ciudad (bloqueo de Berlín).

Estados Unidos respondió estableciendo un puente aéreo para abastecer la capital, que se mantuvo ininterrumpidamente hasta que en 1949, tras once meses de bloqueo, Stalin decidió poner fin al cerco.

EL SUMINISTRO EN BERLÍN DURANTE EL BLOQUEO

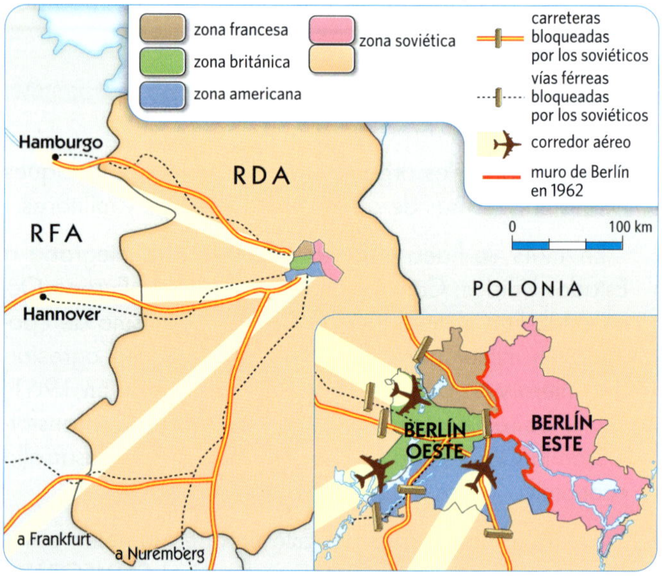

La partición de Alemania

La crisis de Berlín aceleró la división de Alemania en dos Estados. La **República Federal de Alemania** (RFA) nació oficialmente el 23 de mayo de 1949 y la **República Democrática Alemana** (RDA) se creó en octubre del mismo año.

ZONAS DE OCUPACIÓN
estadounidense
británica
francesa
soviética
bajo control internacional

La posición de Estados Unidos

Era evidente que los rusos estaban decididos a hacernos salir de Berlín. Acababan de tener algunos reveses en Italia, Francia y Finlandia (...) y el programa de ayuda a Europa comenzaba a dar sus frutos. El bloqueo era el contraataque del comunismo y el Kremlin había escogido bien el objetivo.

Berlín, la vieja capital, que es un símbolo para los alemanes, constituía el punto más sensible de Europa. Si no conseguíamos mantener en ella nuestras posiciones, el comunismo se vería muy fortalecido ante la opinión pública alemana. (...) Debíamos considerar la posibilidad de que Rusia hubiera escogido Berlín como pretexto para iniciar un conflicto (...).

H. S. Truman: *Memorias*, 1956.

B BERLÍN, DIVIDIDA POR UN MURO

Igual que el resto de Alemania, Berlín quedó dividida en dos zonas de influencia. Entre ambas existía una frontera, pero muchos ciudadanos de la RDA escapaban hacia Berlín-Oeste. Entre 1949 y 1961, dos millones de alemanes del Este huyeron hacia Occidente. Entre estos **disidentes***, muchos eran intelectuales y científicos.

El problema surgió en 1958, cuando los dirigentes soviéticos quisieron poner fin a esta huida. La URSS exigió que Berlín-Oeste se integrase en la RDA o se convirtiese en una zona neutral bajo control de la ONU.

Estados Unidos se opuso y, en 1961, por iniciativa de las autoridades de Berlín-Este, se levantó un muro que dividió la ciudad en dos. El telón de acero simbólico se convirtió en Berlín en una realidad palpable.

La defensa de la construcción del muro

Las autoridades gubernamentales y militares de la RFA, usando la propaganda, el chantaje y la corrupción, incitan a ciertos elementos instalados en la RDA, a escaparse hacia la Alemania del Oeste. Esas personas, que se dejan comprar, son obligadas a enrolarse en el ejército o son reclutadas (...) como espías o saboteadores a la RDA (...).

Frente a estas agresivas amenazas de las fuerzas reaccionarias de la RFA y de sus aliados de la OTAN, los Estados del Pacto de Varsovia no pueden dejar de tomar las medidas necesarias para garantizar la seguridad de la RDA y el interés del propio pueblo alemán.

Declaración del Pacto de Varsovia, agosto de 1961.

Yo soy un berlinés

Hace dos mil años, el mayor acto de orgullo era decir: "Civis romanus sum". Hoy en día, en el mundo de la libertad no podríamos pensar en mayor orgullo que decir "Ich bin ein Berliner". Hay gente en el mundo que no comprende verdaderamente, o que pretende no comprender, qué es lo que está en juego entre el comunismo y el mundo libre. Que vengan a Berlín. Hay otros que afirman que el porvenir está en el comunismo. No tienen más que venir a Berlín.

La libertad conoce, sin duda, muchas dificultades y nuestra democracia no es perfecta. Sin embargo, nosotros nunca hemos necesitado levantar un muro para impedir a nuestro pueblo que huya.

Discurso de J. F. Kennedy en Berlín-Oeste, junio de 1963.

LA ESTRUCTURA DEL MURO DE BERLÍN

El muro fue construido en una noche, del 12 al 13 de agosto de 1961.

1. Observa el mapa sobre el bloqueo de Berlín:
   - ¿Qué potencias ocuparon Alemania tras la guerra?
   - ¿Qué fue el bloqueo de Berlín? ¿Qué motivó a la URSS a llevarlo a cabo? ¿Cómo reaccionaron los occidentales? ¿Cuál fue la consecuencia del bloqueo para el territorio alemán?
2. ¿Por qué las autoridades del Berlín-Este levantaron un muro? Lee el texto del Pacto de Varsovia y explica cómo se justifica.
3. Observa el dibujo y describe cómo eran los sistemas de vigilancia del muro de Berlín.
4. Lee el texto de Kennedy en su visita a Berlín. ¿Cuál es la intención de su discurso? ¿Qué significado atribuyes a la frase "Yo soy un berlinés"?

Investiga

5. Consulta www.tiching.com/746510 y elabora una ficha sobre el muro en la que describas: longitud, altura, sistema de puertas, sistema de alarmas silenciosas, muro de protección visual, franja de la muerte y disparos automáticos.

3 Los conflictos bélicos de la Guerra Fría

¿Qué fue exactamente la Guerra Fría?

La Guerra Fría define una situación internacional extremadamente tensa, que enfrentó a Estados Unidos y a la Unión Soviética e implicó a sus aliados. Se inició entre 1947 y 1948, y excepto algunas etapas de relajación de la tensión internacional, se mantuvo hasta la caída del bloque soviético en la década de 1990.

Las dos potencias iniciaron una **carrera de armamentos** y adoptaron una **actitud beligerante** y de confrontación ideológica, si bien no llegaron nunca a un enfrentamiento armado directo. La tensión entre los bloques comportó también el empleo del juego sucio, de la propaganda hostil contra el enemigo y del espionaje.

Esta rivalidad se manifestó en conflictos localizados fuera de su territorio, en los que el desafío se producía a través de aliados periféricos.

LOS MECANISMOS DE LA GUERRA FRÍA

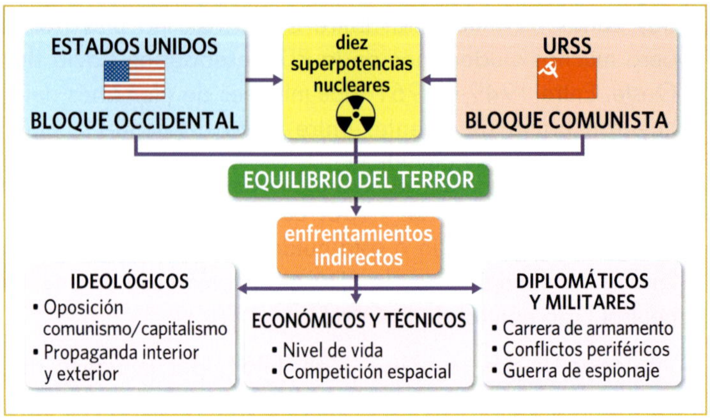

Tropas estadounidenses en Corea se retiran ante el empuje del ejército chino, invierno de 1950.

La Guerra de Corea

Tras la derrota de Japón, el Norte de Corea fue ocupado por las tropas rusas, y el Sur, a partir del paralelo 38, por las tropas estadounidenses. Cuando, en 1949, se produjo la retirada de soviéticos y estadounidenses, la división se consolidó.

Corea del Norte poseía mayor riqueza minera e industrial y una administración comunista dirigida por Kim Il Sung.

Corea del Sur disponía de más recursos agrarios, buenos puertos comerciales y una dictadura militar prooccidental dirigida por Sygman Rhee.

Estimulado por la victoria de la revolución china, en 1950, Stalin animó a sus aliados de Corea del Norte a invadir Corea del Sur. La ONU condenó la agresión y aceptó el envío de un contingente de tropas estadounidenses dirigidas por el **general MacArthur**.

Estas rechazaron la invasión e iniciaron su expansión hacia el Norte, pero la intervención china les obligó a retroceder. Para evitar la extensión del conflicto, el presidente estadounidense Harry Truman destituyó al radical y anticomunista MacArthur, que pretendía bombardear China con armamento nuclear.

El enfrentamiento duró tres años, costó más de un millón de muertos y ayudó a acelerar la carrera de armamentos. Finalizó en 1953 con la firma de la **Paz de Panmunjom**, que consagró la división de las dos Coreas.

LA GUERRA DE COREA (1950-1953)

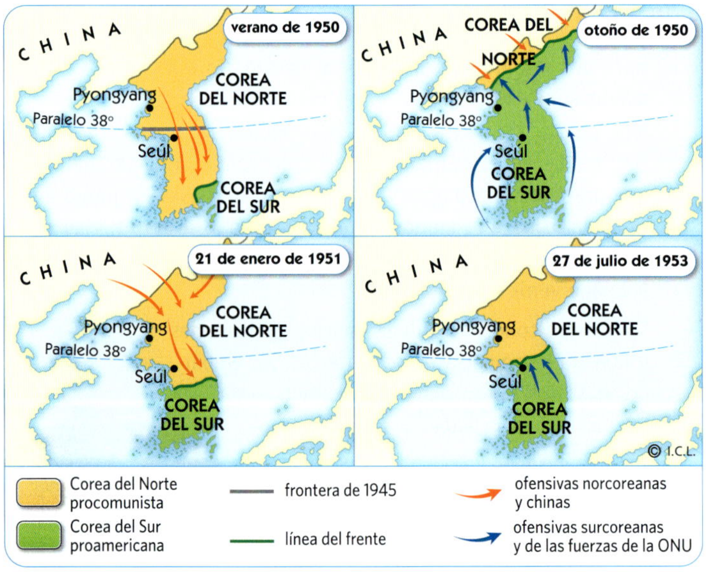

LA LARGA GUERRA DE VIETNAM (1945-1975)

En el territorio de la colonia francesa de Indochina, al finalizar la Segunda Guerra Mundial se inició una larga guerra, primero contra Francia y luego contra Estados Unidos.

En 1945, las fuerzas comunistas del **Vietminh**, lideradas por **Ho Chi Minh**, proclamaron la independencia. Francia no la aceptó y se inició una guerra entre la guerrilla, que contaba con el apoyo de los soviéticos y controlaba el Norte del país, y el ejército francés, que tenía el soporte estadounidense.

La guerra finalizó en 1954, con la derrota de los franceses, y consolidó la división entre el Norte, dirigido por un gobierno comunista, y el Sur, con un régimen prooccidental.

Una guerrillera norvietnamita toma prisionero a un soldado estadounidense. Pintura de Gilles Aillaud inspirada en una fotografía, 1968.

La intervención americana

Tras la retirada francesa, Estados Unidos envió un contingente militar en apoyo de Vietnam del Sur para evitar la reunificación bajo un régimen comunista. Se inició entonces una nueva guerra, en la que Estados Unidos empleó armas mortíferas y con ellas masacraron aldeas.

La denuncia de los métodos utilizados por las tropas americanas y la oposición de los jóvenes estadounidenses a enrolarse en el ejército provocaron un movimiento de protesta contra la guerra en Estados Unidos.

A pesar de su superioridad militar, Estados Unidos fue incapaz de ganar la guerra e inició la retirada. En 1975, las fuerzas norvietnamitas ocuparon el Sur e implantaron un régimen comunista.

LA GUERRA DE VIETNAM (1954-1975)

La visión vietnamita

Los vietnamitas nunca han hecho ningún daño a EEUU, pero EEUU (...) ha intensificado la agresión militar contra Vietnam del Norte para prolongar la división de nuestro país y convertir a Vietnam del Sur en una colonia y en una base militar. (...)

Medio millón de soldados de EEUU y de sus aliados utilizan el armamento más inhumano y las estrategias militares más bárbaras posibles. Usan napalm, armas químicas tóxicas y gas para masacrar a nuestros compatriotas, destruir las cosechas y arrasar pueblos enteros. (...)

Los vietnamitas no se rendirán nunca ante la agresión, y no aceptarán conversaciones bajo la amenaza de las bombas.

Carta de Ho Chi Minh al presidente de EEUU, 1967.

1. Define con otras palabras el concepto de Guerra Fría y, fijándote en el esquema, explica en qué terrenos se produjo el enfrentamiento entre las dos grandes potencias. Define también carrera de armamentos y equilibrio del terror.
2. ¿Por qué se desató una guerra en Corea? ¿Cuáles fueron los países implicados? Observa el mapa y explica el desarrollo de la guerra. Justifica por qué es un ejemplo de la Guerra Fría.
3. Describe los dos conflictos bélicos que vivió Vietnam entre 1945 y 1975. ¿Por qué intervino Estados Unidos?
4. Utiliza los documentos de esta página y escribe un informe sobre la guerra de Vietnam: países implicados, operaciones bélicas, armas y métodos utilizados, víctimas y consecuencias para ambos contendientes.
5. Argumenta con tus propias palabras cuál de las opciones siguientes explica mejor por qué Estados Unidos decidió retirarse de Vietnam:
   - Porque era imposible ganar la guerra militarmente.
   - Porque la guerra era muy impopular en Estados Unidos.

Kennedy/Jruschov: ¿hacia una coexistencia pacífica?

A finales de la década de 1950, el fuerte clima de tensión entre los bloques dio paso a una nueva etapa, dominada por la distensión y el diálogo, que conocemos como coexistencia pacífica. A ello contribuyeron el temor a una guerra nuclear, el elevado coste de la carrera de armamentos, la imposibilidad de destruir al rival sin poner en peligro a toda la humanidad, y el cambio de actitud de los nuevos dirigentes tanto de la Unión Soviética como de Estados Unidos.

Este nuevo entendimiento entre los bloques supuso el inicio de una política de desarme, que no estuvo exenta de momentos de tensión, como la crisis de los misiles de Cuba, cuando el peligro de una guerra entre los dos grandes pareció de nuevo inminente.

Entrevista entre los presidentes Kennedy y Jruschov en Viena, junio de 1961.

A DOS DIRIGENTES CON UN NUEVO TALANTE

John F. Kennedy en EEUU

- En 1956 fue reelegido el presidente republicano Eisenhower, quien apartó del poder a los sectores más anticomunistas, como el senador McCarthy. También puso fin a la persecución de sospechosos de simpatizar con el comunismo ("caza de brujas").
- La elección, en el año 1960, de un presidente del Partido Demócrata, John F. Kennedy, marcó un vuelco importante en la política exterior norteamericana.
- Esta nueva orientación se basaba en la no agresión y la no injerencia en los asuntos internos del otro bloque, y en la creación de una nueva diplomacia basada en las conversaciones y los acuerdos.

No puede ser satisfactorio para dos grandes y poderosos grupos de naciones su rumbo actual: ambas partes se encuentran abrumadas por el coste de las armas modernas, alarmadas por la continua extensión del átomo mortífero y, sin embargo, ambas están empeñadas en un incierto equilibrio de terror (...).

Debemos analizar los problemas que nos unen en lugar de insistir en los que nos separan. Que ambas partes, por primera vez, formulen propuestas serias y precisas para la inspección y el control de los armamentos y que pongan el poder de destruir a otras naciones bajo el control absoluto de todas.

Discurso del presidente Kennedy, 1960.

Nikita Jruschov en la URSS

- Tras la muerte de Iósif Stalin (1953), en el XX Congreso del PCUS, celebrado en febrero de 1956, el nuevo secretario general del partido, Nikita Jruschov, denunció públicamente los errores y los crímenes del estalinismo e inició un proceso de desestalinización.
- También se aprobaron nuevas directrices en política exterior que proponían la coexistencia pacífica entre los bloques, la no exportación de la revolución y la posibilidad de acceder al socialismo por diversas vías, incluida la democrática.
- Además, se acordó la disolución del *Kominform**, considerado por los occidentales como una organización amenazadora.

Vivir en paz y como buenos vecinos o ir hacia una próxima guerra: esta es la opción ante la que nos encontramos la Unión Soviética, Estados Unidos y el mundo entero. Una tercera no existe, si no es que uno de nosotros opte por mudarse a otro planeta. Los soviéticos no nos encontramos mal del todo sobre la Tierra y creo que vosotros no tenéis intención de reservar billetes para la Luna. (...)

No hago un llamamiento a compartir nuestra concepción del mundo y no creo que vosotros pretendáis convertirnos al capitalismo. Estoy seguro de que vosotros creéis en la victoria de vuestro sistema tanto como yo creo que el socialismo finalmente triunfará. (...)

Discurso del presidente Jruschov, 1960.

Portada del periódico italiano *Domenica del Corriere* alusiva al "teléfono rojo", 1962.

B EL FRENO A LA CARRERA DE ARMAMENTOS

Los nuevos dirigentes iniciaron un diálogo entre las dos superpotencias para frenar la pugna armamentista y conseguir un equilibrio estratégico. Las razones hay que buscarlas en el temor a que una guerra supusiese la destrucción mutua y los grandes costos de la carrera de armamentos.

Los primeros acuerdos iniciaron una etapa de relaciones directas entre los jefes de Estado de ambas potencias. En 1959, Jruschov fue el primer dirigente soviético en viajar a Estados Unidos y reunirse con su presidente (Eisenhower). Posteriormente, en 1961, se entrevistó con Kennedy en Viena.

Las Administraciones de los dos gobiernos iniciaron relaciones más fluidas y establecieron un contacto permanente entre sus mandatarios: el llamado **teléfono rojo**, una comunicación directa, desde 1963, entre la Casa Blanca y el Kremlin.

Años	Acuerdos sobre armamento nuclear
1963	Cese de pruebas nucleares subterráneas
1967	Prohibición del envío de cargas nucleares al espacio
1968	Tratado de no proliferación de armas nucleares
1969-1972	Acuerdos SALT 1: limitación de misiles y antimisiles
1987	Desarme de misiles nucleares de corto y medio alcance
1991	START 1: reducción de armas nucleares estratégicas
1993	START 2: nueva reducción de armas nucleares
1995	Prohibición de ensayos nucleares

C LA CRISIS DE LOS MISILES

En 1959, la guerrilla revolucionaria de Fidel Castro se hizo con el poder en Cuba. Su política de nacionalización de los recursos económicos provocó la hostilidad del gobierno de Estados Unidos, que declaró el boicot económico a Cuba.

La Unión Soviética ofreció su ayuda al régimen castrista y, en 1960, ambos países firmaron un tratado de cooperación económica y militar, consolidando así la aproximación cubana al bloque comunista.

El momento de máxima tensión se vivió en 1962 cuando, ante la amenaza de que la URSS instalaría misiles nucleares en la isla, Kennedy ordenó el **bloqueo naval de Cuba** para impedir la llegada de las piezas nucleares que transportaban los barcos soviéticos.

Finalmente, después de días de angustia, Jruschov ordenó el regreso de los barcos que se dirigían hacia Cuba y se comprometió a retirar las armas nucleares. Como contrapartida, el gobierno de Kennedy levantó el bloqueo naval de la isla.

EL CONFLICTO CUBANO

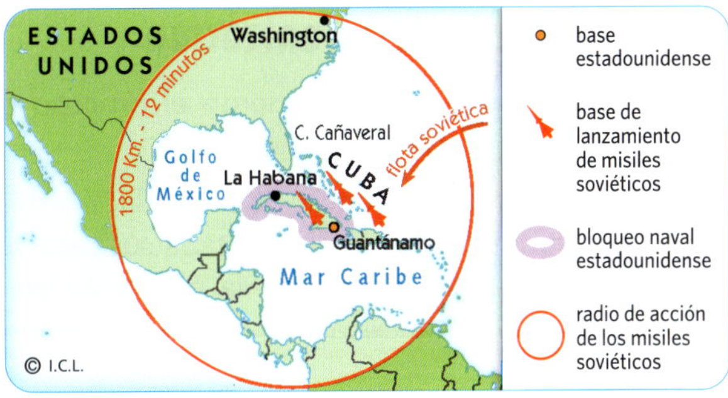

¿Una victoria soviética?

Cuba fue una victoria de la paz y la coexistencia pacífica, gracias a la cual, las conquistas de la revolución cubana quedaron protegidas. Gracias a esta victoria, el prestigio de los países socialistas creció enormemente y el peligro de una guerra nuclear se alejó. (...)

Discurso de Jruschov, 1963.

1. ¿Qué fue la coexistencia pacífica? ¿Qué factores propiciaron la distensión de la Guerra Fría?
2. Explica la situación interior de EE UU y de la URSS a mediados de la década de 1950 y cómo influyó en el cambio de orientación de su política internacional.
3. Lee los textos de Kennedy y Jruschov. ¿Cómo argumenta cada uno de ellos la conveniencia de la coexistencia pacífica?
4. ¿En qué consistió la crisis de los misiles? ¿Cómo se resolvió?

Ponte en su lugar

5. Ambos presidentes (Kennedy y Jruschov) valoraron el final de la crisis cubana como una gran victoria. Ponte en el lugar de cada uno de estos dirigentes y escribe un pequeño discurso (diez líneas) presentando la resolución del conflicto cubano como una victoria de tu país.

Piensa qué diferentes argumentos utilizarías en cada uno de los dos casos.

5 El proceso de descolonización

Un nuevo marco internacional

En 1945, la mayor parte del territorio mundial estaba en manos de las potencias coloniales europeas, pero las condiciones creadas por la Segunda Guerra Mundial desataron el inicio del proceso descolonizador.

Las metrópolis (Reino Unido y Francia) fueron derrotadas en sus colonias asiáticas y africanas por Japón y Alemania, que ocuparon buena parte de los territorios coloniales.

Esta derrota puso de manifiesto la debilidad de las potencias europeas para mantener su dominio colonial y agravó sus dificultades económicas. Además, comportó la **disminución del prestigio** de los colonizadores y puso fin a la leyenda de la superioridad de la raza blanca y de la imbatibilidad de las potencias europeas.

El proceso descolonizador se desarrolló en el contexto de la Guerra Fría y las dos grandes potencias rivalizaron para atraer hacia su causa a los nuevos países surgidos de la descolonización.

Las causas de la descolonización

Entre las causas que favorecieron el proceso descolonizador podemos destacar las siguientes:

- El **deseo de independencia** de la población de las colonias frente a una metrópoli que explotaba sus recursos económicos, mantenía a la mayoría de la población en la pobreza, gobernaba de forma despótica e imponía sus formas de vida y cultura.
- La pujanza de los **movimientos nacionalistas**, que, inspirados en diferentes ideologías (comunistas, islamistas, nacionalistas...), se vieron con fuerza suficiente para enfrentarse a los colonizadores.
- La expansión de una **opinión internacional** contraria a la colonización, que se manifestó a través de la Carta del Atlántico (1941), la *Declaración de la ONU* (1946) y la *Declaración Universal de los Derechos Humanos* (1948), que proclamaron el derecho de los pueblos a disponer de sí mismos (derecho de autodeterminación).
- El **apoyo a la descolonización de las dos grandes potencias** (EE UU y la URSS), que no poseían imperios coloniales y tenían interés en debilitar a las potencias coloniales y atraer a los nuevos Estados hacia su esfera de influencia.

El proceso descolonizador

La descolonización se realizó entre 1945 y 1975 y comportó el surgimiento de casi un centenar de nuevos Estados. Sin embargo, para muchos de ellos, el proceso emancipador fue muy dificultoso y solo alcanzaron la independencia tras cruentas guerras de liberación (Vietnam, Argelia, Congo...).

Dibujo del inglés Ronald Searle que denuncia el colonialismo en África, 1959.

Las dos superpotencias, contra el colonialismo

Después de un año, quiero manifestar nuestra opinión acerca de que Indochina no debería regresar bajo la dominación francesa, sino que debería ponerse bajo la tutela de una comisión internacional (...). Cada situación colonial debe ser estudiada separadamente, pero el caso de Indochina está perfectamente claro. Hace cien años que Francia desangra ese país. El pueblo de Indochina merece una suerte mejor.

Declaraciones de F. D. Roosevelt, 1945.

Los pueblos de las colonias no quieren vivir más como en el pasado. Las clases dominantes de las metrópolis no pueden seguir dominando las colonias como han venido haciéndolo. Las tentativas de aniquilar el movimiento de liberación nacional por la fuerza se encuentran con la creciente resistencia armada de los pueblos de las colonias y conducen a guerras coloniales de larga duración, como en Indonesia e Indochina.

Declaraciones de A. Jdanov, 1947.

Gandhi lideró un movimiento a favor de la independencia de la India, que presentaba como método de acción la no violencia y la desobediencia civil a las leyes británicas.

LA DESCOLONIZACIÓN

1.ª ETAPA (1945-1954)

- En Oriente Próximo accedieron a la independencia Líbano, Siria y Jordania. Igualmente se acabó el mandato británico sobre Palestina y gran parte de su territorio pasó a formar el nuevo Estado de Israel.
- En Asia, en 1947, el Reino Unido aceptó la independencia de la India; en 1949, Indonesia se convirtió en un Estado independiente, y en 1954, Francia abandonó Indochina.

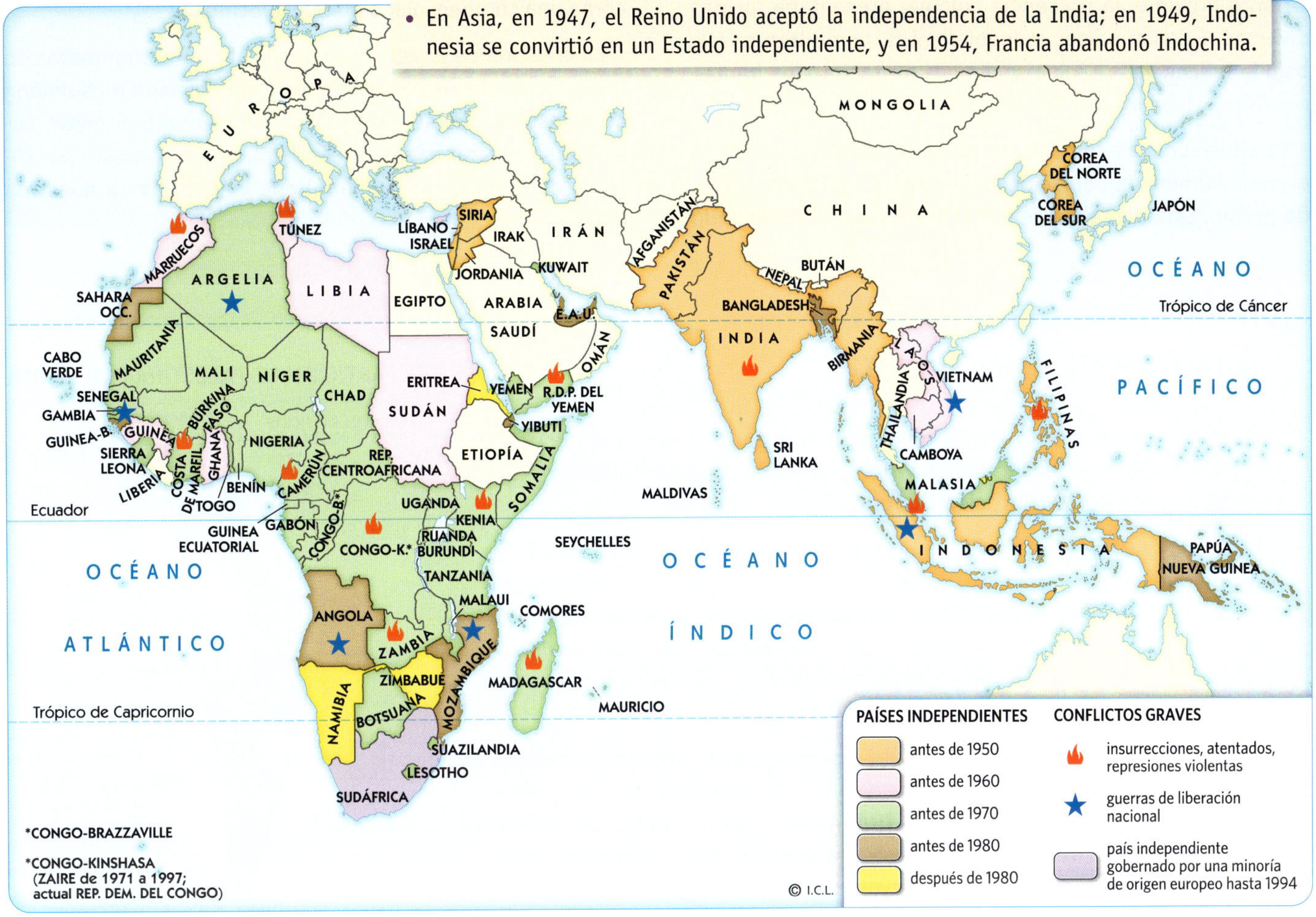

2.ª ETAPA (1951-1962)

- Afectó al Norte de África y se inició cuando la colonia italiana de Libia accedió a la soberanía (1951).
- En 1956, Francia reconoció la independencia de Marruecos y Túnez, pero intentó mantenerse en Argelia, hecho que comportó una larga guerra que finalizó con la independencia de este país en 1962.

3.ª ETAPA (1955-1965)

- Se centró en el África subsahariana, cuando la mayoría de las colonias británicas (Kenia, Nigeria...), francesas (Guinea, Mauritania, Madagascar...) y belgas (Congo) se proclamaron independientes.

4.ª ETAPA (1975-1993)

- Tuvo como escenario el cono Surafricano y fue bastante tardía. En 1975 desaparecieron las colonias portuguesas (Angola y Mozambique) y en 1990 Namibia se proclamó independiente.
- En Sudáfrica, la independencia fue declarada en 1961 por los colonos blancos, que instauraron un régimen de segregación racial contra la mayoría de la población negra (*apartheid**).

  Esta situación se mantuvo hasta 1993, cuando se abolieron las leyes discriminatorias para la población negra.

1. ¿Qué contexto internacional favoreció el proceso descolonizador tras la Segunda Guerra Mundial?
2. Lee los textos de los mandatarios estadounidense y soviético. ¿Qué posición muestran respecto a los imperios coloniales? ¿Cómo influyó su actitud en el proceso descolonizador?
3. ¿Qué factores motivaron la eclosión de los movimientos descolonizadores? ¿Qué papel desempeñó la ONU?
4. Observa el mapa sobre la descolonización:
   - Realiza en tu cuaderno un eje cronológico que muestre las diferentes etapas que tuvo el proceso descolonizador. Luego, indica a qué zonas geográficas afectó cada una de ellas.
   - ¿En qué países la consecución de la independencia comportó guerras de liberación?

6

El conflicto de Oriente Próximo

DESCUBRE

Al finalizar la Segunda Guerra Mundial, en la zona de Oriente Próximo, la presencia colonial presentaba formas diversas. Existían países independientes, como Irán e Irak, bajo la influencia británica, y algunos protectorados franceses (Siria y Líbano) y británicos (Jordania y Palestina).

La situación más compleja se daba en Palestina, donde el elevado número de población judía aspiraba a crear un Estado propio. Esta demanda se hizo mucho más fuerte cuando algunos países apoyaron la creación del Estado de Israel como una compensación por el Holocausto.

La creación de Israel contó desde el primer momento con la oposición de los países árabes y la población musulmana de Palestina, que se enfrentaron bélicamente al nuevo Estado. Este hecho inició un conflicto, que ha pasado por diferentes fases, y que se mantiene vigente hasta nuestros días.

A LA CREACIÓN DEL ESTADO DE ISRAEL

En 1917, el gobierno inglés manifestó su apoyo a las reivindicaciones judías sobre los territorios históricos de Israel, que se hallaban bajo mandato británico (**Declaración Balfour**).

Este apoyo abrió paso a una inmigración masiva de judíos hacia esta región, que se vio incrementada al finalizar la Segunda Guerra Mundial. En un contexto internacional impactado por el alcance del Holocausto, los judíos europeos plantearon la necesidad de reagruparse y su derecho a desplazarse al territorio de Palestina, donde habitaban ya unos 600 000 judíos.

En 1947, una resolución de la ONU propuso la partición de Palestina en dos Estados, uno judío, con un 55 % del territorio, y otro palestino. En 1948 terminó el mandato británico y Ben Gurión proclamó el Estado de Israel, que no fue reconocido por los Estados árabes vecinos, quienes defendieron los derechos de los palestinos sobre la totalidad del territorio.

LA PARTICIÓN DE PALESTINA POR LA ONU

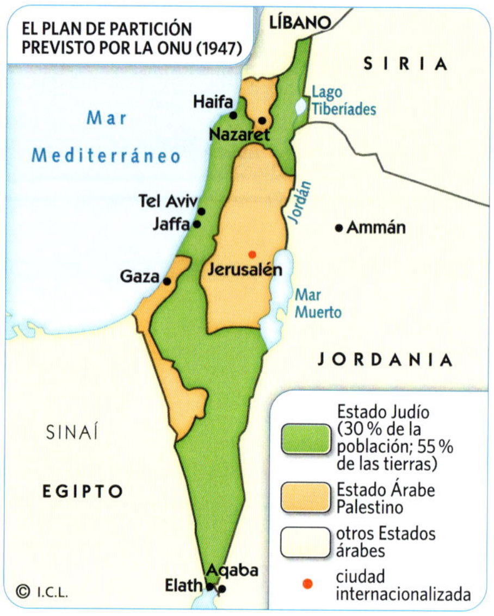

La posición palestina

Art. 2. Los territorios de Palestina, que constituían las fronteras bajo mandato británico, constituyen una unidad territorial indivisible.

Art. 3. Solo el pueblo palestino tiene derechos legítimos sobre su patria. Después de haberla liberado, ejercerá su derecho a la autodeterminación, según su única voz y su sola voluntad. (...)

Art. 15. La liberación de Palestina es una obligación nacional para los árabes. Su obligación es rechazar la invasión sionista e imperialista en la gran patria árabe y liquidar la presencia sionista en Palestina.

Carta de la Organización para la Liberación de Palestina (OLP), 1964.

La posición israelí

Israel es el lugar donde nació el pueblo judío. Fue allí donde se formó su carácter espiritual, religioso y nacional (...). Fue allí donde se escribió la Biblia y se donó al mundo entero.

Exiliado de Tierra Santa, el pueblo judío le permaneció fiel a lo largo de toda su diáspora y nunca dejó de rogar por el retorno (...). La catástrofe nacional que se abatió sobre el pueblo judío, la masacre de seis millones de judíos en Europa, ha demostrado la urgencia de una solución para este pueblo sin patria y el restablecimiento de un Estado judío que les abriese las puertas (...).

El Estado de Israel estará abierto a toda la inmigración judía, fomentará el desarrollo del país en beneficio de todos sus habitantes (...) y asegurará la más completa igualdad social y política sin distinción de religión, raza o sexo (...).

Proclama de Ben Gurión, 1948.

El barco *Exodus* llegó a Palestina en 1947, cargado de judíos supervivientes del Holocausto, pero los británicos prohibieron su desembarco y los retornaron a Europa.

B LAS GUERRAS ÁRABE-ISRAELÍES

Los palestinos y sus vecinos musulmanes no reconocieron al nuevo Estado israelí y formaron la **Liga Árabe** (Egipto, Siria, Arabia Saudí, Jordania, Irak, Líbano...), que en 1948 declaró la guerra a Israel, apoyada por EEUU.

La primera guerra fue seguida por otras tres en las que siempre se impuso Israel, que extendió su zona de ocupación. El conflicto comportó la expulsión de muchos palestinos de sus territorios y su reclusión en campos de refugiados en los Estados vecinos.

Aunque en 1993 se firmaron unos acuerdos de paz, los **Acuerdos de Oslo**, el conflicto sigue sin una solución definitiva que satisfaga a ambas partes.

- **Primera guerra** (1948 y 1949). Israel amplió sus territorios y la ciudad de Jerusalén fue dividida en dos zonas.
- **Segunda guerra** (1956). Invasión de la península del Sinaí por los israelíes.
- **Guerra de los Seis Días** (1967). Confirmó los territorios ocupados por Israel, que estableció un área de seguridad a su alrededor.
- **Guerra del Yom Kippur** (1973). Los países árabes dieron muestra de una nueva fuerza militar, que se vio apoyada por la guerra económica (aumento del precio del petróleo). Finalizó con los acuerdos de Camp David, por los que Egipto reconocía a Israel y este abandonaba el Sinaí.

CRONOLOGÍA DEL CONFLICTO PALESTINO

1945
- Primera guerra árabe-israelí

1950
- Segunda guerra árabe-israelí

1955
- Creación de la Organización para la Liberación de Palestina (OLP)

1960
- Guerra de los Seis Días (Tercera guerra árabe-israelí)

1965
- Guerra del Yom Kippur (Cuarta guerra árabe-israelí)

1970
- Acuerdos de Camp David: Egipto reconoce a Israel, que abandona el Sinaí

1975

1980
- Inicio de la primera Intifada (revuelta popular)

1985
- Conferencia Internacional de Paz para Oriente Medio en Madrid

1990
- Acuerdos de Oslo. Se establecen territorios autónomos y se negocia la creación de un Estado palestino (Autoridad Nacional Palestina)

1995

El problema palestino

- A raíz del conflicto bélico, centenares de miles de palestinos musulmanes abandonaron Israel y huyeron a Jordania, Líbano y Egipto, donde se instalaron en campamentos de refugiados, en penosas condiciones. Los que se quedaron, también sufrieron las consecuencias de la ocupación israelí.
- En 1964 crearon la OLP (Organización para la Liberación de Palestina), dirigida por Yasser Arafat, que fomentó el terrorismo contra Israel y sus aliados. A partir de 1974, esta organización abandonó la violencia y apostó por la negociación con Israel.
- Después de años de negociaciones, en 1993 (Acuerdos de Oslo) se estableció la creación en Israel de unos territorios autónomos bajo autoridad palestina.

1. ¿Cómo se creó el Estado de Israel? Explica las circunstancias que llevaron a la ONU a decidir la partición de Palestina. ¿Cómo se dividió el territorio?
2. Lee los textos de Ben Gurión y de la OLP y explica qué posición defiende cada uno. ¿Cómo reaccionaron los Estados árabes a la creación de Israel? ¿Qué era la OLP?
3. Observa los mapas y explica cómo las diferentes guerras árabe-israelíes modificaron la partición inicial de la ONU.

Investiga

4. Busca información en www.tiching.com/66097 y explica cuál es la situación actual del conflicto árabe-israelí. ¿Qué problemas impiden la pacificación definitiva del territorio?

Descolonización y neocolonialismo

La descolonización tuvo lugar en el contexto internacional de la Guerra Fría, y EEUU y la URSS pugnaron por ampliar su influencia en Asia y África, los continentes protagonistas del proceso descolonizador. Sin embargo, muchos de los nuevos Estados defendieron una nueva posición neutral en las relaciones internacionales y constituyeron el movimiento de países no alineados.

La independencia de las antiguas colonias puso de manifiesto las dificultades económicas a las que tenían que hacer frente. La explotación de sus recursos y la dependencia de sus economías se volvieron más sutiles, pero continuaron existiendo bajo nuevas formas (neocolonialismo). La desigualdad económica a escala planetaria sigue siendo, a inicios del siglo XXI, uno de los grandes problemas a los que debe hacer frente la humanidad.

Caricatura de una revista francesa sobre el movimiento de no alineados, 1978.

A UNA TERCERA VÍA A LA POLÍTICA DE BLOQUES: EL NO ALINEAMIENTO

Algunos de los países que habían accedido recientemente a la independencia se reunieron en la **Conferencia Internacional de Bandung** (Indonesia) en 1955.

Los acuerdos de Bandung reafirmaron el derecho de los pueblos a disponer de sí mismos, la soberanía y la igualdad de todas las naciones, la condena a toda discriminación racial y el rechazo a la intervención extranjera en los asuntos internos de un Estado.

Sus resoluciones expresaron también la voluntad neutralista de los nuevos Estados y su alejamiento de la política de bloques. A partir de ese momento empezó a extenderse la denominación de **Tercer Mundo*** para designar al conjunto de nuevos países que deseaban no alinearse con ninguno de los dos bloques.

Asimismo, defendieron la coexistencia pacífica, el desarme y la prohibición de armamento atómico, y reclamaron la cooperación internacional en la lucha contra la pobreza de los nuevos países.

Un último objetivo fue el establecimiento de una alianza de Estados neutralistas, y en la Conferencia de Belgrado (1961) se estableció el **Movimiento de Países No Alineados***, que integró a 25 países.

PAÍSES PARTICIPANTES EN LA CONFERENCIA DE BANDUNG

La Conferencia de Bandung contó con la presencia de los grandes líderes independentistas (Nehru, Nasser y Sukarno), y reunió a representantes de 29 naciones que sumaban más de la mitad de la población mundial, pero con tan solo el 8% de sus riquezas.

La Conferencia declara...

- Que el colonialismo es un mal al que debe ponerse fin inmediatamente.
- Que la sumisión de los pueblos a un yugo extranjero y a su explotación constituye una violación de los derechos humanos, es contraria a la carta de las Naciones Unidas y es un obstáculo a la paz mundial.
- Que todas las naciones deben tener derecho a elegir libremente su propio sistema político y económico y su modo de vida, conforme a los principios de las Naciones Unidas.

Conferencia de Bandung, 1955.

@ Amplía en la Red...

Para saber más sobre las declaraciones de la conferencia de Bandung, entra en: www.tiching.com/746373

B NEOCOLONIALISMO Y DEPENDENCIA

La independencia política de los países colonizados no fue acompañada de una independencia económica, ya que en la mayoría de los nuevos Estados se mantuvieron muchos de los intereses económicos de las antiguas metrópolis.

Desde finales de la década de 1970, las viejas relaciones coloniales dieron paso al **neocolonialismo***, una nueva forma de dominio que respeta la soberanía política de los Estados, pero comporta una gran dependencia económica de los Estados más ricos, que lideran la economía mundial.

El mundo poscolonial ha perpetuado la existencia de una gran desigualdad entre unos países ricos, que monopolizan la tecnología punta y el capital, y un gran número de países empobrecidos, cada vez más alejados del nivel de renta por habitante de los primeros, y en gran medida, al margen de los grandes flujos de la economía mundial.

EL NIVEL DE DESARROLLO HUMANO EN EL MUNDO EN 2014

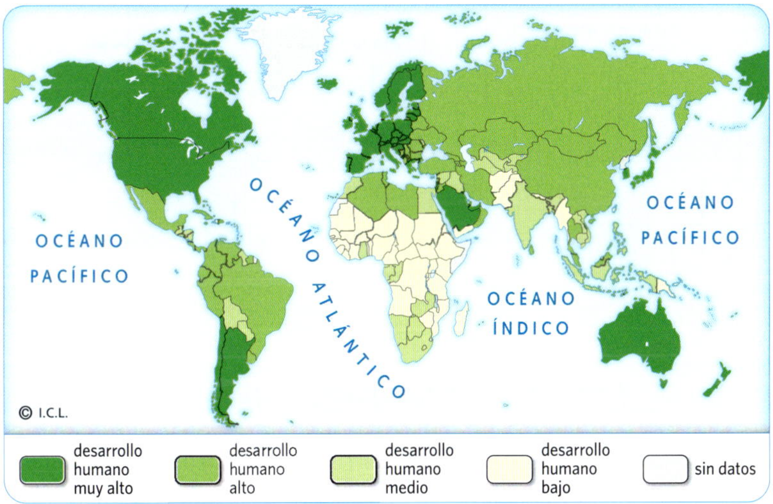

El nivel de desarrollo humano (IDH) es un indicador del nivel de vida de la población, que combina tres elementos: esperanza de vida, nivel de educación y renta por habitante.

La dependencia del Tercer Mundo

Dependencia comercial

Muchos países del Tercer Mundo exportan materias primas, cuyo precio es bajo, e importan productos elaborados de los países ricos, de precio más elevado. Es lo que se ha llamado el **intercambio desigual**, que les impide acumular capital y fomentar el crecimiento económico.

Dependencia tecnológica

Al carecer de tecnología moderna y de medios propios para conseguirla, tienen que comprarla a los países tecnológicamente avanzados. Esto obliga al pago de *royalties*, cuyo importe es muy elevado.

Dependencia financiera

La falta de capital obliga a estos países a depender de las inversiones extranjeras, de los préstamos de los bancos de los países desarrollados y de organismos internacionales. Todo ello comporta que se produzca un elevado nivel de **deuda exterior**.

Caricatura del periódico francés *Le Monde* sobre el reparto desigual de la riqueza en el mundo.

1. ¿Qué fue la Conferencia de Bandung? ¿Quiénes participaron? ¿Qué objetivos se propusieron?
2. Explica qué fue el movimiento de los no alineados en relación con la política de bloques.
3. ¿Qué significa la expresión "Tercer Mundo"?
4. Define qué es el neocolonialismo. ¿En qué situación de dependencia económica quedaron los países que accedieron a la independencia tras el proceso descolonizador?

Relaciona ayer y hoy

5. Observa los documentos y explica en qué consisten las grandes desigualdades del mundo actual. ¿Dónde se concentran los países más pobres y con un bajo nivel de desarrollo humano?
6. @ Comprueba si los países con mayor pobreza habían sido colonias anteriormente. ¿Crees que puede establecerse un nexo de causa-efecto entre colonialismo y pobreza? Argumenta tu respuesta con datos extraídos de esta página.

COMPLETA EL MAPA CONCEPTUAL

Con la información de la lección, completa en tu cuaderno el siguiente esquema:

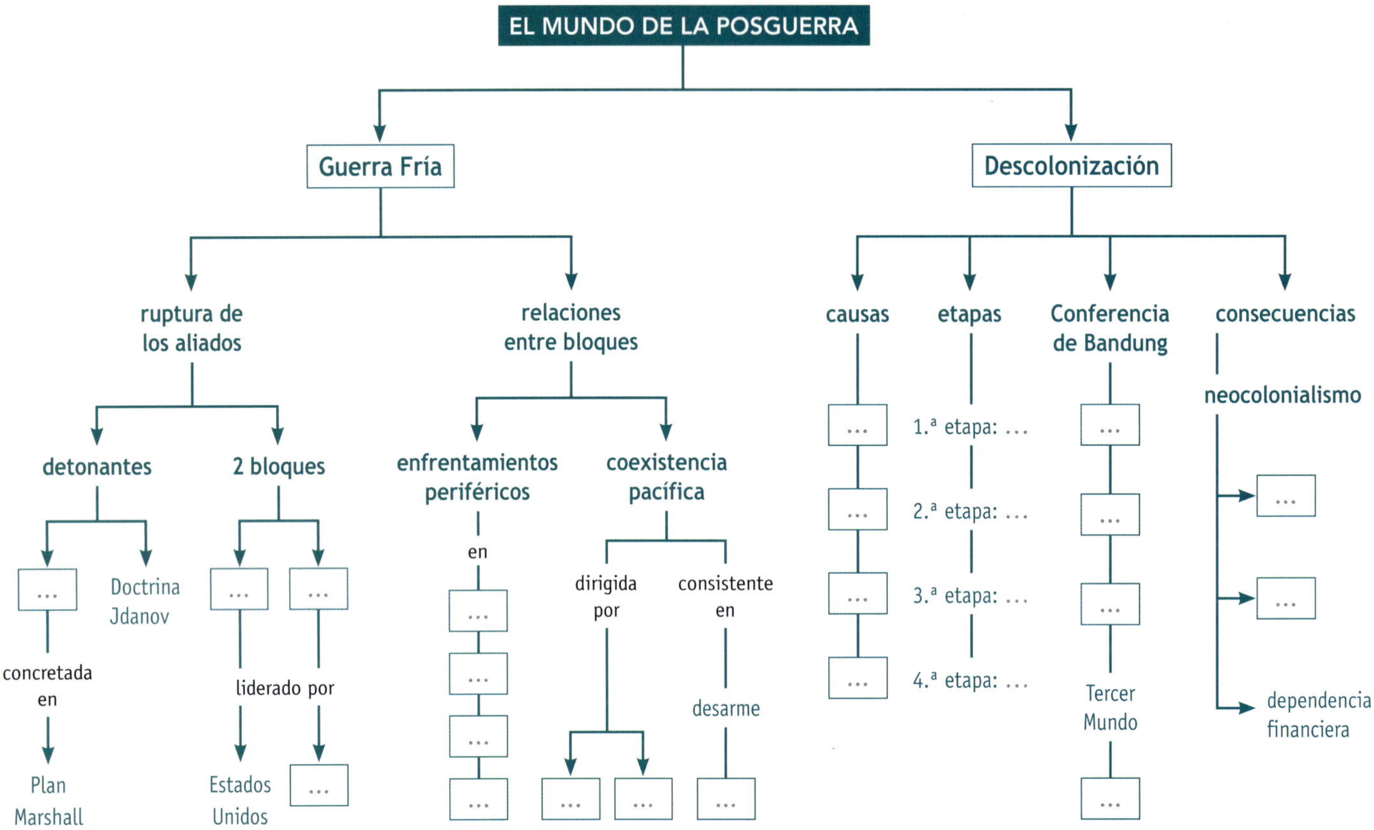

1 CONSOLIDA LO APRENDIDO

a) ¿Qué causas explican la formación de bloques antagónicos? ¿Qué bloques se crearon? ¿Qué diferencias e intereses les separaban?

b) ¿Qué fueron la Guerra Fría y la coexistencia pacífica? ¿A qué intereses respondían?

c) ¿Qué causas originaron el movimiento descolonizador? ¿Cuáles fueron sus consecuencias?

d) ¿Qué problemas tuvieron que afrontar los nuevos países independientes? ¿Cómo definirías la expresión "Tercer Mundo"?

2 DEFINE CONCEPTOS CLAVE

- Plan Marshall
- no-alineamiento
- teléfono rojo
- doctrina Truman
- carrera de armamentos
- telón de acero
- *apartheid*
- doctrina Jdanov

3 IDENTIFICA LOS PERSONAJES

- Ho Chi Minh
- Kim Il Sung
- Yaser Arafat
- Eisenhower
- John F. Kennedy
- Nikita Jruschov
- Douglas MacArthur
- Winston Churchill
- Ben Gurión
- Mahatma Gandhi
- Fidel Castro

4 EXPLICA LAS DIFERENCIAS

- OTAN/ Pacto de Varsovia
- colonialismo/neocolonialismo
- colonia/ metrópoli
- doctrina Truman/doctrina Jdanov
- RDA/RFA
- Corea del Norte/Corea del Sur

RESPONDE A LA PREGUNTA INICIAL

¿Qué nuevo orden político internacional se creó tras la Segunda Guerra Mundial?

APRENDE A... ANALIZAR CARICATURAS SATÍRICAS

Una caricatura es una imagen, a veces acompañada de un breve texto, que pretende transmitir una idea a través de la exageración o la simplificación voluntaria de lo que se muestra.

Acostumbra a ser un instrumento de crítica política y social con un claro contenido satírico, que suele reflejarse a través de la exageración de los rasgos físicos de una persona, la deformación de las debilidades de su carácter, la simplificación de una determinada situación política y social, o la utilización de rasgos animales para definir a los personajes.

Caricatura aparecida en el periódico británico *Daily Mail*, 1962.

Caricatura de Kennedy y Jruschov publicada en 1963.

1. Identificación y presentación

- ¿Qué naturaleza tienen ambas imágenes? ¿Qué elementos permiten identificarlas como caricaturas?
- ¿Cuándo fueron publicadas? ¿Qué intención crees que tenía el autor?

2. Descripción, análisis y comparación

- Caricatura 1: Identifica y describe los personajes representados: ¿Qué acción realizan? ¿Dónde están sentados? ¿Hacia dónde dirigen sus dedos?
- Caricatura 2: ¿Qué rasgos físicos nos permiten identificar que son los mismos personajes que la caricatura anterior? ¿En qué situación se encuentran? ¿Qué simbolismo atribuyes al metro y a la cuerda?
- Comparación: Compara la actitud de ambos dirigentes en las dos caricaturas. ¿Es similar? ¿Hacia dónde dirigen sus miradas? ¿Se impone uno sobre el otro?

3. Contexto histórico

- ¿Qué crisis enfrentaba a la URSS y a Estados Unidos en las fechas en que fueron realizadas ambas caricaturas? Explícala brevemente.
- ¿Qué visión del acontecimiento histórico nos quieren mostrar los autores de las caricaturas? ¿De qué peligro quieren alertar al mundo?

4. Conclusiones

- ¿Qué elementos de ambas caricaturas crees que son fundamentales para transmitir el mensaje que se propone el autor?
- Pon un título a cada caricatura, intentando que represente ese mensaje.
- ¿Crees que una de las dos caricaturas consigue transmitirlo mejor? ¿Por qué? Da tu opinión personal sobre qué caricatura te parece más acertada.

RAZONA HISTÓRICAMENTE

Comparación. Establece similitudes entre los tres grandes conflictos de la Guerra Fría: la Guerra de Corea, la Guerra de Vietnam y la crisis de los misiles en Cuba.

Empatía. Imagina que eres el habitante de un país colonizado desde el siglo XIX. Escribe tres argumentos para oponerte al dominio colonial.

1 Fuentes documentales. Dos visiones enfrentadas

Estados Unidos tiene el deber de ayudar a los pueblos libres que se resisten a ser esclavizados por minorías armadas o por presiones exteriores. Creo que debemos ayudar a los pueblos libres a forjar su propio destino. La semilla de los regímenes totalitarios hay que buscarla en la miseria y en la indigencia. Cuando toda esperanza de una vida mejor ha desaparecido es cuando el totalitarismo encuentra su camino (...).

Cada nación tiene que escoger entre dos formas de vida opuestas (...). Una se basa en la voluntad de la mayoría y se caracteriza por sus instituciones libres, por un gobierno representativo, por elecciones libres (...), libertades individuales y ausencia de opresión política. (...)

La otra se basa en la voluntad de una minoría impuesta por la fuerza a la mayoría. Se basa en el terror y en la opresión, tiene unas elecciones trucadas y supresión de las libertades personales (...).

Discurso de H. Truman a la Cámara de representantes, 1947.

Salvando a un país del hambre y de la ruina, los monopolios norteamericanos tienen la intención de privarlo de su independencia. La ayuda norteamericana supone automáticamente la modificación de la línea política del país que recibe esta ayuda. Así suben al poder partidos que, obedeciendo las directrices de Washington, están dispuestos a llevar a cabo, tanto en el campo interior como en el exterior, el programa deseado por EEUU (...).

Al finalizar la guerra se han puesto de manifiesto las dos direcciones principales de la política internacional, que corresponden a la división en dos campos de las fuerzas políticas que hoy en día operan en el mundo: el antiimperialista y democrático, y el imperialista.

Estados Unidos es la principal fuerza dirigente del campo imperialista. El Reino Unido y Francia están estrechamente unidos a este país (...). La URSS y los países de la nueva democracia son la base del campo antiimperialista.

Informe de A. Jdanov sobre la situación internacional, 1947.

a) Identifica al autor de cada texto. ¿Qué posición representaba en la escena internacional?

b) Ambos textos fueron escritos en 1947. ¿Cuál era la situación europea en aquel momento? ¿Qué tensiones existían entre los antiguos aliados?

c) Explica en qué difieren los análisis de la situación política de Europa de ambos dirigentes. ¿De qué se acusan?

d) ¿Puedes establecer alguna relación entre la frase en cursiva del primer texto y el Plan Marshall?

e) ¿En qué consistió el Plan Marshall? ¿Cómo respondieron la URSS y sus aliados?

f) ¿Qué consecuencias tuvo el enfrentamiento reflejado en los textos? Relaciónalo con la creación de bloques antagónicos y la Guerra Fría.

2 Espacio y tiempo. La descolonización

a) Di el nombre de los nuevos países surgidos de la descolonización señalados con un número en el mapa.

b) Indica para cada uno de ellos el nombre de la antigua metrópoli y el año de su independencia.

c) ¿Qué ciudad representa la letra A? ¿Qué importante acontecimiento tuvo lugar en ella?

3 Fuentes gráficas. Desigualdades económicas

REPARTO DEL PNB EN EL MUNDO EN 1995

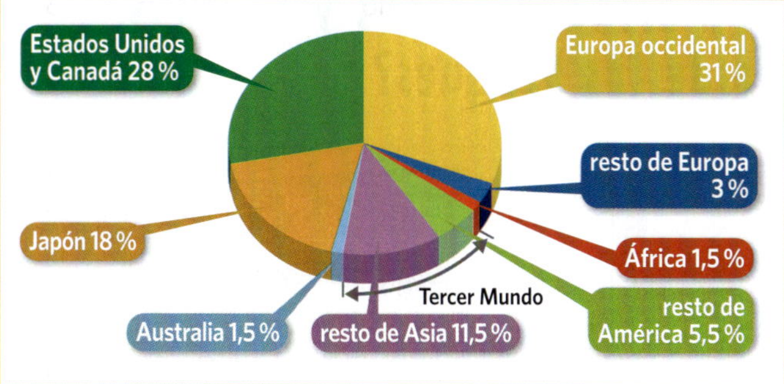

a) ¿Cómo se repartía el PNB mundial al finalizar el proceso descolonizador? ¿Qué desigualdades económicas muestra el gráfico?

b) ¿Qué significa la expresión "Tercer Mundo"? ¿Qué continentes y países comprende? ¿Qué características les unen?

c) ¿A qué problemas económicos tuvieron que hacer frente los nuevos Estados surgidos de la descolonización? Relaciónalo con el concepto de neocolonialismo.

4 Organización de la información. Los conflictos de la Guerra Fría

a) Rellena en tu cuaderno el siguiente esquema sobre los tres grandes conflictos de la Guerra Fría:

LOS PRINCIPALES CONFLICTOS DE LA GUERRA FRÍA

	Guerra de Corea	Guerra de Vietnam	Crisis de los misiles
Cronología	...	...	...
Localización geográfica	...	...	...
Países implicados	...	...	...
Militares y políticos destacados	...	...	...
Causas	...	...	...
Desarrollo	...	...	...
Consecuencias	...	...	...

WWW. ESPACIO WEB

5 Búsqueda de información. Mahatma Gandhi

Realiza una búsqueda de información en Internet sobre uno de los líderes más importantes de la descolonización, Mahatma Gandhi, y responde:

a) ¿Cuál era su origen? ¿Y su formación? ¿Qué importancia tuvo el trabajo que realizó en Sudáfrica para su toma de conciencia?

b) ¿Cuándo volvió a la India? ¿Por qué se le adjudicó el término de "Mahatma"? ¿Qué tipo de vida y qué principios defendió?

c) ¿Cuándo se produjo su entrada en la política? ¿De qué partido ocupó la presidencia? ¿Cuándo y por qué fue encarcelado?

d) ¿Qué movimiento lanzó en la década de 1930 contra el gobierno británico? ¿En qué consistía?

e) ¿Qué papel desempeñó en la independencia de la India? ¿Por qué fue asesinado y quién lo hizo?

f) ¿Qué opinión te merece su actuación? ¿Por qué?

6 Fuentes gráficas. Caricaturas de la Guerra Fría

Para realizar este trabajo nos uniremos por parejas. Entrad en www.tiching.com/750827 y observad las caricaturas sobre la Guerra Fría. Cada pareja elegirá una caricatura y elaborará un ficha sobre ella:

a) Traducción al castellano del título y del texto que lleve la viñeta.

b) Fecha de publicación y contexto histórico.

c) Personajes que aparecen y descripción de la escena.

d) Mensaje que quiere transmitir el autor y recursos que ha utilizado.

RETOS EN LA RED

DETECTIVE DEL PASADO: Geolocalización de la Guerra Fría.

ACTIVIDADES AUTOCORRECTIVAS: Resuelve estas actividades y repasa lo que has aprendido.

www.vvd.link/012382/11

12 CAPITALISMO Y COMUNISMO: DOS SISTEMAS ENFRENTADOS

¿Qué diferencias separaban a Estados Unidos y la URSS? ¿Cómo evolucionó cada uno de los bloques?

Interior de un supermercado estadounidense en 1964.

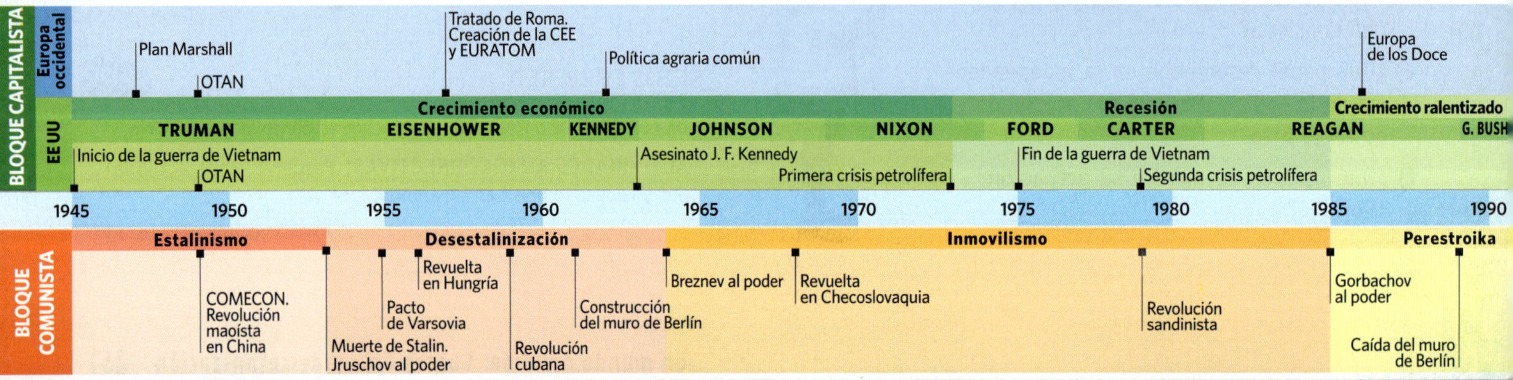

Interior de uno de los primeros supermercados de Moscú en 1968.

Desde 1945 hasta 1991, el mundo estuvo dividido en dos bloques antagónicos, que representaban dos formas opuestas de organizar la sociedad: el bloque capitalista, liderado por Estados Unidos, y el bloque comunista, encabezado por la URSS.

La evolución interna de ambos bloques siguió dinámicas muy diferentes:

Los países capitalistas conocieron la época de mayor desarrollo económico y social de su historia, que se vió frenada por la crisis energética iniciada en 1973.

Los países comunistas, que partían de un nivel de renta muy bajo, también tuvieron un notable desarrollo económico y social, pero el retraso en la innovación tecnológica, la escasa competitividad y el exceso de burocratización llevaron al colapso del sistema en las décadas de 1980 y 1990.

¿Qué sabemos?

- ¿Cuáles son las diferencias fundamentales entre el capitalismo y el comunismo?
- ¿Cómo consiguió la URSS extender su esfera de influencia después de la Segunda Guerra Mundial?
- ¿En qué consistía el estilo de vida americano y la sociedad de consumo?

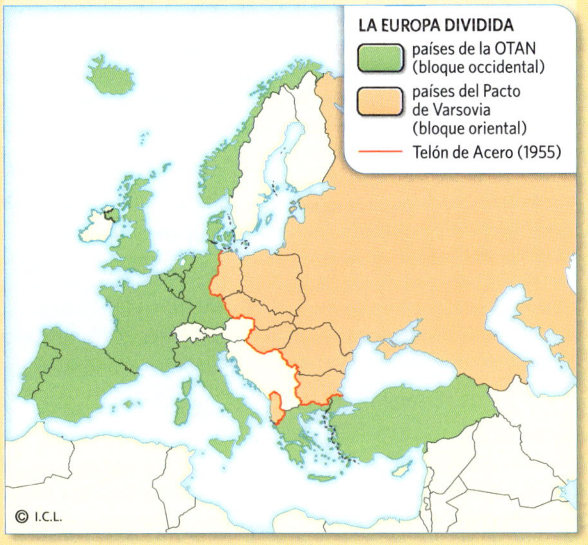

PREGUNTA CLAVE

1 ¿Qué diferenciaba al bloque capitalista del bloque

El mundo posterior a la Segunda Guerra Mundial quedó organizado alrededor de dos potencias enfrentadas:

EEUU ejerció un liderazgo indiscutible sobre los países del mundo capitalista (Europa Occidental, Canadá, Latinoamérica, Japón...), que experimentaron el mayor crecimiento económico de la historia, dando lugar a lo que se conoce como la "etapa dorada del capitalismo".

La URSS fundamentó su crecimiento en una economía dirigida y planificada por el Estado, y exportó este modelo a los países bajo su influencia (Europa Oriental, China, Cuba...). Sin embargo, su aislamiento económico, el débil crecimiento de la producción y el desabastecimiento de la población hicieron inviable el sistema, que entró en una crisis irrecuperable a finales del siglo XX.

A LA HEGEMONÍA DE ESTADOS UNIDOS EN EL MUNDO CAPITALISTA

La potencia de EEUU se apoyaba en la **preponderancia mundial de su economía** (disponía de dos tercios de las reservas de oro y concentraba casi el 50% de toda la riqueza del planeta), su superioridad militar y su posición privilegiada en las grandes alianzas militares y en los organismos internacionales.

Por otro lado, la **democracia norteamericana**, basada en pluralismo político, las elecciones libres y el reconocimiento de los derechos individuales se convirtió en un modelo. El estilo de vida americano (*american way of life*), basado en el consumo masivo, fue emulado por todos los países capitalistas.

La nevera, símbolo del confort y de la modernidad, en un anuncio norteamericano de 1956.

El *american way of life*

La producción masiva de bienes hizo posible la reducción de costes y el aumento de los salarios, creando un nuevo modelo de vida basado en la abundancia de productos y el consumo masivo (electrodomésticos, automóviles, etc.).

El bipartidismo

El sistema político estadounidense se basa en la alternancia de dos partidos políticos:

- El **demócrata**, de carácter más progresista y partidario de poner fin a la segregación racial y de reformas sociales para paliar las desigualdades (Kennedy y Jhonson).
- El **republicano**, más conservador y defensor de reducir al máximo la intervención del Estado. Consideran que las cargas fiscales deben ser bajas, pues los individuos deciden mejor que el Estado qué hacer con sus impuestos (Eisenhower y Nixon).

El crecimiento económico

La hegemonía de la economía de EEUU se sustentaba en:

- Una elevada productividad gracias a su superioridad tecnológica, a un alto nivel de inversión, a la producción en cadena y a los bajos precios de las materias primas y la energía.
- Una elevada tasa anual de crecimiento, cercana al 5%.
- La consolidación de grandes empresas multinacionales, que extendían los intereses americanos por todo el mundo.
- El papel del dólar como moneda de referencia de las transacciones internacionales y la conversión de la Bolsa de Nueva York en la más potente del mundo.

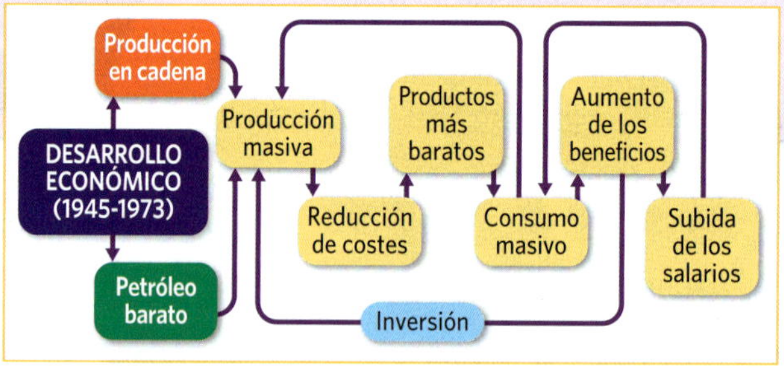

Las desigualdades sociales

La existencia de fuertes desigualdades económicas dejaba a los sectores sociales más débiles fuera del consumo masivo.

La permanencia de actitudes racistas marginaban a la población negra, que encabezó un fuerte movimiento de protesta para conseguir la igualdad de derechos.

La contestación del modelo social consumista y de la intervención americana en la guerra de Vietnam generó movimietos de protesta juvenil (*hippies*).

Marcha por la igualdad racial encabezada por Martin Luther King en Alabama (EEUU), 1965.

comunista?

B LA URSS, LÍDER DEL MUNDO COMUNISTA

El modelo económico de los países del bloque soviético se basaba en la **propiedad estatal**, el **dirigismo económico del Estado** y la **planificacion centralizada**. Entre los años 1950 y 1970, la URSS y los otros regímenes comunistas consiguieron elevadas tasas de crecimiento económico y mejoraron el nivel de vida de la población, que partía de niveles muy bajos.

Sin embargo, un sistema político autoritario, la falta de libertades, el exceso de burocracia y la ineficacia económica comportaron un crecimiento económico y un nivel de vida más limitado que el de los países occidentales. Todo ello provocó el creciente descontento de la población y el progresivo colapso del sistema.

Partido único y *nomenklatura*

- La URSS tenía un sistema político autoritario en el que el poder estaba en manos de un único partido, el PCUS, la oposición era perseguida y no se respetaban las libertades.
- Alrededor del Partido Comunista se creó una clase política que controlaba todos los resortes del Estado (*nomenklatura*) y gozaba de privilegios económicos. Por debajo, una numerosa burocracia afiliada al Partido Comunista controlaba todos los servicios, las empresas estatales, la policía, el ejército...
- Tras la muerte de Stalin (1953), el dirigente Nikita Jruschov promovió la desestalinización, intentando poner fin a la represión indiscriminada y estableciendo nuevas medidas económicas para mejorar la producción, sobre todo la agrícola.

Josef Stalin, con la mano alzada, indica el camino a seguir al pueblo soviético, 1950.

Los avances del sistema

- La mejora de la economía permitió garantizar a todos los ciudadanos el trabajo, las pensiones, las vacaciones pagadas, la vivienda, la educación y la sanidad.
- Los indicadores mostraban progresos sociales evidentes en terrenos como el aumento de los estudiantes universitarios y la equiparación de la esperanza de vida con los países occidentales.
- El desarrollo de la tecnología soviética permitió enviar al espacio el primer satélite artificial (Sputnik 1) y, en 1961, la primera nave espacial tripulada. Sin embargo, estos avances tecnológicos no se produjeron en el campo de la industria.

A. DEINEKA: *La conquista del cosmos*, 1961.

Un crecimiento desequilibrado

- Tras la recuperación posbélica, la URSS experimentó tasas de crecimiento económico elevadas, dando prioridad a la industria pesada, a la industria de armamento, a la energía y a las comunicaciones. En contrapartida, la alimentación y los bienes de consumo crecieron a un ritmo mucho más lento.
- Este desarrollo fue muy desequilibrado porque la economía de los países comunistas no consiguió igualar los niveles de vida de los países occidentales, ni desarrollar los sectores económicos de tecnología punta, ni consolidar una economía competitiva a nivel mundial.

LA PRODUCCIÓN INDUSTRIAL EN LA URSS

Base 1940 = 1	1960	1970	1980
Electricidad	6,7	18	33
Siderurgia	4,8	9,3	13
Química y petroquímica	7,7	27	58
Maquinaria	9	28	72
Industria ligera	2,8	4,7	7
Industria alimentaria	2,4	4,7	6,5
Total industria	5,2	12	21

1. ¿Por qué EEUU se erigió en líder del mundo capitalista tras la Segunda Guerra Mundial? ¿Qué características presentaba su sistema económico, político y social?
2. Observa el esquema y explica sobre qué pilares se fundamentó el crecimiento económico de la posguerra mundial.
3. Sintetiza cuáles eran las características políticas, económicas y sociales del sistema soviético. ¿Por qué se califica de desequilibrado su crecimiento económico?

Argumenta la respuesta

4. ¿Cuáles eran las diferencias básicas entre el sistema capitalista norteamericano y el comunista de la URSS? ¿Qué luces y qué sombras puedes destacar de cada uno de ellos?

2 La construcción de una nueva Europa unida

Ante el enfrentamiento europeo durante las dos guerras mundiales y frente a la consolidación de Estados Unidos como primera potencia mundial, algunos gobiernos europeos tomaron conciencia de que Europa necesitaba avanzar hacia la colaboración entre Estados.

La construcción de la Unión Europea vista por el caricaturista francés Plantu, 1979.

Los primeros pasos hacia la colaboración europea

La conferencia de La Haya (1948) propuso la creación del **Consejo de Europa**, integrado por diez países: Bélgica, Francia, Luxemburgo, Países Bajos, Reino Unido, Irlanda, Italia, Dinamarca, Noruega y Suecia. Su objetivo era favorecer el progreso económico y social y promover los derechos humanos y las libertades fundamentales. Esta institución promovió el **Convenio Europeo de Derechos Humanos**, que entró en vigor en 1953.

Un segundo paso en el proceso de unificación fue la creación, en 1951, de la **Comunidad Europea del Carbón y del Acero** (CECA), que establecía entre sus miembros un mercado único para estos dos productos. Fue la primera institución en la cual los países integrantes (Francia, Alemania Occidental, Bélgica, Italia, Luxemburgo y Países Bajos) aceptaron la libre circulación de productos y delegaron su gestión a un organismo común.

El Tratado de Roma y la creación de la CEE

En 1957, los seis países miembros de la CECA firmaron el **Tratado de Roma**, que instituyó la **Comunidad Económica Europea** (CEE) y la **Comunidad Europea de la Energía Atómica** (EURATOM). Su objetivo era la abolición de las barreras aduaneras, la libre circulación de mercancías, servicios, capitales y personas entre los países miembros y el desarrollo de una política económica común.

El Tratado atribuía a las instituciones comunes la competencia exclusiva en tres ejes de la política económica: transportes, agricultura y comercio exterior. Durante la década de 1960 se avanzó en la puesta en práctica de una **Política Agrícola Común** (PAC) y en la mejora de las redes de transporte.

La realización de estas políticas se apoyaba en una transferencia de competencias de los Estados hacia la CEE y en un presupuesto comunitario formado a partir de los ingresos monetarios que realizaban los Estados miembros. Este presupuesto actuaba como una forma redistribuidora de la riqueza, porque los países con mayor renta aportaban más para ayudar al crecimiento de los menos avanzados.

Los éxitos de la CEE propiciaron que un buen número de países solicitaran su integración. En 1973 firmaron su adhesión Irlanda, Reino Unido y Dinamarca. Grecia se sumó en 1981; España y Portugal, en 1986, y Austria, Finlandia y Suecia, en 1995. La Europa de los Seis se había convertido en la Europa de los Quince.

LA AMPLIACIÓN DE LA EUROPA COMUNITARIA

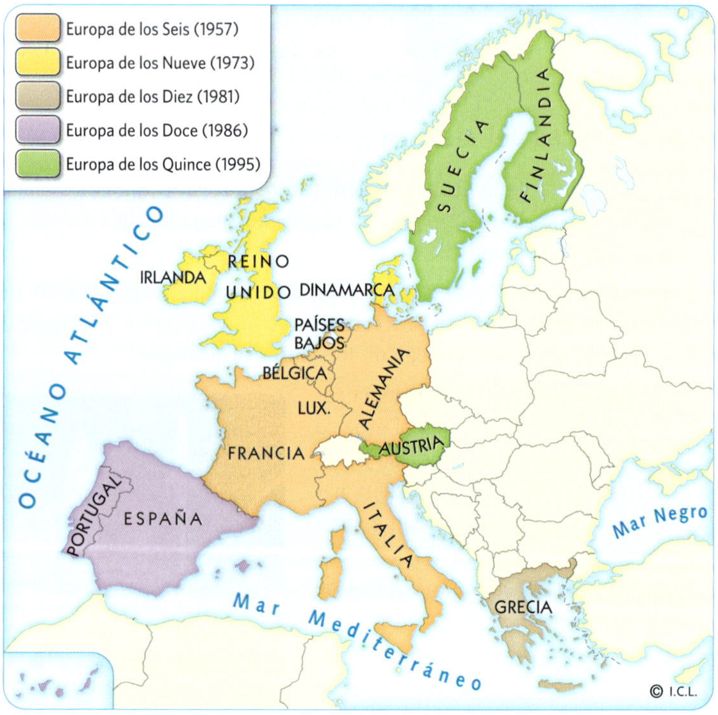

LAS INSTITUCIONES COMUNITARIAS

Desde su fundación, la CEE ha creado unas instituciones y una legislación comunitarias a la vez que los países miembros han ido delegando una parte de su soberanía a estas instituciones supranacionales.

El **Parlamento Europeo** es la institución que garantiza la participación ciudadana en las instituciones de la Unión. Sus miembros son elegidos por los ciudadanos cada cinco años, en una cantidad proporcional a la población de cada Estado. Se reúne en Estrasburgo (Francia) y en Bruselas (Bélgica).

EL PRESUPUESTO COMUNITARIO (1997)

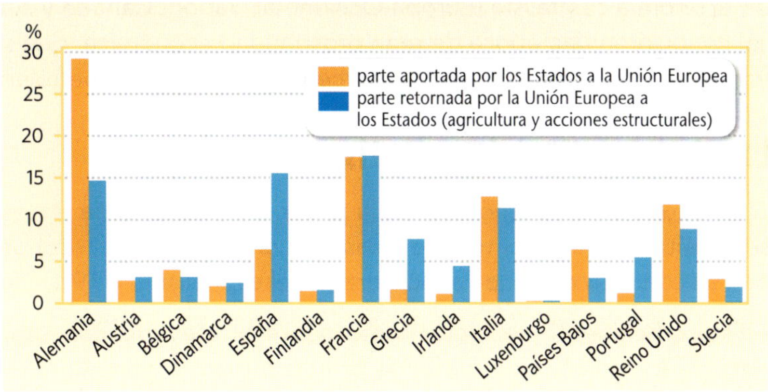

LOS ÓRGANOS DE DECISIÓN DE LA EUROPA UNIDA*

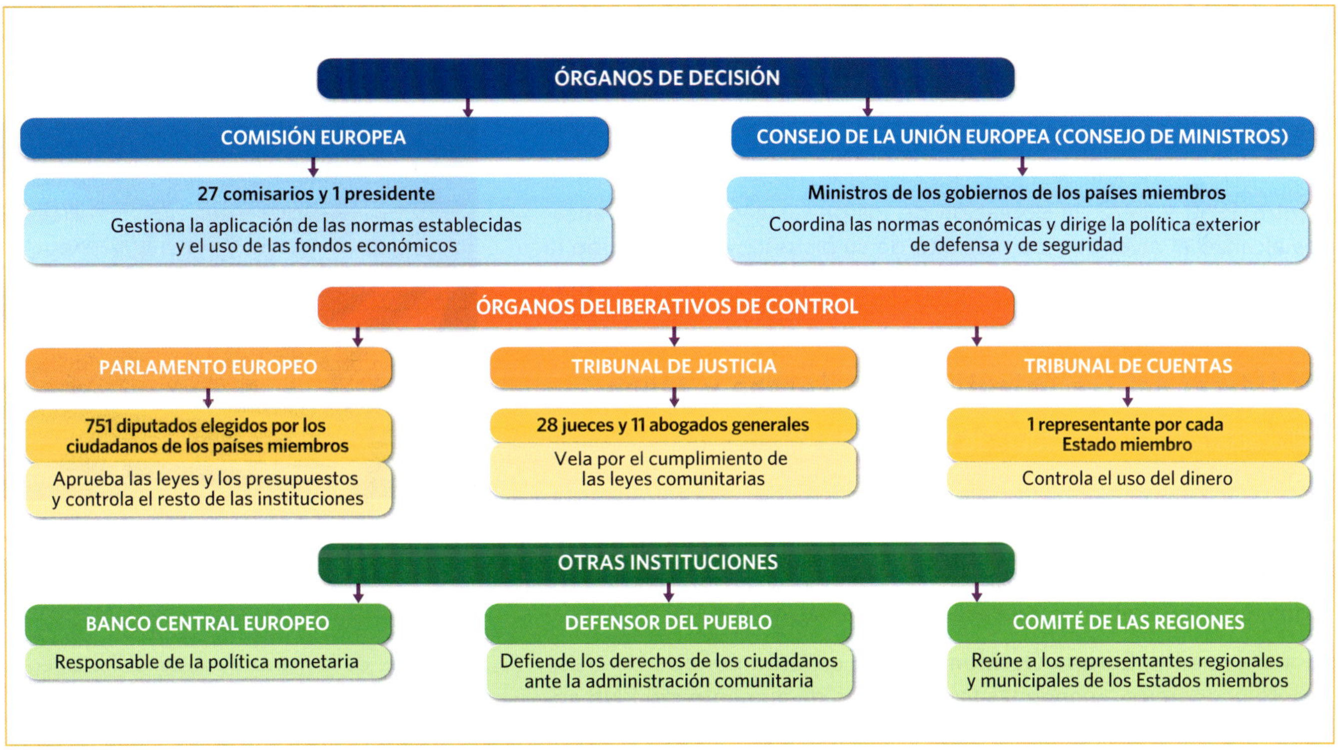

*Cuadro según los actuales organismos de la Unión Europea.

1. ¿Qué aspectos condujeron a algunos dirigentes europeos a proponer la conveniencia de una unión de países europeos? Relaciónalo con la caricatura de Plantu.
2. Sintetiza los pasos que llevaron a la constitución de la CEE. ¿Qué países participaron? ¿Qué objetivos se propusieron? ¿Cuáles fueron sus primeras realizaciones?
3. Observa el mapa y explica cómo se fue ampliando la CEE hasta alcanzar la Europa de los Quince. ¿Por qué tantos países solicitaron su adhesión?
4. ¿Cómo se financiaba la CEE? ¿De dónde provenían sus recursos? Observa el gráfico del presupuesto y justifica por qué el funcionamiento de la CEE se basaba en la solidaridad de unos países con otros. ¿Cuáles aportaban más? ¿Cuáles recibían más en relación a lo aportado? ¿Por qué?
5. Fíjate en el esquema de las instituciones y sintetiza cuáles son los principales órganos decisivos y deliberativos, quiénes los componen y cuál es su función. ¿Cuál es la única institución elegida directamente por los ciudadnos europeos?

3 Del crecimiento económico a la crisis energética

Bajo la hegemonía de Estados Unidos, los países industrializados de economía capitalista (Europa Occidental, Japón, Canadá y Australia) conocieron una época de gran prosperidad económica, que se vio frenada por la crisis derivada del aumento del precio del petróleo.

La edad dorada del capitalismo (1950-1973)

La recuperación económica de la posguerra fue seguida en los países capitalistas de casi tres décadas de gran crecimiento económico, que se conocen como la "edad dorada del capitalismo" (1950-1973).

Este crecimiento se fundamentó sobre el **elevado consumo de energía** (petróleo) y de **materias primas a bajo precio**. Además, las **nuevas tecnologías** permitieron la producción a gran escala, la mejora de la productividad y la reducción del coste de producción y del precio de venta. Todo llevó al aumento de los salarios y al consumo masivo de bienes y servicios.

En la mayoría de hogares se generalizaron los electrodomésticos, los nuevos medios de comunicación (teléfono, radio y televisor) y los automóviles. Las mejoras en el transporte extendieron los viajes, y el turismo se convirtió en una práctica habitual.

Entre 1950 y 1973, la población de los países capitalistas avanzados alcanzó el nivel de vida más alto de su historia, y se consolidó la sociedad de consumo, basada en el continuo crecimiento de la producción y del consumo.

Los líderes del crecimiento: EE UU, Europa y Japón

El crecimiento estuvo liderado por **Estados Unidos**, que se convirtió en la primera potencia económica mundial por su alta producción industrial, el gran volumen de su comercio exterior y su elevada renta nacional. Además, se consolidó como la principal potencia financiera, y el dólar se afianzó como la moneda de referencia para todos los intercambios y transacciones internacionales.

Paralelamente, **Europa Occidental** inició un largo periodo de crecimiento económico, cuando las tasas anuales de aumento del PNB sobrepasaron el 5% anual. Los sectores tradicionales (acero y carbón) dieron paso a las nuevas industrias (química, automóvil, electrónica e informática), al mismo tiempo que aumentaban las actividades de servicios. En general, se experimentó una mejora de la renta por habitante, una subida de los salarios y unos bajos índices de paro.

Japón se convirtió, en menos de veinte años, en la segunda potencia económica mundial, gracias a alcanzar una tasa de crecimiento anual superior al 10%, la más elevada de todos los países capitalistas. El crecimiento japonés se caracterizó por la alta inversión y la innovación tecnológica, así como por la abundancia de mano de obra con una escasa cobertura social.

Todo ello permitió una producción masiva de bienes, sobre todo de aquellos de elevada tecnología (electrónica, informática, robótica, etc.) y con bajos costos de producción. La competitividad de sus productos convirtió a Japón en el primer exportador mundial.

EL CRECIMIENTO ECONÓMICO EN EE UU

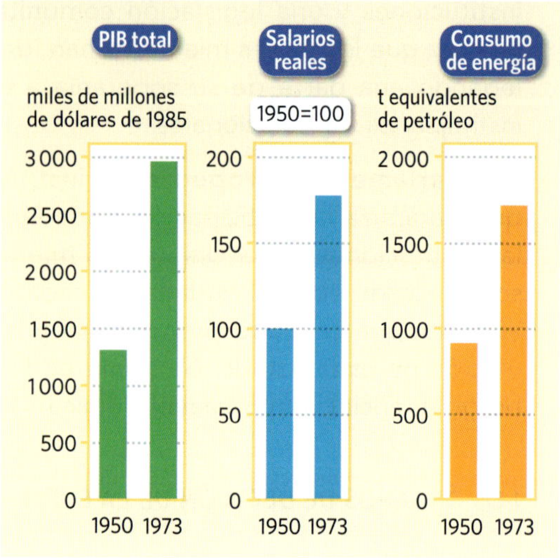

Publicidad de la marca de automóviles americanos Ford, 1958.

TASA DE CRECIMIENTO ANUAL

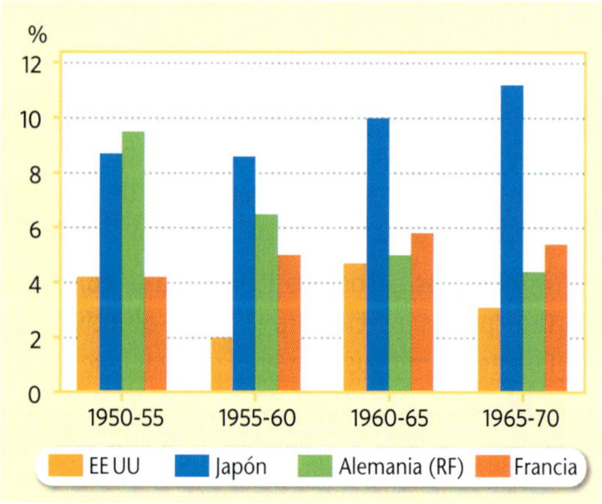

¿POR QUÉ EL PETRÓLEO DESENCADENÓ UNA CRISIS ECONÓMICA?

En 1973, en el contexto de la guerra árabe-israelí, y como arma política, los países árabes productores de petróleo, organizados en la **OPEP** (Organización de Países Exportadores de Petróleo), cuadriplicaron el precio del barril, que continuó aumentando en los años siguientes.

El petróleo dejó de ser una energía barata y ello tuvo un gran impacto sobre la economía mundial. El aumento del precio del combustible repercutió en la **subida de los costes de producción**, en el aumento de la **inflación** y en la **disminución de la demanda**. Como resultado, muchas empresas quebraron y el paro alcanzó cifras muy elevadas. Además, como el precio del crudo estaba establecido en dólares, los países que debían importar el petróleo aumentaron sus déficits comerciales con el consiguiente crecimiento de la deuda exterior.

EL PRECIO DEL PETRÓLEO

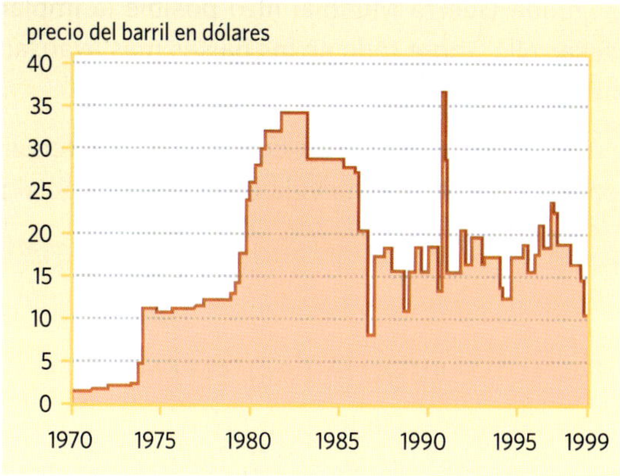

Esta coyuntura frenó el crecimiento económico de las décadas anteriores. Asimismo, para salir de la crisis se realizó una progresiva restructuración del sistema industrial, promoviendo el descenso del consumo de energía, la reconversión de los viejos sectores industriales, la robotización del proceso productivo y la deslocalización de algunas industrias a países donde la mano de obra era más barata.

EVOLUCIÓN DEL PNB EN LOS PAÍSES INDUSTRIALIZADOS

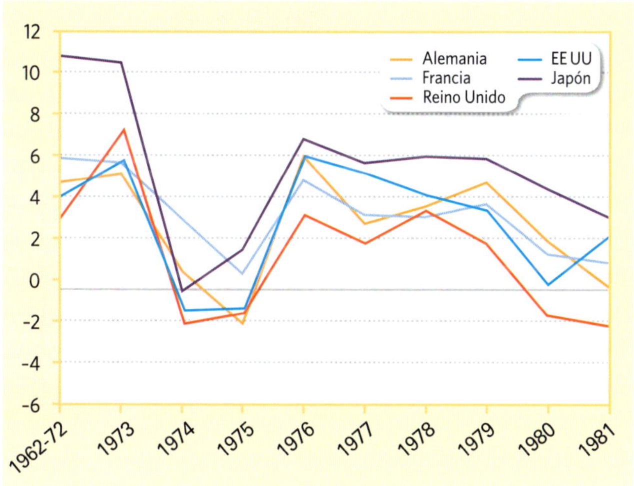

AUMENTO DEL PARO EN LOS PAÍSES INDUSTRIALIZADOS

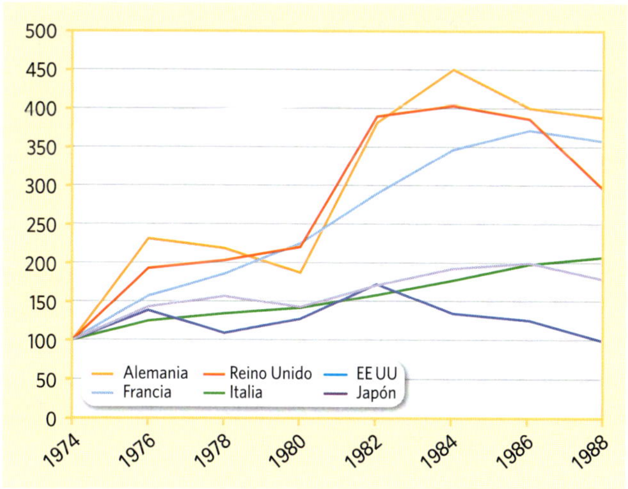

1. ¿Qué evolución siguió la economía de Estados Unidos y de Europa Occidental después de la Segunda Guerra Mundial? ¿Qué relación puedes ver con el establecimiento de la sociedad de consumo?

2. ¿Cómo consiguió Japón convertirse en la segunda potencia económica mundial? ¿Qué rasgos son los que caracterizan su sistema económico?

3. Justifica por qué calificamos el periodo de entre 1950 y 1970 cómo la edad dorada del capitalismo.

4. Observa los documentos sobre la crisis del petróleo que te presentamos y contesta:
   - ¿Qué causas provocaron la subida del precio del petróleo? ¿Qué evolución siguió a partir de 1973?
   - Explica por qué el aumento del precio del crudo provocó una crisis económica generalizada. Identifica los mecanismos de expansión de la crisis.
   - ¿Cómo afectó la crisis al PNB de los países occidentales? ¿Cómo repercutió en el empleo? ¿Por qué?

DESCUBRE

4 ¿Qué es el Estado del bienestar?

El crecimiento económico de los años que siguieron a la Segunda Guerra Mundial hizo posible la implantación y el desarrollo, sobre todo en los países más avanzados de Europa, del llamado Estado del bienestar.

El Estado del bienestar consiste en la intervención de los poderes públicos en la vida económica y social para regular una distribución más equitativa de la riqueza y garantizar a todos los ciudadanos unas condiciones de vida dignas.

El Estado del bienestar fue aplicado en su origen por los gobiernos socialdemócratas europeos, pero acabó siendo asumido en sus rasgos más esenciales por la mayoría de gobiernos de Europa Occidental y, en menor medida, por EE UU.

A LA INTERVENCIÓN DEL ESTADO

En la década de 1960, los partidos socialdemócratas europeos defendieron que el Estado podía hacer una gestión mejor que el libre mercado, interviniendo en la economía para fomentar políticas que ayudasen a disminuir las desigualdades sociales.

De este modo, el Estado asumía un gran protagonismo como director y promotor de una parte importante de la economía a través del fomento de las empresas públicas, de la construcción de infraestructuras, de la provisión de servicios públicos, etc. Además, también se propuso intervenir en la regulación del mercado, legislando para impedir los movimientos especulativos, las situaciones de monopolio y otras prácticas abusivas.

Para fomentar la cohesión social, el Estado implementó unas políticas sociales que garantizaban **servicios públicos universales** (sanidad, educación, pensiones...) y unas **prestaciones sociales** a los más necesitados (paro, minusvalías, dependencias, etc.).

La consecuencia fue un gran aumento del sector público y un crecimiento de la Administración, que generó numerosos puestos de trabajo. Todo ello comportó el incremento de los gastos del Estado, que se sufragaron con un aumento de los impuestos que pagaban los ciudadanos.

EL FUNCIONAMIENTO DEL ESTADO DEL BIENESTAR

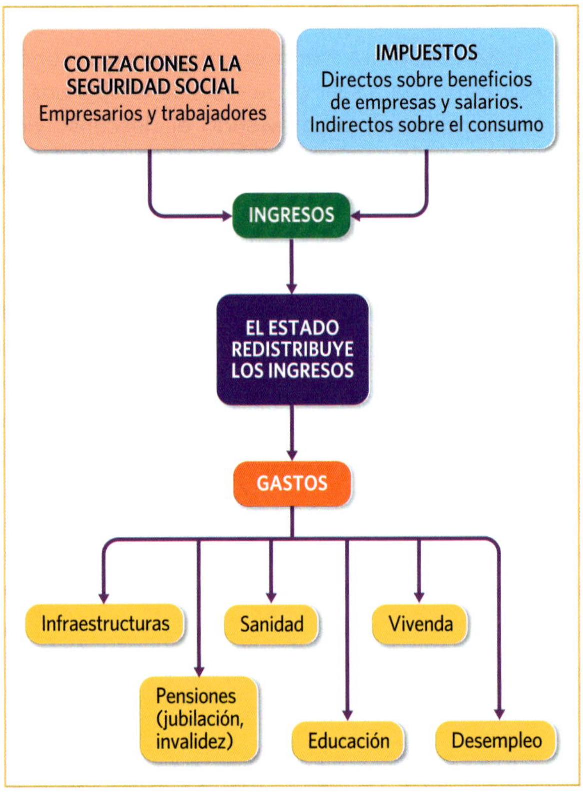

La fiscalidad progresiva y redistributiva

La puesta en práctica de estas políticas sociales se asienta en un aumento de la fiscalidad y en las políticas redistributivas de estos impuestos. El Estado debe recaudar impuestos, que los ciudadanos pagan en proporción a su riqueza, y debe destinar parte de ellos a atender las necesidades sociales de toda la población.

Este proceso, mediante el cual el Estado transfiere rentas de los sectores más beneficiados a los más desfavorecidos, es el núcleo central del Estado de bienestar y constituye un gran pacto de solidaridad social.

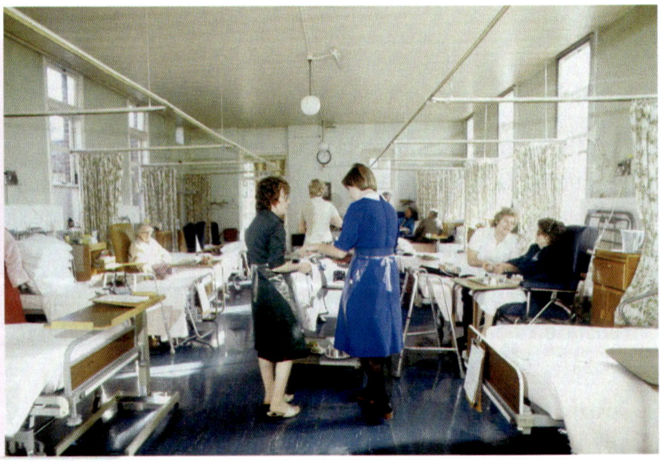

La asistencia sanitaria es uno de los grandes éxitos del Estado del bienestar. En la imagen, un hospital británico en la década de 1980.

B LOS PILARES DEL ESTADO DEL BIENESTAR

El Estado del bienestar descansa sobre cuatro pilares que garantizan las prestaciones sociales básicas:

- La **educación**, obligatoria y gratuita en las diversas etapas, que varía según el país.
- La **sanidad**, como un principio universal y gratuito, aunque en algunos lugares de Europa el ciudadano debe contribuir parcialmente a financiar su coste.
- La **seguridad social**, fundamentalmente las pensiones de jubilación, que varían en función de las cotizaciones realizadas por los trabajadores, y los seguros que atienden a diferentes situaciones (orfandad, viudedad, enfermedad, etc.).
- Los **servicios sociales**, que son ayudas destinadas a cubrir necesidades de ciertos colectivos menos favorecidos. En este punto destaca la atención a las personas dependientes.

LA PROTECCIÓN SOCIAL EN LA UNIÓN EUROPEA

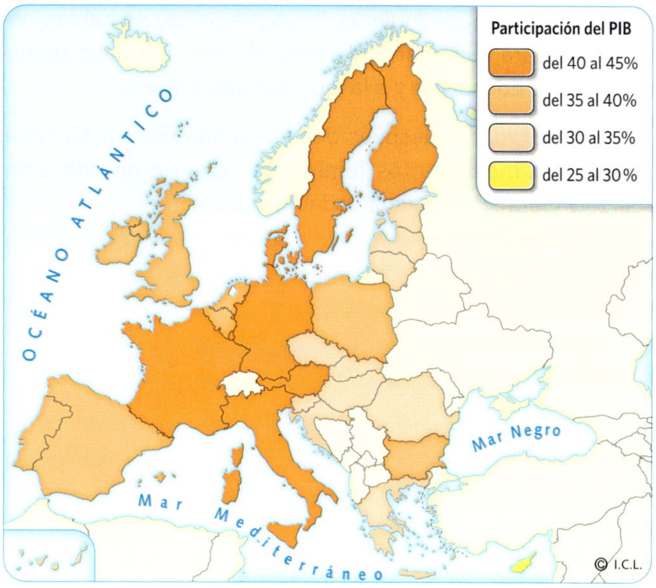

Suecia, un modelo de bienestar social

Ken Byrne es un irlandés casado con una ciudadana de Estocolmo, padre de una niña de 20 meses y con un segundo bebé en camino. Ken agradece que otros paguen tasas para que él tenga acceso a guarderías gestionadas por cada ayuntamiento, que tenga derecho a un beneficioso permiso de paternidad y a un colegio que dará de desayunar y comer gratis a sus hijos durante toda la edad escolar. O una universidad a la que a buen seguro –como el 90% de las personas aquí– irán sus vástagos, con unos privilegiados subsidios y préstamos.

De una forma algo extraña, a todos los suecos preguntados no parece importarles demasiado que se vaya del orden del 29 al 46% de sus ingresos en impuestos, en función del salario, porque saben el cobijo estatal que ello les proporciona.

"El Estado del bienestar sueco", *ABC digital*, 26/05/2014.

EL MODELO DEL BIENESTAR NÓRDICO Y ESPAÑOL

	Noruega	Suecia	España
Permiso de maternidad (en días)	322-392	480	82-112
Permiso de paternidad (en días)	84	480	15-30
Cobertura del sueldo de la madre y del padre	100%–80%	80%	100%
Ayudas mensuales por hijo	125 € hasta los 18 años	100 € hasta los 18 años o fin de estudios	Solo para rentas muy bajas
Educación infantil, primaria, secundaria y universidad	Gratis	Gratis primaria, secundaria y universidad	Gratis infantil, primaria y secundaria

1. ¿Por qué los Estados aumentaron su participación en la economía y la prestación de servicios? ¿Cómo se justificaba?
2. ¿Qué es el Estado del bienestar? ¿Cómo se financia? Observa el esquema y explica con tus palabras en qué consiste la fiscalidad progresiva y distributiva.
3. ¿Cuáles son los servicios básicos que el Estado del bienestar garantiza a los ciudadanos?
4. Observa el mapa y haz una relación ordenada de los países de Europa según la proporción de su riqueza que se invierte en prestaciones sociales.
5. Lee el texto sobre Suecia y explica por qué los ciudadanos suecos están de acuerdo en pagar un elevado nivel de impuestos. ¿Opinas tú lo mismo? Justifica tu respuesta.

Investiga

6. @ Consulta www.tiching.com/750072 y haz una relación ordenada de mayor a menor de qué parte del PIB destina España a las distintas prestaciones sociales (enfermedad, vejez, discapacidad...) y valora qué lugar ocupa España en el conjunto de países de la Unión Europea en cuanto a protección social.

5 Las mujeres, la lucha por la igualdad y la paridad

A principios del siglo XX, las leyes sometían a la mujer a la autoridad del hombre, que era el cabeza de familia. Desde el siglo XIX, grupos de mujeres (las sufragistas) se habían organizado para reclamar el derecho al voto, al trabajo remunerado, a la educación y a la igualdad entre sexos.

Sin embargo, fue después de la Segunda Guerra Mundial cuando los movimientos feministas adquirieron una gran fuerza y plantearon la igualdad entre sexos.

La segunda mitad del siglo XX fue el periodo de mayor cambio social y cultural en términos de modernización de las relaciones de género, y en el que las mujeres consiguieron grandes avances en la consecución de la igualdad.

Pero a pesar de este gran avance, la igualdad real entre sexos aún no es una realidad. ¿Existe un techo invisible que limita el ascenso de las mujeres hacia la igualdad entre sexos? ¿En qué consiste?

A EN LAS LEYES Y LAS COSTUMBRES

Desde el punto de vista jurídico, en la mayoría de países avanzados las leyes han consolidado la igualdad legal y de derechos entre hombres y mujeres.

En España, la Constitución de 1976 consagró la igualdad entre ambos géneros, y leyes posteriores han protegido la maternidad, la conciliación de la vida laboral y familiar, y han actuado contra la violencia de género. En el año 2007, la **Ley para la Igualdad Efectiva entre Hombres y Mujeres** aspiraba a hacer real el principio de oportunidades.

Aunque el modelo de familia patriarcal ha retrocedido enormemente y la mayoría de las mujeres han accedido al trabajo remunerado, sigue sin existir un reparto equitativo de las tareas domésticas entre hombres y mujeres, y eso comporta que recaiga sobre ellas una jornada laboral doble.

Además, la reticencia de algunos hombres a abandonar su papel dominante en la familia y en las relaciones con las mujeres los lleva a hacer uso de la violencia, lo cual provoca que muchas mujeres sean agredidas en el entorno familiar.

Los movimientos feministas

Los movimientos feministas de las décadas de 1960 y 1970 plantearon un cambio revolucionario respecto a lo que las mujeres esperaban de sí mismas y al lugar que debían ocupar en la sociedad.

El derecho a su propia sexualidad, la necesidad de compartir las tareas domésticas, la rebelión contra el maltrato y la opción de optar a todos los trabajos o cargos en igualdad de condiciones se convirtieron en las principales demandas exigidas por los colectivos de mujeres.

Celebración del Día Internacional de la Mujer Trabajadora, Madrid, 1979.

B EN LA EDUCACIÓN Y EN EL TRABAJO

En España, las mujeres han accedido a todos los niveles de la enseñanza. A nivel superior, las mujeres han superado a los hombres (45,9% de las mujeres acceden a la universidad, frente al 35,7% de los varones).

La incorporación de las mujeres al mercado laboral no se ha efectuado en condiciones de igualdad, y a pesar de contar con una preparación como mínimo igual a la de los varones, se ven discriminadas tanto en responsabilidades profesionales como en los salarios.

A pesar de los avances conseguidos, el salario de las mujeres españolas es el 86% del de los hombres, y la mujer es uno de los colectivos más afectados por el desempleo y por el empleo precario.

TASA BRUTA DE ESTUDIANTES QUE ACABA LA ESO EN ESPAÑA

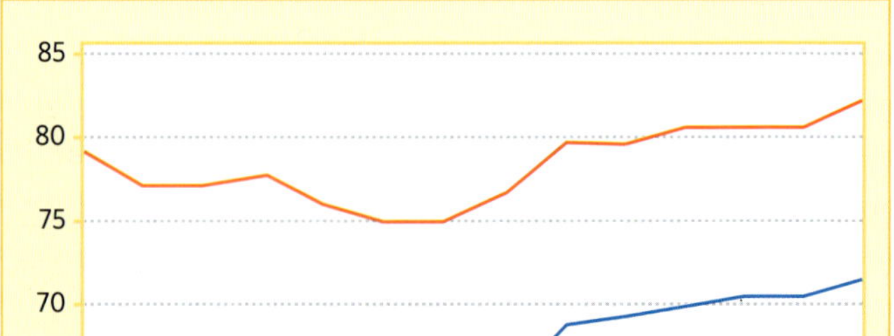

C EN LA POLÍTICA Y EN LA TOMA DE DECISIONES

La participación creciente de las mujeres en diversas esferas de la vida social ha contribuido a aumentar su presencia en los puestos de toma de decisiones. Sin embargo, la presencia de mujeres que ocupan puestos directivos y de responsabilidad a nivel político, económico y social es mucho menor al de los hombres.

Las instituciones políticas, tanto europeas como españolas, han insistido en la necesidad de adoptar medidas para garantizar una presencia equilibrada de ambos sexos en los puestos de responsabilidad de las empresas, la Administración pública y los órganos políticos. En esta dirección se ha señalado la conveniencia de utilizar cuotas que reserven un determinado porcentaje de puestos a las mujeres.

ALTOS CARGOS EN ESPAÑA EN 2014

Cargos	Mujeres	Hombres
Presidencia y consejos de administración de las empresas del Ibex-35	**80**	**359**
Presidentas/es	3	32
Vicepresidentas/es	3	39
Consejeras/os	74	288
Órganos superiores y altos cargos de la Administración General del Estado	**98**	**202**
Ministras/os	4	9
Secretarias/os de Estado	8	22
Subsecretarias/os	21	43
Directoras/es generales	51	106
Otros altos cargos	14	22
Sistema judicial	**7 285**	**5 097**
Fiscales	1 526	899
Secretarias/os judiciales	2 787	1 400
Miembros de la carrera judicial	2 972	2 798

D ¿EXISTE UN TECHO DE CRISTAL PARA LAS MUJERES?

LA BRECHA DEL TALENTO FEMENINO

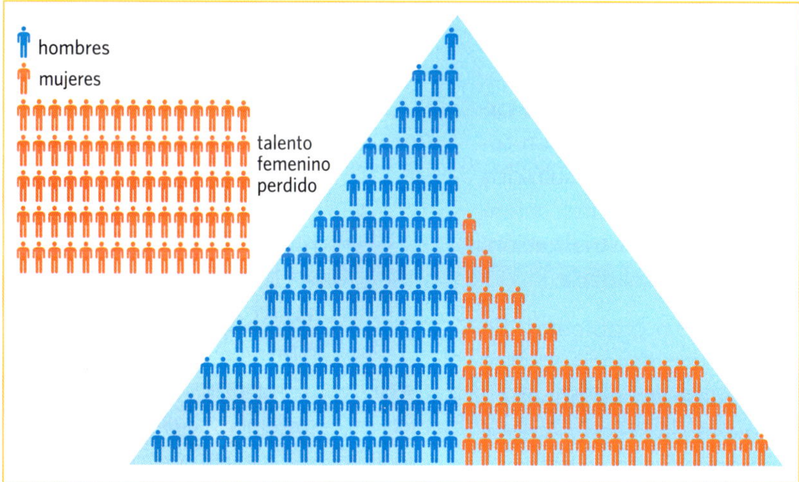

Durante las últimas décadas del siglo XX y principios del siglo XXI, la paridad entre hombres y mujeres en las esferas educativas, laboral y política, y también en los ámbitos personal y familiar, ha conocido un progreso considerable respecto a épocas pasadas.

Sin embargo, y a pesar de la igualdad legal, existe un **techo de cristal**, un obstáculo invisible que impide a las mujeres situarse en una igualdad real con los hombres y acceder a los niveles más altos en el ámbito político, empresarial y académico, tanto en el sector público como en el privado.

1. ¿Crees que a lo largo del siglo XX las mujeres han avanzado en la consecución de la igualdad con los hombres? Pon ejemplos concretos que reafirmen tu respuesta.
2. A partir de la información de estas páginas, explica qué desigualdades existen actualmente en la vida cotidiana, en los estudios, en el trabajo, en la política y en las empresas.
3. ¿Qué plantearon los movimientos feministas de las décadas de 1960 y 1970?
4. ¿Por qué se habla del techo de cristal de las mujeres? ¿En qué consiste? ¿Cómo lo representa el esquema? ¿Qué consecuencias tiene?

Ponte en su lugar

5. @ Consulta www.tiching.com/750641 y visiona los testimonios de una abuela y su nieta sobre la diferente situación de las mujeres. Después, haz una entrevista a tu abuela y a tu madre, y elabora una lista de las mejoras en la situación de las mujeres a lo largo de dos generaciones.
6. Reuníos en parejas e imaginad que debéis elaborar una propuesta de ley para fomentar la igualdad entre sexos. Escribid una lista de las diez medidas que propondríais. A continuación debatidla entre toda la clase y consensuad una propuesta común.

6 La evolución del bloque comunista

La Segunda Guerra Mundial, el estallido de la Guerra Fría y la descolonización comportaron la expansión del comunismo, hasta aquel momento limitado a la URSS, por los países del Este de Europa, China y por otros Estados dispersos por distintos continentes.

Las democracias populares de Europa Oriental

En las llamadas democracias populares de Europa Oriental se crearon sistemas políticos similares al de la URSS. El Partido Comunista se instaló en el poder como partido único, toda oposición o disidencia fue prohibida y perseguida, y una burocracia de afiliados al partido se hizo con la administración del país.

A nivel económico, la propiedad agraria e industrial pasó mayoritariamente a manos del Estado y, a imitación del modelo soviético, se intentó llevar a cabo una rápida industrialización basada en la industria pesada. La producción pasó a estar dirigida por el Estado a través de **planes quinquenales** que imponían los ritmos de producción y los precios. Este desarrollo industrial comportó el traslado de muchos campesinos a las ciudades y la desatención del desarrollo agrícola, provocando un problema de abastecimiento.

La URSS facilitó recursos económicos para potenciar el desarrollo económico de sus países satélites y se erigió en líder mediante la creación de organismos de cooperación económica, como el COMECON. Aunque en todos ellos tuvo lugar un proceso de crecimiento económico, los resultados fueron muy desiguales, ya que el nivel de partida era muy diferente: mientras Rumania, Bulgaria o Albania apenas habían iniciado la industrialización, Alemania, Checoslovaquia y Polonia tenían una industria consolidada.

La imposición del modelo soviético no se llevó a cabo sin problemas. En Hungría, en 1956, se produjo un levantamiento contra la presencia soviética, y en 1968, en Checoslovaquia, el Partido Comunista trató de poner en marcha una experiencia propia de socialismo (Primavera de Praga). Ambos levantamientos fueron sofocados por la intervención del ejército soviético.

La URSS, una potencia inmovilista

La victoria de la URSS en la Segunda Guerra Mundial facilitó la expansión de la influencia soviética y su conversión en una superpotencia económica y militar capaz de disputar el dominio mundial a Estados Unidos, con quien mantendría una carrera armamentista.

Tras la muerte de Stalin (1953), el dirigente **Nikita Jruschov** promovió la **desestalinización**, intentando poner fin a la represión indiscriminada y al culto a Stalin. Para mejorar el nivel de vida de la población, estableció nuevas medidas económicas con el fin de aumentar la producción agrícola.

A la caída de Jruschov en 1964, el nuevo dirigente, **Leónidas Breznev**, frenó el proceso reformista, aumentó la burocratización y se instaló en un **inmovilismo político** y en el estancamiento económico, que caracterizó el sistema soviético hasta su fin.

LAS DEMOCRACIAS POPULARES EN EUROPA

Dentro de las democracias populares del Este de Europa, Yugoslavia mantuvo una cierta independencia de la URSS.

Cartel de propaganda soviético de 1955 que muestra el imparable avance del socialismo, que supera al capitalismo.

LA EXPANSIÓN MUNDIAL DEL COMUNISMO

El modelo soviético resultó atractivo para países sin tradición democrática y con graves problemas económicos y sociales. También fue adoptado por algunos de los nuevos Estados surgidos de la descolonización.

LA REVOLUCIÓN CHINA

En 1948, tras una cruenta guerra civil, el Ejército Popular de Mao Zedong se hizo con el poder en China e implantó un comunismo de inspiración soviética. Sin embargo, en 1956 rompió con la URSS e implantó un modelo propio, basado en las comunas populares, unas unidades económicas que unían agricultura y pequeña industria.

LA EXPANSIÓN SOVIÉTICA

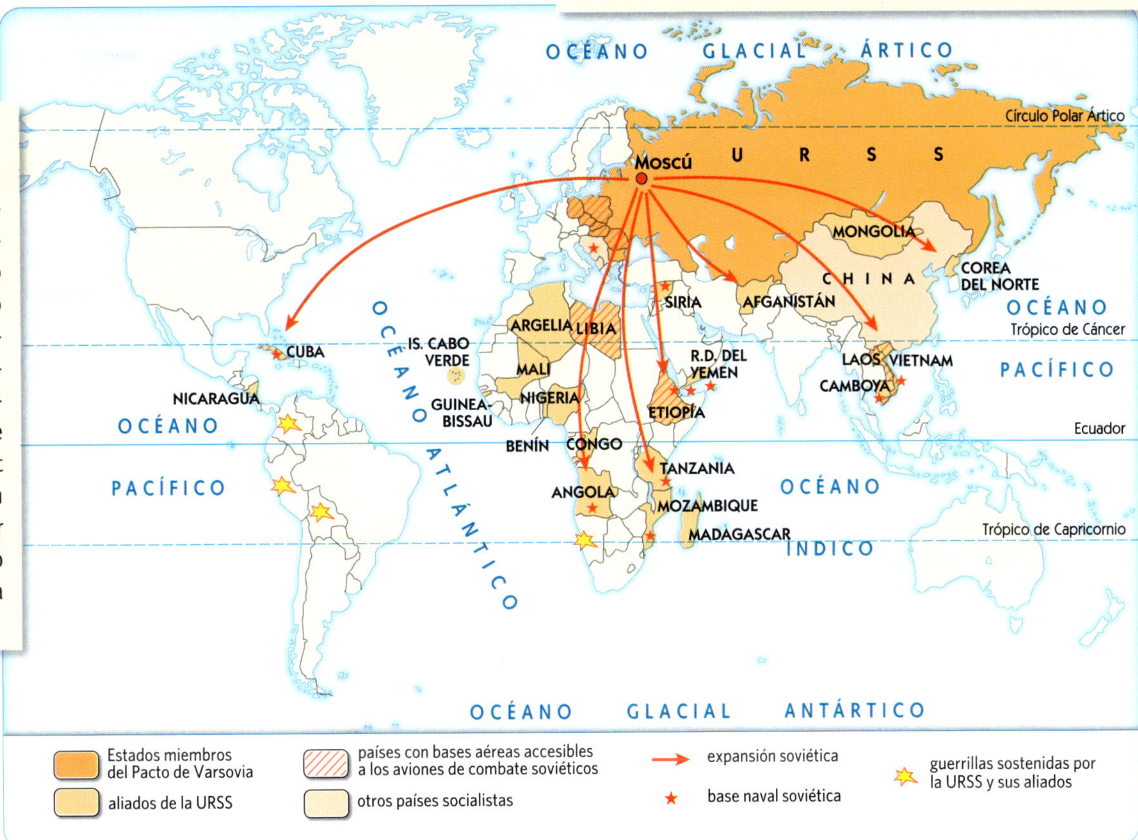

LA REVOLUCIÓN CUBANA (1959)

Una revolución popular liderada por Fidel Castro y Ernesto "Che" Guevara puso fin al gobierno autoritario y proamericano de Fulgencio Batista. La amenaza de EE UU y el boicot económico acercaron Cuba a la URSS, por lo que se convirtió en un país bajo la influencia soviética.

LA GUERRILLA LATINOAMERICANA

El triunfo de la revolución cubana impulsó las guerrillas comunistas y antiimperialistas por todo el continente: Venezuela, Colombia, Perú, etc. En 1979 triunfó la revolución sandinista en Nicaragua, hecho que alentó el avance guerrillero en El Salvador y Guatemala.

LA INFLUENCIA COMUNISTA EN LA DESCOLONIZACIÓN

En África, algunos Estados del Magreb adoptaron regímenes socializantes (Argelia y Libia), y la influencia soviética se extendió por Etiopía. En África subsahariana, la URSS dio su apoyo a Guinea, Mali y Benin, y las tropas cubanas sostuvieron los movimientos comunistas de Angola y Namibia.

1. Observa el mapa de la página anterior y explica en qué zonas de Europa se extendió la influencia soviética. ¿Qué fue el Pacto de Varsovia? ¿Qué era el COMECON?
2. ¿Qué sistema económico y político se instaló en las llamadas democracias populares? ¿Qué relación mantenían con la URSS?
3. ¿Qué reformas introdujo Jruschov en la URSS? ¿Qué fue la desestalinización?
4. Observa el cartel de propaganda soviético y explica el mensaje que quiere transmitir. ¿Qué imágenes y colores utiliza? ¿Con qué simbolismo?
5. Fíjate en el mapa sobre la expansión soviética y explica en qué países del mundo, fuera de Europa, se extendió el comunismo. ¿Qué influencia tuvieron la Guerra Fría y la descolonización en esta expansión? Explica los casos de Cuba, China y algunos países africanos.

7 La crisis del mundo soviético

Durante décadas, la URSS fue la segunda potencia militar del mundo y un referente para muchos países, pero su economía estaba estancada, el nivel de vida de su población era muy bajo y la falta de libertades incrementaba el descontento social.

El estancamiento económico

A principios de la década de 1970, el crecimiento económico de la URSS comenzó a estancarse. La defensa del sistema socialista tenía un inmenso coste para la población, debido a la necesidad de atender prioritariamente a la defensa del bloque socialista frente a Estados Unidos, privilegiando el mantenimiento del aparato militar y la industria de armamento.

El modelo estatalizado de economía, con escasos incentivos al esfuerzo personal y a la innovación, conllevó bajos niveles de productividad y un retraso notable en la innovación tecnológica. En consecuencia, el desarrollo económico se fue paralizando y la distancia con los países occidentales se hizo cada vez mayor.

La situación se vio agravada por la recesión económica mundial iniciada en 1973. El hundimiento del comercio internacional redujo las exportaciones de los países del bloque del Este y dificultó sus importaciones de productos básicos (cereales), necesarias para alimentar a la población. La reconversión tecnológica y empresarial de los países occidentales para salir de la crisis evidenció aún más el **colapso del sistema soviético** en el terreno económico, científico y tecnológico.

El descontento social

El sistema comunista garantizaba a toda la población y de forma gratuita o a coste muy bajo los grandes **servicios sociales básicos**, como la vivienda, la sanidad, la educación y el transporte. Sin embargo, la excesiva burocratización y la falta de incentivos comportó un bajo nivel de calidad de estos servicios, que no satisfacían las expectativas de la población.

La apuesta por el desarrollo de la industria pesada, necesaria para el mantenimiento de la potencia militar, redujo enormemente la oferta de alimentos y de bienes de consumo básicos. Su escasez se convirtió en un déficit permanente, que obligaba a la población a realizar grandes esfuerzos para conseguirlos.

El sistema político, basado en la hegemonía del Partido Comunista, en la represión de toda disidencia y en la negación de las libertades democráticas, comenzó a resquebrajarse ante la falta de apoyo social. Además, la falta de renovación de los dirigentes comunistas convirtió al Estado soviético en una verdadera **gerontocracia**, cada vez más burocratizada, ineficiente y alejada de la realidad social.

TASA ANUAL DE CRECIMIENTO EN LA URSS*

Aspectos económicos	1970	1975	1977	1979
Renta nacional	7,2	5,1	3,5	2
Producción de bienes de consumo	8,3	6,5	5	3,3
Producción de bienes de equipamiento	8,5	7,9	6	3,5
Producción agrícola	3,9	1,2	3	-4
Inversiones	7,5	6,9	3,4	1

* tasa media anual (en %).

El colapso del sistema soviético

Cuando en abril de 1985 acepté encabezar el Comité Central del PCUS (...), nuestro país se había desgastado en una carrera de armamentos extenuante. Los mecanismos económicos funcionaban cada vez peor, el rendimiento de la producción bajaba, (...) la corrupción atacaba descaradamente a todos los escalones del sistema administrativo, (...) bajo la capa exterior de una unidad ideológica monolítica de la sociedad, cada vez asomaban más la mentira oficial, la hipocresía y el cinismo.

Mijaíl Gorbachov: *Memorias*, 1993.

Caricatura sobre la falta de productos de consumo en la URSS, 1976.

LA PERESTROIKA, UN PROYECTO REFORMISTA

En 1985 accedió al poder un nuevo dirigente soviético, **Mijaíl Gorbachov**, que puso en marcha un programa de reformas, que se concretó en la *perestroika* (reconstrucción) y la *glasnost* (transparencia). Con ellas se mostraba la voluntad de renovar el sistema económico y promover nuevas formas de participación política. Los principales campos de actuación fueron:

- En el **terreno económico** se intentó aumentar la producción y la productividad, introduciendo incentivos personales y facilitando ciertas formas de mercado libre.
- A **nivel político** se tendió a suavizar el monopolio del PCUS, promoviendo la participación política de la población fuera del partido y se permitió una mayor libertad de prensa. También se emprendió la lucha contra la corrupción a todos los niveles.
- A **nivel territorial** se redactó un nuevo Tratado de la Unión, que establecía una relación más equilibrada entre las repúblicas soviéticas y una mayor participación en las decisiones comunes.
- En **política internacional** se optó por un mejor entendimiento con Occidente y se reanudaron las conversaciones con EE UU sobre reducción de armamento. También se suavizó el control de la URSS sobre los países socialistas de Europa y se optó por la disolución del Pacto de Varsovia y la retirada del Ejército soviético de los países del Este.

Las reformas propuestas por Gorbachov comportaban el establecimiento de nuevas relaciones entre Estados Unidos y la URSS.

Sello conmemorativo de la perestroika, 1988.

La problemática soviética

La Unión Soviética, el primer productor mundial de acero, de materias primas, de petróleo y de productos energéticos, sufre déficits provocados por la corrupción y la ineficacia. Uno de los mayores productores de cereales se halla en la necesidad de comprar millones de toneladas de grano para alimentar el ganado. Tenemos el número más elevado de médicos y de hospitales por mil habitantes y a la vez padecemos insuficiencias cada vez mayores en nuestro sistema sanitario.

Nuestros cohetes son capaces de llegar con una increíble precisión al cometa Halley o a Venus, pero, al lado de estos triunfos de la ciencia y de la tecnología, nos falta, de manera evidente, eficacia cuando se trata de aplicar las innovaciones científicas a las necesidades económicas, y así, por ejemplo, un gran número de aparatos electrodomésticos tienen una calidad muy mediocre.

Mijaíl Gorbachov: *Perestroika: un nuevo pensamiento para nuestro país y para el mundo*, 1987.

1. ¿Qué déficits atribuye Gorbachov al sistema económico soviético?

2. Explica por qué el sistema soviético entró en colapso en la década de 1980. ¿Cuáles eran sus principales problemas económicos, políticos y sociales? ¿Qué realidad económica muestra la tabla de la tasa de crecimiento?
3. Describe la caricatura y explica qué pretende denunciar. ¿Qué motivos de descontento tenía la población soviética?
4. Lee los dos textos de Gorbachov. Sintetiza en qué situación se hallaba la URSS y cuáles eran sus principales problemas cuando alcanzó el poder.
5. ¿Qué propuesta llevó a cabo Gorbachov para solucionar los problemas de la URSS y renovar su sistema político? ¿Qué dos conceptos resumían su propuesta reformista?

8 Dos concepciones del arte: EE UU y la URSS

La oposición entre los dos sistemas de organización social propuestos por EE UU y la URSS también se evidenció en dos maneras diferentes de concebir el arte.

Mientras en el mundo occidental los artistas podían crear sus obras libremente, expresando sus ideas y experimentando nuevas formas artísticas, en el mundo comunista se impuso un arte oficial, que debía seguir las directrices marcadas desde el poder, con el objetivo de exaltar los valores del socialismo.

El arte occidental de la posguerra siguió tendencias diversas, pero destacamos el *Popular Art* (Pop Art), que se desarrolló a largo de las décadas de 1950 y 1960, y que representa como ningún otro la sociedad de consumo occidental.

En el bloque oriental se impuso el realismo socialista, que se inició en la URSS, bajo mandato de Stalin en la década de 1930, y mantuvo su vigencia como arte oficial y propagandístico en todos los países que adoptaron el comunismo.

A EL POP ART

Este movimiento surgió paralelamente en Londres y Nueva York, y se caracterizaba por su carácter **figurativo**, la utilización de imágenes propias del **mundo del consumo** (publicidad, televisión, revistas, periódicos, productos de consumo, cómics, personajes populares...).

Sus obras se dirigían a una audiencia masiva, ofreciéndoles un arte banal, producido en serie, efímero, ingenioso, sexy..., y muy fácil de comprender por el público. Este arte se contraponía a las corrientes abstractas del momento, a las que se consideraba como excesivamente intelectualizadas y socialmente elitistas.

Entre sus representantes destacan los estadounidenses Roy Lichtenstein, Claes Oldenburg y los británicos Eduardo Paolozzi y David Hockney. Pero por encima de todos ellos se encuentra la figura de **Andy Warhol**, líder indiscutible del movimiento.

Roy LICHTENSTEIN: *Vicki, me pareció escuchar tu voz*, 1964.

Douane HANSON: *Carro de la compra*, 1969.

FICHAART

a) **Identificación y descripción.** Sitúa cronológicamente la obra y a su autor. ¿A qué movimiento artístico pertenece?

b) **Descripción.** Describe con detalle la escultura. ¿Crees que es realista? ¿Qué efecto quiere conseguir?

c) **Análisis.** ¿Qué visión crítica de la sociedad de consumo presenta el artista? Relaciónalo con el título. ¿Qué aspectos de la escultura la convierten en una metáfora esperpéntica?

d) **Relación entre arte y sociedad.** Observa las tres imágenes de esta página y explica a través de ejemplos cómo el Pop Art es un arte que refleja la cultura de masas del siglo XX.

Andy WARHOL: *Lata de sopa Campbell's*, 1962.

B EL REALISMO SOCIALISTA

El realismo socialista nació como reacción al arte burgués y se convirtió en el arte oficial y prácticamente el único estilo artístico autorizado en los países del bloque comunista. Fue un arte eminentemente **propagandístico**, al servicio del Estado, que pretendía trasladar los ideales del comunismo al terreno del arte.

Su finalidad era educar a los trabajadores en el espíritu del comunismo, que se convertía en protagonista de las obras artísticas. Los obreros y campesinos, tanto hombres como mujeres, eran presentados en sus ambientes laborales (minas, fábricas, granjas colectivas) y exaltados como héroes ennoblecidos por los valores del trabajo.

También pretendía ensalzar los logros conseguidos por el Estado comunista y venerar a los líderes políticos que regían los destinos del pueblo y lo conducían por la verdadera senda revolucionaria.

Aleksandr Deineka: *Donbass*, 1947.

FichaArt

a) **Identificación.** Tipo de obra, material y dimensiones. ¿Quién encargó la obra y para qué?

b) **Descripción.** Describe los personajes: su apariencia, vestimenta, actitud y objetos que sostienen.

c) **Análisis.** ¿Qué crees que pretendía mostrar el artista a través de esta obra? ¿Con qué intencionalidad?

d) **Relación entre arte y sociedad.** Justifica por qué se trata de una obra representativa del realismo socialista y por qué era un arte al servicio del poder.

Vera Moukhina: *El obrero y la koljosiana*, 1937. Se trata de una escultura de acero de 25 m de altura que pesa 80 toneladas, realizada para el pabellón soviético de la Exposición Universal de París.

1. Sintetiza las características del Pop Art y del realismo socialista, y explica a qué modelo social responden.
2. Busca cinco diferencias entre ambas concepciones en cuanto a: estilo artístico, personajes, temas e intencionalidad de las obras.
3. ¿Qué diferente visión de las mujeres se observa en los dos tipos de arte? ¿A qué crees que responden?

Aprecia el arte

4. El Pop Art pretendía representar objetos cotidianos de la cultura de masas de la década de 1960. ¿Qué utensilios, imágenes, productos, personajes... utilizarías para simbolizar la cultura de masas del siglo XXI? Haz un dibujo que represente la cultura de nuestra época actual siguiendo los parámetros artísticos del Pop Art.

COMPLETA EL MAPA CONCEPTUAL

Con la información del tema, completa en tu cuaderno el siguiente esquema:

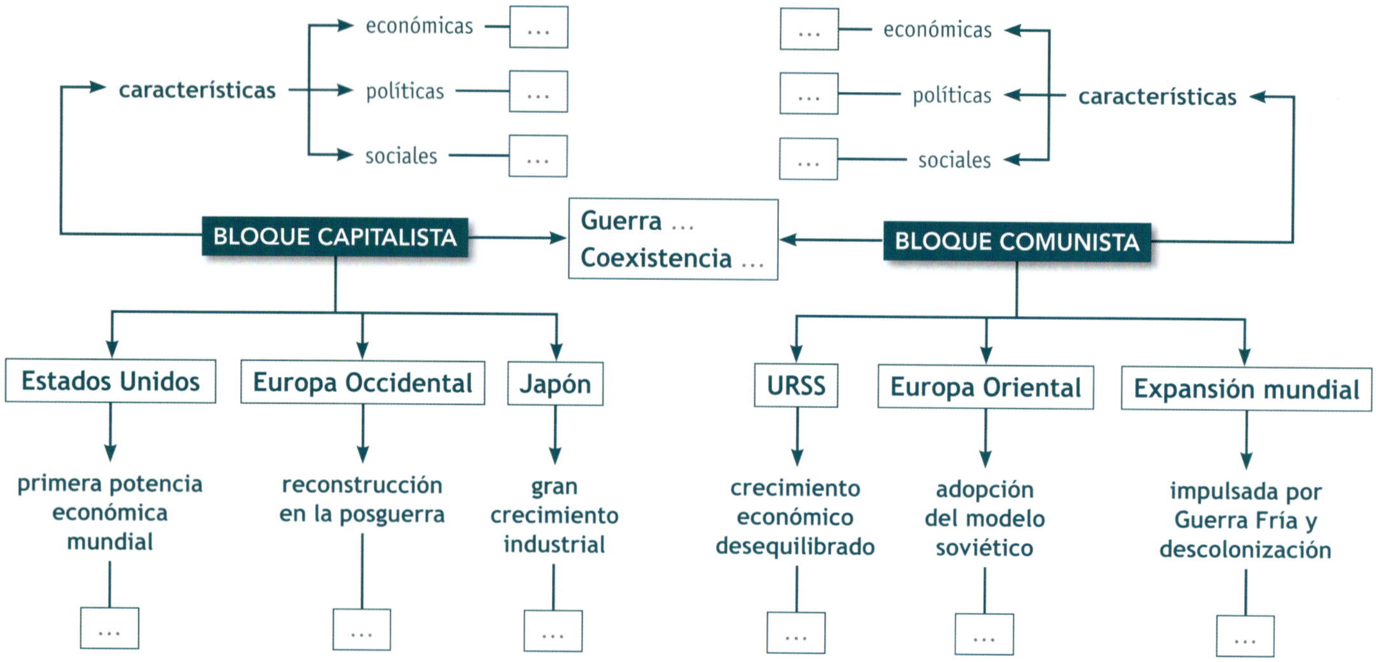

1 CONSOLIDA LO APRENDIDO

a) ¿Qué papel desempeñó Estados Unidos en la posguerra mundial? ¿Por qué? ¿Qué características presentó su modelo social y económico?

b) ¿Cómo se produjo la reconstrucción de Europa Occidental? ¿Sobre qué bases se asentó la Comunidad Económica Europea? ¿Cómo se fue ampliando?

c) ¿Qué es el Estado del bienestar? ¿Cuáles son sus pilares básicos? ¿Cómo se financia?

d) ¿Cómo ha cambiado el rol social de la mujer a lo largo de la segunda mitad del siglo XX? ¿Qué son los movimientos feministas?

e) ¿Qué papel jugó la URSS en la posguerra mundial? ¿Qué rasgos caracterizan al sistema comunista? ¿Cómo se expandió el comunismo por Europa y el resto del mundo?

f) ¿Qué factores condujeron a la crisis económica de 1973? ¿Qué repercusiones tuvo sobre las economías capitalistas? ¿Y las socialistas?

2 IDENTIFICA LOS PERSONAJES

- Josef Stalin
- Mijaíl Gorbachov
- Leonidas Breznev
- Mao Zedong
- Andy Warhol
- Ernesto "Che" Guevara

3 DEFINE CONCEPTOS CLAVE

- desestalinización
- *perestroika*
- realismo socialista
- democracia popular
- *american way of life*
- fiscalidad progresiva y redistributiva
- sociedad de consumo
- Arte Pop
- gerontocracia
- *nomenklatura*
- prestaciones sociales

4 IDENTIFICA LAS SIGLAS

- PCUS
- EURATOM
- COMECON
- CEE
- OPEP
- CECA
- URSS

5 ESTABLECE LA CRONOLOGIA

- Tratado de Roma
- Entrada de España en la CEE
- Primavera de Praga
- Crisis del petróleo
- Revolución china
- Revolución cubana

RESPONDE A LA PREGUNTA INICIAL

¿Qué diferenciaba a Estados Unidos y la URSS? ¿Cómo evolucionó cada uno de los bloques?

APRENDE A... USAR TECNOLOGÍAS DE LA INFORMACIÓN Y LA COMUNICACIÓN

El siguiente ejercicio propone un pequeño trabajo de investigación sobre la Comunidad Económica Europea. Debe hacerse en grupo, de forma colaborativa y usando las nuevas tecnologías de la información y la comunicación, tanto para la búsqueda de la información (Internet) como para exponer sus resultados (presentación con diapositivas).

Propuesta de temas

1. La gestación de la unidad europea: de Jean Monnet al Tratado de Roma
2. Los objetivos fundacionales de la CEE
3. ¿En qué consistía la Política Agrícola Común (PAC)?
4. Las instituciones comunitarias: composición y funciones
5. ¿Cómo funciona el Parlamento Europeo?
6. La ampliación comunitaria: de la Europa de los 6 a la Europa de los 28
7. La solidaridad con las regiones más desfavorecidas de los países miembros: los fondos de cohesión
8. Las políticas europeas para favorecer la igualdad entre hombres y mujeres

1. Organización de grupos de trabajo

- Debéis formar grupos de trabajo de cuatro personas.
- Cada grupo elegirá uno de los temas propuestos y organizará el método de trabajo a seguir. Para ello elaborará un índice previo con los aspectos sobre los que hay que buscar información.

2. Búsqueda de la información en Internet

- A continuación debéis buscar la información necesaria en Internet, teniendo en cuenta que debe hacerse en cinco direcciones: información textual explicativa, gráficas, mapas, tablas e imágenes.
- Preparad y organizad de forma coherente la información encontrada para poder pasarla a una presentación con diapositivas. Recordad que es necesario reelaborarla y que no debéis hacer directamente un "copiar y pegar".

3. Elaboración de una presentación con diapositivas

- Cada grupo debe elaborar una presentación utilizando el programa Prezi. Las presentaciones no deben superar los 5 minutos de duración.
- Cada presentación se expondrá al resto de la clase y seguidamente se moderará un turno de preguntas para resolver las dudas que hayan podido aparecer.

Para buscar información en Internet

Páginas web sobre la Unión Europea:

Portal de la UE: www.tiching.com/678942

Historia de la UE: www.tiching.com/750490

UE en breve: www.tiching.com/750491

Cronología de la UE: www.tiching.com/732386

Información estadística: www.tiching.com/750492

Páginas web sobre el Parlamento Europeo:

Instituciones de la UE: www.tiching.com/678942

Parlamento Europeo: www.tiching.com/750493

Oficina del Parlamento Europeo en España: www.tiching.com/750494

El 9 de mayo se celebra el Día de Europa. En ese día de 1950 fue presentada la propuesta para la creación de una Europa organizada, requisito indispensable para el mantenimiento de las relaciones pacíficas entre los Estados.

Para elaborar una presentación con Prezi

Para conocer y utilizar correctamente el programa Prezi de presentaciones gráficas de textos, imágenes y vídeos, podéis ayudaros con el siguiente *tutorial*:

www.tiching.com/750495

Prezi

1 Organización de la información. Las etapas de la CEE

Identifica en tu cuaderno a qué fase de fundación/ampliación de la Comunidad Económica Europea corresponde cada mapa, escribe su cronología, ordénalos y enumera los países que la integraban en cada etapa.

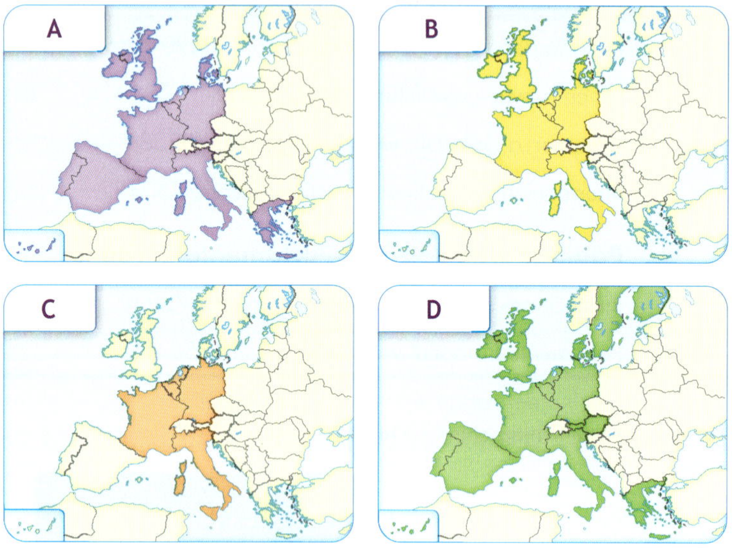

2 Fuentes documentales. La desestalinización

Numerosos activistas del partido (...) no fueron nunca ni enemigos, ni espías, ni saboteadores, sino solo comunistas honestos; se les acusó de estos crímenes y, a menudo, incapaces de soportar las bárbaras torturas (...), acababan acusándose ellos mismos de todo tipo de crímenes. (...)

¡Camaradas! Con el objetivo de no repetir los errores del pasado, el Comité Central se declara decididamente contrario al culto al individuo. Consideramos que en el pasado el camarada Stalin ha sido exaltado en exceso. (...)

¿Cuáles son los objetivos próximos del partido en política exterior? Aplicar de una manera constante la política leninista de coexistencia pacífica entre los diferentes Estados, independientemente de su régimen social. Luchar activamente por la paz y la seguridad de los pueblos. (...)

Informe secreto de Jruschov al XX Congreso del PCUS, 1956.

a) Identifica quién es el autor del texto, dónde fue presentado y por qué se trata de un informe secreto. Fíjate en la cronología. ¿Cuántos años habían pasado desde la muerte de Stalin? ¿Recuerdas cuántos años había estado en el poder este dirigente soviético?

b) ¿Qué críticas realiza Jruschov a la etapa anterior? Explica en qué consistió la desestalinización y por qué se creyó necesario llevarla a cabo.

c) ¿Qué objetivos se propone Jruschov? Relaciónalos con la etapa de la coexistencia pacífica.

3 Fuentes iconográficas. El lugar de Europa

Caricatura aparecida en la prensa francesa, 1957.

a) Observa los personajes señalados con los números 1 y 3: ¿Qué representan cada uno de ellos? ¿Cómo los ha representado el dibujante? ¿Qué símbolo los identifica? ¿Cuál es su actitud?

b) Fíjate en los personajes con el número 2. ¿Qué representan? ¿Con qué país identificas el personaje central en colores? ¿Qué significan las letras de cada uno de ellos? ¿Qué están construyendo entre todos?

c) ¿Qué mensaje quiere transmitir la imagen? ¿Representa una posición europeísta? Relaciónalo con la fecha en que fue publicada.

4 Fuentes estadísticas. La mujer en Europa

COMPOSICIÓN DEL PARLAMENTO EUROPEO (en %)

	1979	1989	1999	2004	2014
Mujeres	16,6	19,3	33,3	31,3	37
Hombres	83,4	80,7	69,7	68,7	63

a) ¿Qué evolución ha seguido la presencia de mujeres en el Parlamento Europeo? ¿A qué crees que es debido el cambio? Relaciónalo con los movimientos feministas.

b) ¿Crees que actualmente se ha conseguido la paridad entre hombres y mujeres? Pon ejemplos. ¿A qué se refiere la expresión "techo de cristal"?

5 El arte en su contexto. **El realismo socialista**

a) La pintura compara la Rusia zarista con la Rusia soviética para ensalzar los logros del comunismo:

- Busca qué parte del cuadro señalado con un número representa las siguientes escenas: ciudad zarista con palacios e iglesias, toma del Palacio de Invierno, victoria del ejército rojo, nuevo hombre/mujer comunista, logros del régimen comunista (industrialización, ferrocarril, viviendas...).
- Los círculos blancos señalan dos fechas. ¿Cuáles son? ¿Sabes qué importancia tuvieron esas fechas para la revolución soviética?
- ¿Qué visión presenta de la nueva sociedad soviética? ¿Qué categorías sociales representan los personajes?

b) ¿Crees que es una obra realista o idealizada? Explica las características del realismo socialista ejemplificándolas en la pintura. Justifica por qué se trata de un arte propagandístico al servicio de una ideología y del poder establecido.

Aleksandr DEINEKA: *¿Quien vencerá?*, 1932. Obra realizada por encargo del Estado soviético para un exposición colectiva de arte soviético.

WWW. ESPACIO WEB

6 Fuentes documentales. **La revolución china**

China se mantiene hoy día como el mayor superviviente del sistema comunista en el mundo. Visiona el vídeo sobre la evolución de China en www.tiching.com/65689 y contesta las siguientes preguntas:

a) ¿Cómo se llevó a cabo la revolución comunista en China? ¿Quién era Mao Zedong? ¿Cuál era la situación económica y social de China al triunfo de la revolución?

b) ¿Qué tipo de régimen se instauró en China? ¿Cómo se llevó a cabo el proceso de industrialización? ¿Qué relaciones mantuvo con la URSS?

c) ¿Qué fue la revolución cultural? ¿Qué consecuencias tuvo?

d) ¿Qué sucedió a la muerte de Mao? ¿Cuál ha sido su legado?

e) ¿Cual es la situación económica y política de China en la actualidad?

7 Fuentes audiovisuales. **El desmoronamiento de la URSS**

Accede a la página web www.tiching.com/65711 en la que podrás ver un vídeo sobre el desmoronamiento de la Unión Soviética. Después, indica:

a) ¿Qué intentaba Gorbachov con sus reformas? ¿Qué efectos tuvieron? ¿Cómo las vivió la población?

b) ¿Qué cambios se produjeron en política exterior? ¿Con qué consecuencias?

c) ¿Qué oposición tuvo Gorbachov? ¿Qué decisiones tomó?

d) ¿Por qué Yeltsin se impuso a Gorbachov?

e) ¿Cómo y por qué se produjo el golpe del verano de 1991? ¿Qué hizo Yeltsin? ¿Con qué consecuencias?

RETOS EN LA RED

MINI UNIDAD VISUAL: ... Y McDonald's se instaló en Moscú.

ACTIVIDADES AUTOCORRECTIVAS: Resuelve estas actividades y repasa lo que has aprendido.

www.vvd.link/012382/12

13 ESPAÑA: LA DICTADURA FRANQUISTA (1939-1975)

¿Por qué el franquismo fue una dictadura?

AUTARQUÍA: APOYO AL EJE (1939-1945) · AISLAMIENTO INTERNACIONAL (1945-1950) · APERTURA INTERNACIONAL (1950-1959)

DESARROLLISMO: PLANES DE DESARROLLO (1964-1973)

CRISIS FINAL (1973-1975)

1940 · 1945 · 1950 · 1955 · 1960 · 1965 · 1970 · 1975

- **1939** Fin Guerra Civil
- **1942** Ley Constitutiva de las Cortes Españolas
- **1945** Fuero de los españoles. Ley de Referéndum
- **1946** Condena ONU y retirada de embajadores
- **1947** Ley de Sucesión
- **1951** Huelga de tranvías de Barcelona
- **1953** Pactos con EE UU. Concordato con la Santa sede
- **1958** Entrada Fondo Monetario Internacional
- **1959** Plan de Estabilización. Creación de ETA
- **1962** Reunión de Múnich. Conflictos laborales
- **1964** Fundación de CC OO
- **1966** Ley Orgánica del Estado. Creación del SDEUB
- **1970** Ley General de Educación
- **1973** Atentado contra Carrero Blanco
- **1974** Gobierno de Arias Navarro
- **1975** Muerte de Franco. Marcha verde

Mural alegórico de la Guerra Civil como cruzada, obra de Arturo Reque Meruvia.

La victoria del bando franquista en la Guerra Civil trajo consigo la imposición de un régimen autoritario que duró hasta la muerte del dictador en 1975. Durante esos años se eliminó cualquier vestigio de democracia, y las libertades públicas y privadas quedaron severamente restringidas.

La mayor parte del país sufrió durante un largo periodo las consecuencias demográficas, económicas, sociales e ideológicas de la Guerra Civil.

El régimen, por su parte, tras el aislamiento internacional que se alargó hasta bien entrada la década de 1950, pasó a ser reconocido, a institucionalizarse y se vio beneficiado por el crecimiento económico del mundo occidental.

A pesar de ello, el auge de la oposición, la demanda de libertades y una grave crisis económica hicieron insostenible el régimen más allá de la muerte del dictador.

¿Qué sabemos?

- ¿Por qué el franquismo fue un sistema de gobierno dictatorial?
- ¿Cómo pasó el régimen del aislamiento al reconocimiento internacional?
- ¿A qué territorios afectó la gran emigración de la década de 1960?

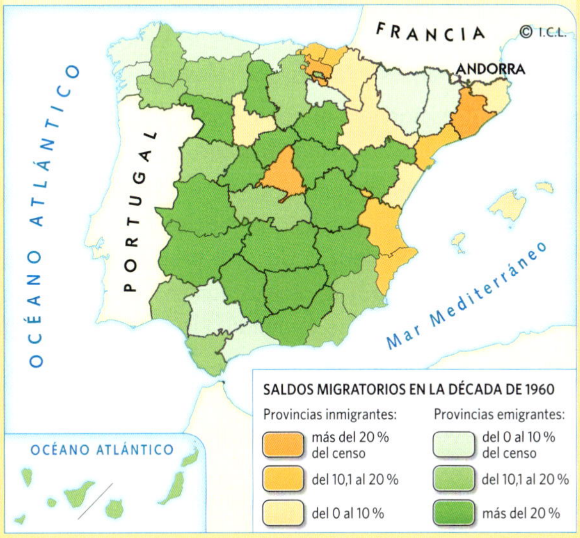

¿Cuáles fueron las bases del régimen franquista?

La dictadura de Francisco Franco fue un régimen totalitario, inspirado en buena parte en el fascismo italiano, que gobernó España entre 1939 y 1975. El franquismo se asentaba ideológicamente en la negación de la democracia liberal y la defensa del militarismo, del catolicismo conservador y de la unidad de España.

¿Qué régimen político instauró el franquismo? ¿Por qué era una dictadura?

A UNA DICTADURA MILITAR

Tras la victoria en la Guerra Civil, Franco impuso una **dictadura militar** que suprimía todas las libertades democráticas (de expresión, de asociación, de manifestación, de religión, de prensa...).

La Constitución de 1931 fue anulada; los partidos y sindicatos obreros, prohibidos; las elecciones, suprimidas; y las instituciones republicanas, desmanteladas. También se abolieron los Estatutos de Autonomía y se prohibió cualquier manifestación nacionalista catalana, vasca o gallega.

Franco asumió la jefatura del partido único: Falange Española Tradicionalista y de las JONS (**FET y de las JONS**), en el que se agruparon los vencedores de la Guerra Civil. Del partido dependía la Central Nacional Sindicalista (**CNS**), un sindicato vertical que agrupaba de forma obligatoria a patronos y obreros.

El dictador, Francisco Franco, ostentaba el título de **Caudillo** y concentraba todos los poderes: era Jefe del Estado, Generalísimo de los Ejércitos, gobernaba por decreto, su cargo era vitalicio e incluso se otorgaba el derecho a nombrar sucesor.

Para dar una apariencia de legalidad al régimen se crearon unas **Cortes consultivas** (1942), que no eran elegidas democráticamente, y se promulgaron el **Fuero de los Españoles** (1945) y el **Fuero del Trabajo** (1938), que pretendían recoger los derechos de los españoles, pero que carecían de toda legitimidad democrática.

LA CONCENTRACIÓN DE PODERES

B EL APOYO DE LOS GRUPOS SOCIALES TRADICIONALES

El franquismo contó con el apoyo de los colectivos que pretendían acabar con las reformas republicanas y restaurar el viejo orden:

- El **ejército**, que, fortalecido tras la victoria militar, gozó de numerosos privilegios y de cargos relevantes en la Administración.
- La **Falange** mantuvo el control social y sus militantes ocuparon cargos estratégicos (Justicia, Trabajo...) en los gobiernos franquistas.
- La **Iglesia católica**, que recuperó su preeminencia social y que nutrió de ideología al nuevo Estado (**nacionalcatolicismo**). Se estableció la confesionalidad del Estado y el presupuesto de culto y clero, y un Concordato (1953) le otorgó numerosos privilegios. También se suprimió el divorcio y se reimplantó la enseñanza religiosa.
- La gran **burguesía terrateniente e industrial**, que ejerció un importante dominio económico: la reforma agraria fue anulada, así como las leyes sociales republicanas.

Desfile de la Victoria. Madrid, 19 de mayo de 1939.

C LA REPRESIÓN A LA OPOSICIÓN

El franquismo se caracterizó por la represión permanente de cualquier oposición con el objetivo de castigar a quienes habían apoyado la causa republicana e impedir el surgimiento de nuevos movimientos opositores.

Con este fin, el nuevo Estado elaboró un entramado de leyes represivas (Responsabilidades Políticas, Seguridad del Estado, Represión de la Masonería y el Comunismo, y Orden Público) y se supeditó la justicia a los dictados del Gobierno, hecho que supuso la práctica desaparición de un poder judicial independiente.

Las acciones contra los opositores incluían depuraciones laborales, reclusión en campos de concentración, trabajos forzados en obras públicas, torturas, encarcelamientos y ejecuciones por motivos políticos. Se calcula que durante la posguerra hubo 50000 ejecuciones por motivos políticos y que en 1940 había en España unos 270719 presos, de los que 23232 eran mujeres.

Presos políticos formando en el patio del penal de Ocaña en 1952.

La obediencia debida

Nosotros, los subordinados, no tenemos más misión que obedecer. Debemos obedecer sin discutir. Quien manda sabe lo que hace y por qué lo hace... Los españoles tenemos la obligación de acostumbrarnos a la santa obediencia... ¿Y quién juzga al que tiene el máximo poder? Dios y la Historia. A uno y a otra dará cuenta. Lo demás no es de nuestra incumbencia.

H. S. R.: *Así quiero ser. El niño del Nuevo Estado* (1944).

D LA ADAPTACIÓN AL ENTORNO INTERNACIONAL

Durante la II Guerra Mundial, el franquismo mostró su apoyo a las **potencias del Eje** (Mussolini y Hitler), que habían contribuido de forma decisiva a la victoria de Franco en la Guerra Civil. De hecho, se envió una unidad militar de voluntarios, la **División Azul***, que luchó en Rusia apoyando al ejército nazi.

Tras la derrota de las potencias del Eje en 1945, los organismos internacionales reclamaron el retorno de España a la democracia y las **Naciones Unidas condenaron** el franquismo en 1946.

Para asegurar su **supervivencia**, Franco dio un giro a su política internacional e intensificó sus relaciones con el **Vaticano y con Estados Unidos**. En 1953 firmó un Concordato con la Santa Sede, que garantizaba la preeminencia de la Iglesia católica, y unos acuerdos bilaterales con Estados Unidos, que convertían a España en **fiel aliado contra la Unión Soviética**.

Entrevista de Franco con Hitler en Hendaya (Francia), en 1940.

@ Para saber más sobre las negociaciones entre Franco y Hitler, entra en: www.tiching.com/65931

Visita del Presidente de EE UU, Eisenhower, a España, 1959.

1. Observa el esquema sobre la concentración de poderes y responde: ¿Cuáles se atribuía Franco? ¿Con qué instituciones se trató de dar una apariencia de legalidad al régimen que implantó en España?
2. ¿De qué forma intentó el franquismo restaurar el viejo orden social? ¿En qué colectivos sociales se apoyó?
3. ¿Qué papel desempeñó la represión? ¿Fue un fenómeno puntual o se mantuvo durante todo el régimen?
4. ¿Cómo se adaptó el franquismo a los cambios de la política internacional?

Argumenta la respuesta

5. A partir de la información proporcionada, redacta un texto con tus propias palabras donde expliques cuáles fueron las bases sobre las que se asentó el régimen de Franco. Argumenta por qué se trataba de una dictadura militar.

2 La larga posguerra (1939-1959)

Las huellas de la Guerra Civil

Los efectos de la Guerra Civil fueron devastadores. España perdió a casi **un millón de personas**, de las cuales más de la mitad murieron en el conflicto y casi 400 000 tomaron el camino del exilio.

Por otro lado, la economía del país quedó arruinada como consecuencia de la destrucción de medios de transporte, comunicaciones, industrias, etc., y del hundimiento de la producción agraria e industrial. En consecuencia, se originó una gran **escasez de productos** de primera necesidad (alimentos, higiene y medicinas), sobre todo en las áreas urbanas, así como de electricidad y combustibles.

Para la mayoría de la población (obreros, campesinos y clases medias), la **miseria** se transformó en una realidad cotidiana, ya que los salarios eran muy bajos, y los precios, elevados debido a la escasez.

Autarquía e intervención del Estado

Siguiendo el modelo establecido por los regímenes totalitarios, la España de Franco basó su política económica en la **autarquía** y en un fuerte dirigismo económico e **intervención del Estado.**

La **autarquía** estuvo estimulada por el aislamiento exterior y el boicot internacional a que fue sometida España por las democracias, tras la Segunda Guerra Mundial. Consistía en fomentar la **autosuficiencia** del país, es decir, que todos los bienes y servicios necesarios se produjesen en el interior, limitando al mínimo las importaciones. Pero España no disponía de materias primas ni de fuentes de energía que permitieran tal autoabastecimiento.

La **intervención del Estado** buscaba el control de la producción y la distribución de bienes, fijando precios obligatorios y forzando a los agricultores a entregar al Estado parte de la producción. Para estimular el desarrollo industrial, se creó el **Instituto Nacional de Industria** (INI) y se fundaron **empresas públicas** (Endesa, Empresa Nacional Bazán, Pegaso, Iberia, etc.) que se ocupaban de sectores económicos prioritarios, pero no rentables para la iniciativa privada. Además, se siguió una **política proteccionista** que gravaba con aranceles las importaciones y limitaba la entrada de capital extranjero.

El colapso económico

La autarquía resultó ser un fracaso y el **hundimiento económico** de España fue muy grave. Mientras los países occidentales se recuperaban de la II Guerra Mundial con relativa velocidad, España no alcanzó los niveles de producción y renta previos a la Guerra Civil hasta 1954, casi dos décadas después.

La escasez de materias primas, el bajo nivel de producción, el escaso comercio exterior y la falta de inversiones, incluyendo el capital extranjero, condujeron a la economía española al borde del colapso. En este contexto de **carestía y escasez de productos**, se creó un mercado alternativo impulsado por especuladores afines al régimen, que consiguieron un rápido enriquecimiento.

PRESUPUESTO MENSUAL DE UNA FAMILIA EN 1936 Y EN 1943 (EN PESETAS)

Gastos	1936	1943
Alquiler	50	50
Alimentos	200,70	1 126
Vestidos	40,17	115
Varios	64,8	105
TOTAL	**355,67**	**1 396**
INGRESOS	**428**	**666,75**
DIFERENCIA	**72,33**	**–729,25**

Fuente: Cámara Oficial de Comercio de Sabadell.

EVOLUCIÓN DE LOS SALARIOS REALES EN ESPAÑA

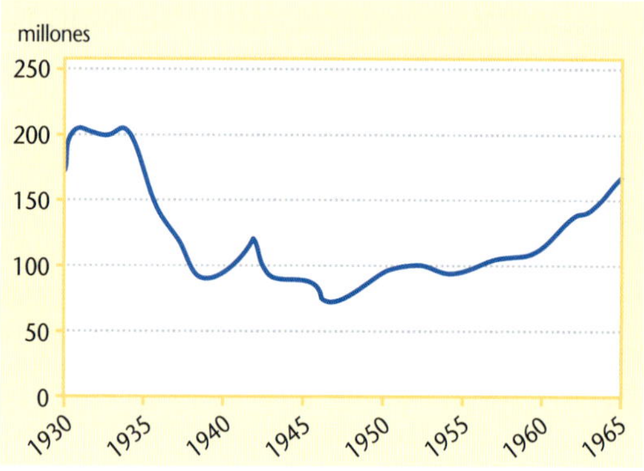

La defensa de la autarquía

España es un país privilegiado que puede bastarse a sí mismo. Tenemos todo lo que nos hace falta para vivir y nuestra producción es lo suficientemente abundante para asegurar nuestra propia subsistencia. No tenemos necesidad de importar nada.

Discurso de Franco (1938).

Cartel de propaganda en el que se llama a consumir productos españoles en la década de 1940.

¿QUÉ ERAN EL MERCADO NEGRO Y EL ESTRAPERLO?

Ante la escasez generalizada, el Estado impuso las **cartillas de racionamiento**, mediante las cuales se repartían entre la población algunos productos de primera necesidad.

Igualmente, un sistema de cupos distribuía entre las industrias las escasas materias primas o fuentes de energía (hierro, algodón, carbón, petróleo, etc.).

El racionamiento de productos hizo surgir el **mercado negro** (venta de productos al margen del mercado oficial), controlado por **estraperlistas** (vendedores clandestinos) que se aprovechaban de la necesidad de la población para vender los productos a precios abusivos.

Los productos provenían en general de los medios rurales, donde los campesinos ocultaban sus cosechas para no tener que venderlas al precio marcado por el gobierno, muy inferior al que podían obtener en el mercado negro. También se hacía estraperlo con bienes importados del extranjero.

Escenas de pobreza como la que muestra la imagen eran frecuentes en la España de la década de 1940.

LA CARTILLA DE RACIONAMIENTO

Se establecieron dos cartillas, una para la carne y otra para el resto de alimentos. Primero eran familiares, y a partir de 1943, individuales, porque permitían un mejor control. Las distintas personas recibían una determinada cantidad en función de su edad y trabajo.

Las cartillas estuvieron vigentes hasta el año 1951.

EL AUXILIO SOCIAL

Falange creó una institución de beneficencia, el Auxilio Social, para intentar paliar el hambre de los más necesitados.

Su labor se rodeó de un potente aparato de propaganda, que culpaba al extranjero de la pobreza que asolaba el país.

Instalaciones del Auxilio Social. Década de 1940.

El mercado negro

Sería el año 1950. Mis amigos y yo nos apostábamos en un sitio conveniido bajo el Puente de los Franceses, en Madrid. Allí, la señora Luisa, como todos los meses, nos lanzaba desde la ventanilla del tren las bolsas de harina que traía escondidas bajo los faldones.

Se la compraba a un estraperlista de Segovia. Debía librarse de ella antes de llegar a la estación del Norte, pues si no lo hacía la policía le requisaba la mercancía. Gracias a aquella harina teníamos algo de pan, que junto a las mondas de patata y algún que otro huevo, eran nuestra principal fuente de alimentación.

Seminario Historia y Memoria del franquismo. Fuentes orales, 2004.

1. ¿Qué efectos demográficos y económicos provocó la Guerra Civil? ¿Cómo se evidenciaban en la posguerra?
2. ¿Qué caracterizaba a la política económica impulsada por el franquismo? ¿Cómo justificó Franco la autarquía en el texto que reproduce su discurso? Explica las principales medidas económicas que se impulsaron y sus efectos.
3. ¿Cuáles fueron las razones que produjeron un "colapso económico" durante la década de 1950?
4. Explica cómo funcionaba el sistema de racionamiento. ¿Fue suficiente para alimentar a toda la población?
5. Explica en qué consistía el mercado negro y el estraperlo. Averigua el origen de esta última palabra. ¿Qué era el Auxilio Social?
6. Lee el testimonio oral. ¿Por qué lanzaban las mercancías? ¿Qué hacían con ellas? ¿Cuál era su temor si llegaba la harina hasta la estación?

3 Las mujeres durante el franquismo

Los avances en materia de igualdad jurídica de la mujer, que había realizado la II República, fueron anulados por el régimen de Franco, que relegó a la mujer al ámbito doméstico y estableció la desigualdad de sexos ante la ley.

El argumento esgrimido por el franquismo fue la superioridad física e intelectual del hombre, quien debía encargarse en exclusiva de los asuntos públicos y de proporcionar ingresos a la familia.

La influencia de Falange y de la Iglesia en la regulación de las condiciones de vida de las mujeres fue notable, hasta el punto de que introdujeron unas costumbres y unos modelos sociales muy sexistas y conservadores.

A EL MODELO FALANGISTA

Falange Española contaba con una **Sección Femenina**, liderada por Pilar Primo de Rivera, hermana del fundador del partido. La Sección Femenina organizaba el Servicio Social, obligatorio para todas las mujeres, que se encargaba de educarlas en los valores franquistas.

Su función era inculcar en las mujeres los ideales falangistas y nacionalcatólicos, es decir, reforzar la imagen de una mujer sumisa y obediente, esposa y madre, que debía atender en exclusiva las tareas domésticas.

Juramento de nuevas afiliadas a la Sección Femenina. Plaza del Rey, Barcelona, 1942.

B LA DESIGUALDAD JURÍDICA Y SOCIAL

La desigualdad ante la ley quedó consagrada en el Código Civil y en el Código Penal, que castigaban duramente el adulterio y el concubinato de las mujeres, mientras que era tolerante con el de los hombres. También se derogó el matrimonio civil y el divorcio.

En la vida cotidiana, la mujer casada perdió el derecho a tener bienes propios. El marido era su representante legal, lo cual significaba la imposibilidad de tener un derecho tan básico como tener una cuenta corriente a su nombre en un banco o comprar y vender bienes sin su autorización.

El ideal doméstico implicaba la conveniencia de que la mujer no saliera a trabajar fuera del hogar, hecho justificable solo en caso de viudedad, soltería o ineludible necesidad.

La mujer casada necesitaba un **permiso escrito de su marido** y no podía ejercer determinadas profesiones. Se le recomendaba que trabajara en la enseñanza o en labores realizadas desde el hogar.

En consecuencia, la mujer carecía prácticamente de todo derecho laboral: tenían un salario menor que el hombre, el despido no estaba penalizado y no podía acceder a subvenciones familiares por el hecho de trabajar.

La desigualdad legal

Artículo 57. El marido tiene que proteger a la mujer y esta tiene que obedecer al marido.

Artículo 58. La mujer está obligada a seguir al marido donde este fije su residencia.

Artículo 59. El marido es el administrador de los bienes de la sociedad conyugal.

Artículo 60. El marido es el representante de su mujer.

Código Civil, 1958.

@ Para saber más sobre la desigualdad de la mujer, entra en: www.tiching.com/65994

El destino de la mujer

El destino de la mujer es ser esposa y compañera del hombre, formar con él una familia y educar y cuidar bien a sus hijos. El lugar donde la mujer desarrolla sus actividades es la casa, porque allí vive la familia.

Pero su misión no es solo material; sus deberes no son solo cuidar de los hijos y del marido corporalmente; sino que de este debe ser la compañera, y de aquellos, la primera educadora; por ello debe prepararse moral y materialmente, para ser capaz de lo que de ella se espera.

Enciclopedia Elemental de la Sección Femenina, 1957.

C UNA EDUCACIÓN DISTINTA

El franquismo eliminó la coeducación, es decir, la educación mixta de niños y niñas. El destino doméstico de las mujeres no requería la misma preparación que los hombres y, por tanto, su educación debía ser diferente.

En consecuencia, las mujeres recibieron una educación con menos contenidos científicos y humanísticos. Su formación se centraba en la preparación para administrar la vida doméstica y su comportamiento social en público.

En general, la mayoría solo tenía acceso a los niveles educativos más bajos y pocas mujeres terminaban el bachillerato y entraban en la universidad.

Clase práctica de la asignatura de Hogar, impartida por la Sección Femenina de Falange desde 1941.

La esposa perfecta

"Ten preparada una comida deliciosa para cuando él regrese del trabajo. Ofrécete a quitarle los zapatos. Habla en tono bajo, relajado y placentero. Su duro día de trabajo quizá necesite un poco de ánimo y uno de tus deberes es proporcionárselo.

Escúchale, déjale hablar primero: recuerda que sus temas de conversación son más importantes que los tuyos. Nunca te quejes si llega tarde, o si sale a cenar o a otros lugares de diversión sin ti. No le pidas explicaciones acerca de sus acciones o cuestiones su juicio o integridad. Recuerda que es el amo de la casa".

Manual de Economía Doméstica, 1958.

D LA RESISTENCIA DE LAS MUJERES

A pesar de la situación de desigualdad legal y de la propaganda sobre su papel de esposa y madre, muchas mujeres trabajaron en la época franquista. Gran parte lo hicieron por imperativo económico, pero también para afirmar su capacidad y su derecho a una vida laboral independiente.

El papel subsidiario que el franquismo otorgaba a las mujeres no impidió que algunas de ellas militaran en la oposición antifranquista, donde introdujeron las demandas de igualdad entre ambos sexos.

Las mujeres comenzaron también a denunciar su situación de opresión y sentaron las bases de un primer feminismo, que tendría un amplio desarrollo en la década de 1970 del pasado siglo.

La defensa de los derechos femeninos

Ya nadie puede plantear, en conciencia, si una mujer debe o no debe trabajar. La española de este momento tiene que trabajar, se enfrenta con ese imperativo inesquivable en nuestro medio, aunque precisamente nuestro medio, por paradoja, no se caracterice por facilitar el trabajo de la mujer. (...) En suma, se les permite trabajar "porque se las obliga previamente a ello", pero siempre que se conformen con un lugar secundario (...).

Reseña de Mercedes Formica a El segundo sexo, *de Simone de Beauvoir*, 1950.

La incorporación a la lucha antifranquista

¿Ante tanta injusticia se podía dejar todo por miedo? Te daba más rabia y te transmitía mucho más valor para seguir adelante. Había que seguir adelante para volver a conquistar todos esos derechos que la República nos había dado por una gran mayoría en las urnas.

Entrevista a Remedios Montero, Valencia, 30 de octubre de 2003.

1. ¿Qué papel otorgaba el franquismo a la mujer? ¿Cómo lo justificaban ideológicamente?
2. ¿Qué era la Sección Femenina? ¿Qué valores intentaba inculcar a la mujer? ¿Cuál era el destino de la mujer?
3. ¿De qué manera reflejaban las leyes franquistas la desigualdad jurídica de la mujer? Explica qué significa la frase "El marido es el administrador de los bienes de la sociedad conyugal".
4. ¿En qué consistía la coeducación? ¿Se produjo durante el régimen de Franco? ¿Con qué fin?

Ponte en su lugar

5. Con la información y los documentos disponibles, confecciona una tabla en la que compares la situación y los derechos actuales de las mujeres con los que tenían bajo el régimen franquista.

4 Desarrollismo y crisis del régimen (1959-1975)

La reorientación política

A finales de la década de 1950, el fracaso de la política autárquica, la nueva situación internacional (reconocimiento del franquismo) y el descontento popular convencieron al régimen de la necesidad de una **reorientación política y económica** para asegurar su supervivencia.

En 1957 entraron en el gobierno algunos ministros vinculados a la organización católica **Opus Dei**, los cuales, sin desplazar por completo a los grupos franquistas tradicionales (falangistas, militares y tradicionalistas), aportaron criterios más **técnicos y modernizadores** para reformar la economía española y acercarla a Europa.

Además, el franquismo, sin renunciar a ninguno de sus principios dictatoriales, impulsó varias reformas para mejorar su imagen en el exterior. De este modo, dejaron de usarse los **símbolos exteriores** más identificados con el fascismo y el partido único se denominó **Movimiento Nacional**, quedando totalmente supeditado al gobierno.

La **Ley de Principios del Movimiento Nacional** (1958) y la **Ley Orgánica del Estado** (1966) fueron los pilares de ese proceso, que definió el régimen con el eufemismo de "**democracia orgánica**". Para asegurar la continuidad del régimen, las Cortes nombraron al príncipe **Juan Carlos**, nieto de Alfonso XIII, como sucesor de Franco en la jefatura del Estado a título de rey.

Estabilización y planes de desarrollo

Los **tecnócratas**, los nuevos ministros del régimen, diseñaron un **Plan de Estabilización** (1959) cuyo objetivo era sustituir una economía cerrada y con fuerte control estatal por una economía vinculada al capitalismo internacional y con mayor peso de la iniciativa privada.

Con ese fin, se tomaron medidas para **estabilizar la economía**, como la reducción de la inflación, la estabilización de los precios y la congelación de los salarios, y la restricción de los créditos. Para estimular las exportaciones, se devaluó la peseta y se tomaron medidas para atraer la inversión extranjera.

También se pusieron en marcha los **Planes de Desarrollo** (1964-1975), que pretendían fomentar el progreso industrial y disminuir los desequilibrios entre las diferentes regiones españolas.

Los años del crecimiento económico

Entre 1960 y 1973, la economía española creció a gran velocidad, se incrementaron la **renta nacional**, los **salarios** y el **poder adquisitivo** de la población, y se acortaron las diferencias con Europa.

La **producción industrial** creció a un ritmo elevado (10% anual), se renovaron los bienes de equipo y se adoptaron nuevas tecnologías.

La mejora de la **producción agropecuaria** fue resultado del incremento de la mecanización, de una reducción de la mano de obra empleada y de la diversificación de la oferta de productos (carne, leche, fruta, etc.).

También se produjo un crecimiento del **sector servicios**, sobre todo del **turismo**, que se convirtió en un puntal económico del país. El **comercio exterior** conoció un notable aumento, se reactivaron las exportaciones y aumentaron notablemente las inversiones extranjeras.

LEYES MODERNIZADORAS

Ley de Convenios Colectivos (1958), que permitió la negociación de las condiciones salariales y laborales entre empresarios y trabajadores.
Ley de Bases de la Seguridad Social (1963), que establece la Seguridad Social.
Ley de Prensa (1969), que suprimió la censura previa*.
Ley General de Educación (1970), que convirtió en gratuita y general la enseñanza entre los 6 y los 14 años.

INVERSIONES EXTRANJERAS EN ESPAÑA

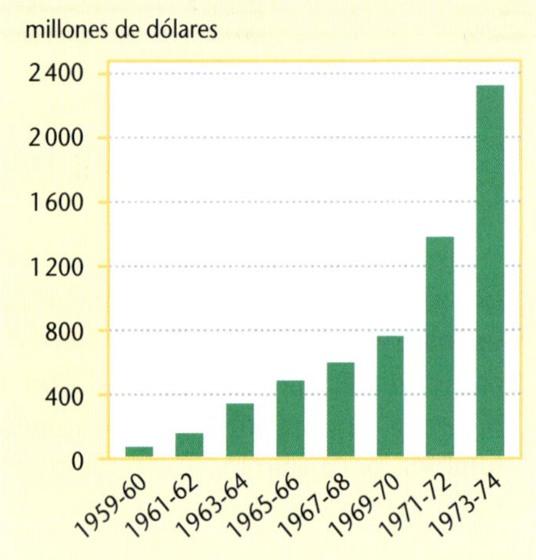

¿Hubo un milagro español?

El crecimiento económico de los años 60 fue presentado por el franquismo como un "**milagro económico**", producto de los aciertos del franquismo.

Sin embargo, hoy en día existe consenso respecto a que el crecimiento no fue tanto el resultado de la actuación gubernamental como la consecuencia del aprovechamiento de la expansión económica de los países occidentales.

El auge económico europeo y americano permitió exportar productos españoles, enviar a un gran número de trabajadores al exterior que remitían dinero a sus familiares, recibir enormes ingresos por el turismo y considerables inversiones de capital extranjero, deseoso de aprovechar los bajos salarios españoles.

LA CRISIS FINAL DEL FRANQUISMO (1973-1975)

A partir de la década de 1970, el franquismo, cada vez más dividido internamente, se mostró incapaz de adaptarse a las nuevas demandas sociales y entró en una crisis irreversible.

El impacto de la **crisis internacional de 1973** frenó el crecimiento económico y desencadenó una fuerte inflación y paro. Todo ello provocó un **aumento de la conflictividad** obrera y de la protesta social.

También aumentó la **violencia política** con atentados terroristas de grupos de extrema izquierda (FRAP y GRAPO) y de ETA, una organización independentista vasca que, en 1973, asesinó al presidente del gobierno, Luis Carrero Blanco.

Su asesinato fue un duro golpe para el franquismo, ya que se le consideraba el personaje clave para asegurar la continuidad del régimen. Todo ello fue contestado con un aumento de la represión.

En aquella difícil situación y en medio de un grave conflicto por el control de la **colonia del Sahara**, Franco murió el 20 de noviembre de 1975.

Agujero que produjo la explosión en el atentado contra Carrero Blanco el 20 de diciembre de 1973.

EL CONFLICTO DEL SAHARA

La colonia española del **Sahara** era ambicionada, por su riqueza en fosfatos, por sus vecinos, especialmente **Marruecos**, que alegaba derechos históricos. En 1973 se había creado el **Frente Polisario**, una formación nacionalista y socialista que aspiraba a la independencia saharaui.

España preparaba la descolonización, pero el rey de Marruecos organizó en 1975 una invasión pacífica del territorio (**Marcha Verde**).

En plena crisis política debido al gravísimo estado de salud de Franco y temeroso del estallido de un conflicto bélico, el gobierno español firmó un **acuerdo** que establecía la cesión del Sahara a Marruecos y Mauritania.

ESPAÑA PIDE LA REUNION URGENTE DEL CONSEJO DE SEGURIDAD

ES POSIBLE UNA INMINENTE INVASION MARROQUI DEL SAHARA

España ha comunicado a la ONU que, en caso de que tal acción sea consumada, disfrazada con el nombre de "marcha verde", ejercerá sus responsabilidades ● Plena disposición y preparación del Ejército español para actuar

Argelia considerará también el cruce de la frontera como un "casus belli" ● Concentración de tropas marroquíes en la zona de Tarfaya hasta la frontera de Tah ● Unidades militares camufladas con vestimenta de paisanos

FRANCO: SITUACION ESTACIONARIA

VUELVE A APARECER EL SINDROME HEMORRAGICO DIGESTIVO

No hay modificaciones cardiorrespiratorias significativas

Una familia española permaneció seis meses abandonada en una isla del Pacífico

NUEVA YORK

Periódico de 1975 que refleja la tensa situación en el Sahara, que coincidió con la agonía de Franco.

INMOVILISTAS Y APERTURISTAS

Las disputas tras la muerte de Carrero Blanco demostraron la existencia de dos claras tendencias dentro del franquismo: los **inmovilistas**, que no aceptaban ningún tipo de cambio, y los **aperturistas**, que eran partidarios de ciertas reformas.

En 1974 se formó un nuevo gobierno, presidido por **Carlos Arias Navarro**, que tras un intento inicial de reconciliar a ambas tendencias, fue decantándose progresivamente hacia el inmovilismo.

Viñetas del humorista Perich, 1974.

1. ¿Qué factores contribuyeron a la institucionalización del régimen de Franco? ¿Qué nuevas leyes se promulgaron para renovar la imagen de la dictadura?
2. ¿Quiénes eran los tecnócratas? ¿Qué objetivos de cambio económico propusieron?
3. ¿En qué consistieron el Plan de Estabilización y los Planes de Desarrollo? ¿Cuáles fueron sus efectos inmediatos sobre la economía?
4. ¿Cuáles fueron las circunstancias económicas y políticas que coincidieron con los últimos años de vida del dictador?
5. ¿Qué conflicto estalló en el Sahara? ¿Cómo actuó el gobierno español?
6. ¿Qué diferenciaba la tendencia inmovilista de la aperturista?
7. Observa las dos viñetas que ofrece el humorista Perich, identifica cuál es inmovilista y cuál, aperturista, y explica qué elementos te han permitido reconocerlas.

5 ¿Qué impacto tuvo el crecimiento económico en la

DESCUBRE

A partir de 1960, el crecimiento económico tuvo unas consecuencias determinantes para la modernización del país.

Parte de la población abandonó el campo para buscar en las ciudades industriales del país y en otras naciones de Europa una nueva forma de vida. Poco a poco, la prosperidad llegó hasta millones de hogares españoles en forma de bienes de consumo. Además, España empezó a ser visitada por millones de turistas atraídos por los bajos precios y las posibilidades de sus destinos.

¿Qué cambios se produjeron en la España de los años 60? ¿Cómo afectó a las costumbres y a los modos de vida? ¿Sirvió para sentar las bases de una futura democracia?

A EL CRECIMIENTO DEMOGRÁFICO

En la década de 1960, la expansión económica estimuló el crecimiento demográfico. La población española experimentó la **tasa de crecimiento anual** más importante de todo el siglo, que se mantuvo hasta 1975.

Este aumento de la población fue consecuencia de un descenso de la mortalidad, sobre todo infantil, y de una elevada natalidad, resultado de unas mejores condiciones de vida.

EVOLUCIÓN DEL NÚMERO DE HABITANTES

Años	Población total	Tasa de crecimiento*
1940	25871971	–
1950	27976755	0,78
1960	30430698	0,84
1970	33823918	1,06

* tasa de crecimiento acumulativo anual (en %)

Fuente: Censos de población.

B MIGRACIONES EXTERIORES Y ÉXODO RURAL

El aumento demográfico estuvo acompañado del movimiento migratorio más importante de los últimos siglos en España:

- Dos millones de españoles **emigraron al exterior, especialmente a países europeos** (Alemania, Suiza, Francia), donde existía una fuerte demanda de mano de obra. Las remesas de dinero enviadas por los emigrantes ayudaron a mejorar las condiciones de vida de sus familias en España.
- Las **migraciones interiores** (éxodo rural) afectaron a cerca de cuatro millones de españoles que se desplazaron, desde zonas agrícolas, en especial de Andalucía, Galicia y Extremadura, hacia las zonas industriales de Madrid, Cataluña o el País Vasco.

La mayoría de los emigrantes partieron de zonas rurales expulsados por la falta de oportunidades y el miserable nivel de vida. La reducción de población agrícola tuvo, a la larga, consecuencias favorables para la mecanización agraria y la concentración y modernización de las propiedades.

En las ciudades, zonas receptoras del éxodo, la avalancha migratoria dio lugar al surgimiento de nuevos barrios carentes de las infraestructuras básicas (asfaltado, luz eléctrica...), así como de servicios sanitarios y educativos.

MIGRACIONES INTERIORES EN LA DÉCADA DE 1960

POBLACIÓN RURAL Y URBANA

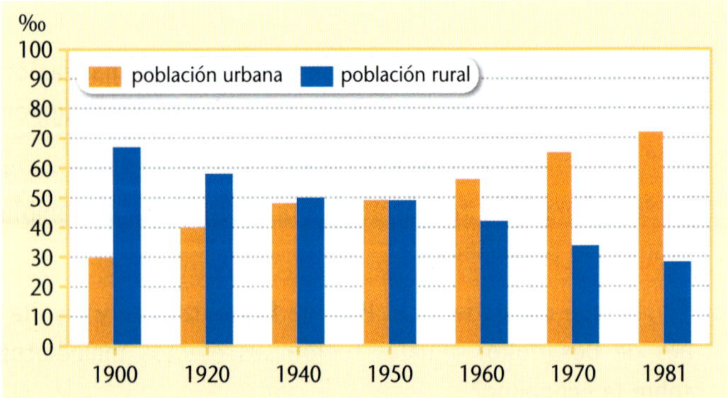

sociedad española?

C LA MEJORA DE LAS CONDICIONES DE VIDA

A pesar de sus deficiencias, el crecimiento económico de la década de 1960 trajo consigo elementos de modernización de la sociedad española: un fuerte incremento de la población urbana y la pérdida de peso del sector agrario frente a la industria y los servicios.

Como resultado, se produjo un fuerte aumento del número de los trabajadores industriales, muchos de ellos de origen rural y con escasa cualificación. Pero también aumentaron las clases medias dedicadas a actividades como la enseñanza, la sanidad, la administración o la banca.

El aumento de la renta de las familias introdujo cambios en los hábitos de consumo. De este modo, llegaron a los hogares españoles lavadoras, frigoríficos, automóviles, televisiones... y España fue incorporándose, aunque con retraso, a la sociedad de consumo.

▸ El mítico 600 de la casa SEAT.

INDICADORES DEL NIVEL DE BIENESTAR (1960-1970)

Conceptos	1960	1970
Renta por hab. (en dólares)	290	818
Tasa de analfabetismo (por 100 hab.)	11,2	5,7
Teléfonos (por 1 000 hab.)	59	135
Automóviles (por 1 000 hab.)	9	70
Televisores (por 1 000 hab.)	5	70
Frigoríficos (producción por 1 000 hab.)	1	25
Lavadoras (producción por 1 000 hab.)	3	15
Energía eléctrica (kW/h por hab./año)	612	1 515

D LA MODERNIZACIÓN SOCIAL

La apertura al exterior favoreció la llegada de numerosos **turistas extranjeros** que buscaron en la bonanza del clima mediterráneo y en los bajos precios de España un destino muy atractivo para sus vacaciones.

La influencia del turismo, unida a una creciente urbanización de la sociedad y a una mayor movilidad internacional (viajes turísticos, visitas a familiares emigrantes...), contribuyeron a **cambiar la mentalidad** de los españoles.

La mujer comenzó a incorporarse de forma más generalizada al mundo laboral, la influencia moral de la Iglesia descendió y la educación pública comenzó a expandirse.

La mentalidad de las nuevas generaciones, que no habían vivido la guerra, cambió radicalmente y, poco a poco, se fue extendiendo un amplio movimiento social a favor de la **democratización de la vida española**.

▸ El eslogan *Spain is different* sacaba partido de la mala fama del país; ni mejor ni peor, sino diferente.

@ Amplía en la Red...

Para saber más sobre la importancia del turismo en la década de 1960, entra en: www.tiching.com/66022

1. ¿Qué evolución siguió la población española? ¿A qué se debió?
2. Explica qué dos tipos de emigración se produjeron en la década de 1960. Observa el mapa y cita cuáles fueron las principales zonas de emisión y de acogida de las migraciones interiores.
3. ¿Cómo evolucionó el nivel de vida de los españoles? ¿Qué electrodomésticos comenzaron a extenderse por los hogares españoles hace apenas 50 años?
4. ¿Qué cambios sociales provocaron la urbanización y el contacto con el extranjero?

Investiga

5. @ ¿De dónde procedían los turistas que visitaban España en la década de 1960? Averigua el número de turistas que visitaron España durante 1960 y 1970. ¿En qué se basaba la propaganda turística del régimen? Observa la fotografía y explica el significado del eslogan.

6 El exilio y la oposición al franquismo

El régimen de Franco se caracterizó por la persecución y represión de todos los que se oponían a la dictadura. Al finalizar la guerra, las cárceles españolas recluían a más de doscientos mil presos republicanos, que fueron objeto de diversas condenas, desde la pena máxima hasta las de prisión en diverso grado.

Otra parte de los vencidos había buscado su salvación en el exilio y muchos de ellos no pudieron regresar jamás. La oposición interior tardó en rehacerse, y en un primer momento optó por la resistencia armada (maquis). No fue hasta la década de 1960 cuando se fraguaron nuevos movimientos de oposición, que se extendieron entre diferentes colectivos sociales.

¿Qué destino tuvieron los exiliados? ¿Cómo se gestaron y crecieron los partidos y movimientos de oposición? ¿Por qué es necesaria la recuperación de la memoria histórica?

A LOS EXILIADOS

Cerca de 400 000 españoles tomaron el camino del exilio al final de la Guerra Civil por temor a las represalias. Muchos huyeron a pie y cruzaron la **frontera hacia Francia**, donde fueron recluidos en condiciones infrahumanas en campos de concentración habilitados para ellos en Francia. Otros abandonaron el país *in extremis* desde Alicante horas antes de la llegada de las tropas franquistas en 1939.

Tras el estallido de la II Guerra Mundial, algunos exiliados se sumaron a la resistencia contra el nazismo, y muchos de los detenidos fueron trasladados a los campos de concentración y exterminio nazis.

Miles de exiliados pudieron emigrar a Iberoamérica, donde países como México o la República Dominicana aceptaron recibirlos. Entre ellos había altos funcionarios, intelectuales, políticos y militares republicanos, profesionales liberales y otros muchos trabajadores de diferentes oficios.

Parte de los exiliados regresó a España en los años siguientes al conflicto, pero muchos permanecieron para siempre en el exilio, o no pudieron retornar hasta la llegada de la instauración de la democracia en 1977.

Exiliados españoles en el campo de refugiados de Argelès, Francia, 1939.

La voz de los exiliados

Franco, tuya es la hacienda,
la casa, el caballo y la pistola.
Mía es la voz antigua de la tierra.
Tú te quedas con todo y me dejas
desnudo y errante por el mundo...
Mas yo te dejo mudo... ¡mudo! (...)

León Felipe: "Reparto", 1946.

B LA PRIMERA RESISTENCIA: DE LOS MAQUIS A LA CLANDESTINIDAD

EL INTENTO DE OCUPAR EL VALLE DE ARÁN

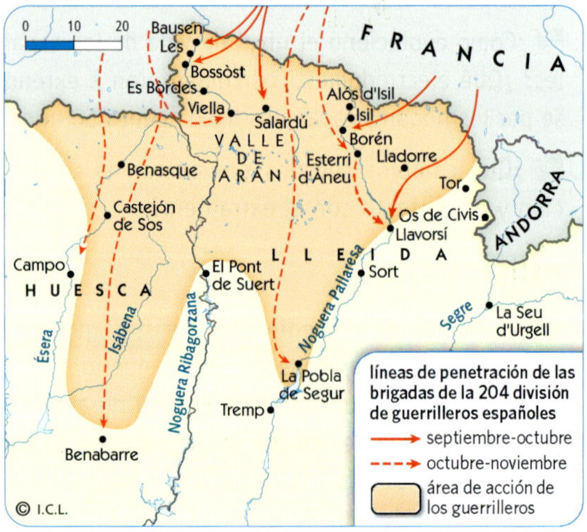

Entre 1939 y 1944, grupos de partidarios de la República, conocidos con el nombre de **maquis**, resistieron escondidos en zonas de montaña, donde realizaban emboscadas armadas con la esperanza de que la derrota de las potencias del Eje causara la caída del franquismo.

En 1944 acometieron su acción más importante, un **intento fracasado** de ocupar el **Valle de Arán** (Lleida). Aunque su actividad fue en descenso, estas partidas de guerrilleros continuaron actuando hasta principios de 1950.

Por otro lado, a partir de 1945, **los partidos de oposición** (PSOE, CNT, UGT, etc.) se reorganizaron **en la clandestinidad**, aunque su actividad era muy limitada. Las primeras acciones colectivas contra el régimen se produjeron en la década de 1950: la huelga general de Vizcaya (1947), la huelga de tranvías de Barcelona (1951) y la de los mineros asturianos (1958), todas ellas duramente reprimidas.

C EL FORTALECIMIENTO DE LA OPOSICIÓN

Los cambios económicos y sociales de la década de 1960 propiciaron el crecimiento de la oposición al régimen, que aumentó numéricamente y se extendió entre nuevos sectores sociales.

El Partido Comunista de España (PCE) fue el más activo en la clandestinidad y participó en la creación de Comisiones Obreras, un sindicato que aunó la demanda de libertades políticas con las reivindicaciones laborales. A partir de 1962, las huelgas se hicieron frecuentes en Asturias, Madrid, Cataluña o el País Vasco.

El Partido Socialista (PSOE) reorganizó su dirección y participó junto a grupos monárquicos y democristianos en la Reunión de Múnich (1962), donde se exigió el paso a una España democrática. El PNV en el País Vasco y nuevas organizaciones en Cataluña (Front Nacional de Catalunya y Movimient Socialista de Catalunya) unieron la demanda de libertades y el restablecimiento de la autonomía.

Los estudiantes universitarios participaron en las protestas contra el régimen, sobre todo en Madrid y Barcelona, formando un amplio movimiento asociativo.

En la Iglesia católica también surgieron voces críticas y grupos cristianos de base organizaron las Juventudes Obreras Cristianas, que participaron en acciones de protesta.

Los orígenes de Comisiones Obreras

Reunidos los delegados de varias empresas (...) se acordó:

1. Que el sindicato al cual se nos obliga a pertenecer (CNS) no goza de la confianza obrera ni defiende los intereses de los trabajadores. (...)

3. (...) Concretar un plan reivindicativo con los siguientes puntos:
   - Salario mínimo de 200 pesetas por ocho horas de trabajo.
   - Libertad sindical, el derecho de tener sindicatos obreros.
   - Que sea reconocido (...) el derecho de huelga.

Comisión Obrera de Barcelona, 1965.

Juan GENOVÉS: *Gente corriendo* (1975), Museo Nacional Centro de Arte Reina Sofía.

DE LA AMNISTÍA A LA MEMORIA HISTÓRICA

Una de las reivindicaciones unánimes de la oposición era una amnistía política, que eximiese de toda responsabilidad a quienes habían sufrido la represión franquista. En 1977, durante la transición a la democracia, se aprobó la Ley de Amnistía.

Años después, la presión de sectores sociales que aspiraban a la verdad, justicia y reparación de esas víctimas, culminó en la aprobación de una Ley de Memoria Histórica (2007).

1. ¿Cuántos republicanos huyeron hacia el exilio? ¿Por qué lo hicieron? ¿Qué destino les esperaba tras cruzar la frontera?
2. ¿En qué consistieron los maquis? ¿Cuál fue su intervención más importante? ¿Por qué decayó su actuación?
3. ¿Qué supuso para los partidos políticos de la oposición el tener que ejercer sus actividades en la clandestinidad?
4. Enumera los diferentes grupos sociales y políticos implicados en la lucha antifranquista a partir de 1960.
5. ¿Qué se entiende por recuperación de la memoria histórica? ¿Cuales son sus objetivos según la ONU y la UE? ¿Qué acciones se llevaron a cabo en España para recuperar la memoria de las víctimas?

Investiga

6. La huelga de tranvías de Barcelona fue una de las primeras protestas ciudadanas de oposición. Consulta en Internet y describe las causas que la motivaron, cómo se desarrolló, quiénes la apoyaban y cuál fue su desenlace.

7 El franquismo en Valencia

Durante el franquismo, Valencia fue recuperándose paulatinamente de los desastres de la Guerra Civil, lo que permitió consolidar un nuevo modelo económico y demográfico. Sin embargo, como en el resto de España, esta expansión no vino acompañada por un avance en derechos sociales ni en libertades políticas.

La larga posguerra valenciana

En el contexto de la política de autarquía y carestía de la década de 1940, nuestro territorio padeció las mismas secuelas de hambre, paro y mercado negro que el resto de España. En la agricultura, la carestía de fertilizantes empeoró las cosechas: la producción de naranja descendió más de una tercera parte. En la industria, aunque no había quedado muy dañada, la política autárquica fomentó la **corrupción** e impidió la normal comercialización de los productos.

Los únicos beneficiados por estas circunstancias fueron las viejas élites sociales (burguesías locales e Iglesia) que crearon, en alianza con los miembros y jefes de Falange, un entramado de **poderes locales y provinciales** que controlaban la vida social valenciana.

En el extremo opuesto se encontraba una enorme masa de trabajadores agrícolas, obreros industriales y empleados de servicios que continuaron padeciendo **condiciones de vida y trabajo muy duras**. Esta situación se agravaba por el enorme terror existente; cualquier queja o manifestación de descontento podía significar la pérdida del empleo, la detención e incluso la cárcel.

Recuperación agraria y modelo industrial y turístico

A mediados de la década de 1950 se inició un período de **recuperación**. En la agricultura, las **exportaciones de cítricos** volvieron a los niveles anteriores a la Guerra Civil; se introdujeron nuevas variedades adaptadas a la demanda, lo que compensó, en parte, la competencia de otros países. Sin embargo, la agricultura fue perdiendo peso en la economía valenciana, como un signo del cambio que iniciaba su estructura productiva.

En cuanto a la industria, que se caracterizaba por ser diversa, basada en productos de consumo básico y que contaba con una mano de obra experimentada, no se modernizó tecnológicamente y por ello **no pudo competir** con otras zonas de Europa. Sin embargo, cuando durante la década de 1960 se produjo un **incremento de la demanda**, los empresarios la aprovecharon contratando más obreros, pero pagándoles unos salarios muy bajos.

Además de las industrias de bienes de consumo también había **industrias pesadas**. Destacaron los altos hornos en Sagunto, los astilleros de Valencia y ciertos sectores que sí eran innovadores, como la industria petroquímica en Castellón y la del aluminio en Alicante.

Una actividad que empezó a ser importante para la economía valenciana fue el turismo y, muy ligado a él, el **sector inmobiliario**. Las favorables condiciones del clima y los bajos precios estimularon la presencia de turistas extranjeros y la demanda de apartamentos en localidades como Benidorm, Torrevieja, Cullera, etc.

Los fusilamientos de Paterna

La villa de Paterna vivió trágicos episodios de la **violencia del régimen franquista**, ya que se produjeron ejecuciones entre 1939 y 1956.

El símbolo de los fusilados en Paterna fue el antiguo rector de la Universidad de Valencia y destacado republicano Joan Baptista Peset. Se le responsabilizó de la gestión del Hospital Militar de Valencia durante la Guerra Civil, y fue condenado a muerte y fusilado en 1941.

Joan Baptista Peset.

ACTIVIDAD INDUSTRIAL EN LA DÉCADA DE 1960

1. ¿Dónde se concentraban las industrias pesadas? ¿Qué tipos de industrias de bienes de consumo predominaban en 1960?

Los cambios demográficos

Las transformaciones en el modelo productivo valenciano provocaron un **proceso migratorio peculiar** en relación al resto de España:

- Entre 1960 y 1975, la región recibió más de 350 000 nuevos habitantes, que procedían, en su mayoría, de las provincias limítrofes: Murcia, Cuenca, Teruel y Albacete.
- También emigraron unos 150 000 valencianos a Francia, Alemania y Suiza, así como a Barcelona y Madrid y sus cinturones industriales.

Además, se produjo un **desplazamiento** desde el interior hacia las zonas costeras y, en especial, a las tres capitales y otros grandes núcleos industriales como Elche, Elda, Vila-real y Ontinyent o incluso turísticos, como Benidorm. Algunas de estas ciudades llegaron a doblar su población; el crecimiento generó numerosos problemas en muchos barrios, relacionados con la escasa calidad de las viviendas.

Entre 1955 y 1970, Elche dobló sus habitantes. En la foto se observa la construcción del puente de Altamira (1963), que unía la zona Este de la ciudad con la Oeste, en plena expansión.

La oposición política y sindical

La **represión franquista** fue muy dura y selectiva, sobre todo en los primeros años. Las continuas redadas policiales impidieron la reconstrucción de organizaciones como el PCE, que no pudo consolidarse hasta la década de 1960. La represión, sin embargo, no impidió que diversos núcleos de **maquis** resistieran hasta finales de la década de 1940, organizados en la Agrupación Guerrillera de Levante.

A partir de 1960 comenzaron a producirse, a raíz de la negociación de los convenios colectivos, las primeras grandes movilizaciones del **movimiento obrero** (huelgas, paros y concentraciones), que estaban organizadas por grupos del **PCE** y de **organizaciones católicas**, como la Hermandad Obrera de Acción Católica (HOAC) y la Juventud Obrera Cristiana (JOC), que darían origen a la creación de CCOO y de la Unión Sindical Obrera (USO).

En el Primero de Mayo de 1967 se produjo en Valencia una de las primeras grandes manifestaciones obreras contra la dictadura.

La **universidad** también fue un foco de oposición de primera magnitud; allí nació el Sindicat Democràtic d'Estudiants del País Valencià.

Igualmente, destacaron **colectivos de artistas** que, a la vez que se mostraban contrarios al régimen, reivindicaban el arte que se hacía en Valencia, como el Equipo Crónica y el Equipo Realidad.

En cuanto a los **partidos políticos**, se fueron reorganizando lentamente en la década de 1960. Destacaron el PCE y los recién constituidos Partit Socialista Valencià y Unió Democràtica del País Valencià. Ya en 1974, estas formaciones políticas confluyeron en una plataforma antifranquista, la **Taula Democràtica**.

La oposición al franquismo

Principios y objetivos de la Taula Democràtica:

1. Restablecimiento de las libertades esenciales, es decir, de expresión, de prensa, de asociación, de reunión y de manifestación.
2. Amnistía total y completa para todas las responsabilidades políticas.
3. Promulgación de un estatuto autonómico que sitúe al País Valencià en condiciones similares a las que obtengan las otras regiones históricas y diferenciadas del ámbito del Estado español.
4. Reconocimiento de la libertad sindical, que significa el derecho de los trabajadores a crear sus propias organizaciones.
5. Adopción de medidas inmediatas para mejorar la situación de las masas populares.
6. Convocatoria e inicio de unas Cortes Constituyentes en un término razonable de seis meses a un año, escogidas por sufragio universal.

Declaración de la Taula Democràtica, 1974.

2. Resume los objetivos de la Taula Democràtica y clasifícalos por temas.

3. ¿Cómo fue la posguerra en las tierras valencianas?
4. ¿Qué rasgos caracterizaron los distintos sectores económicos en la década de 1960? ¿Qué cambios sociales tuvieron lugar?
5. ¿Qué saldo migratorio se obtuvo entre 1960 y 1975?
6. ¿Cuáles fueron los principales focos y medios de protesta contra el franquismo?

COMPLETA EL MAPA CONCEPTUAL

Con la información del tema, completa en tu cuaderno el siguiente esquema:

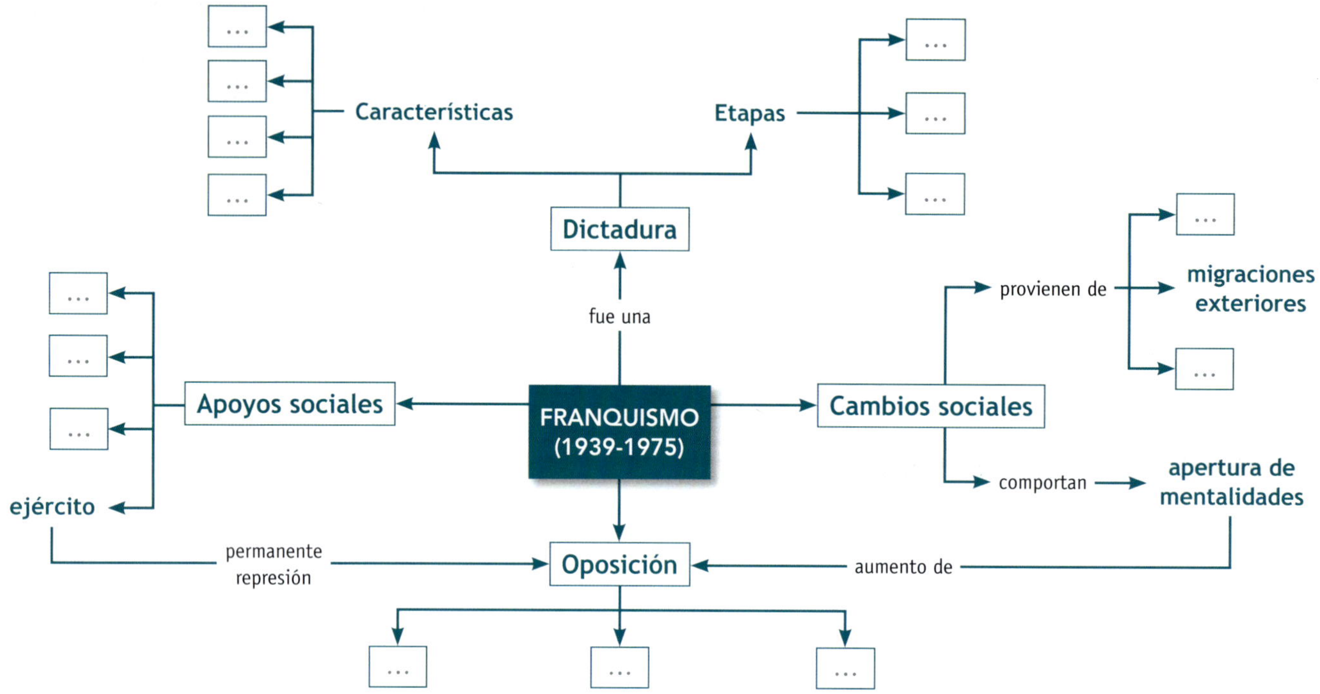

1 CONSOLIDA LO APRENDIDO

a) ¿Sobre qué bases se asentó la dictadura franquista? ¿Por qué hablamos de la represión como sistema durante el franquismo?

b) ¿Cuál fue la evolución internacional del franquismo? ¿Qué etapas diferentes se identifican?

c) ¿Qué fue la autarquía? ¿Cómo era la vida durante la primera posguerra?

d) ¿Cómo se pasó de la autarquía al desarrollismo? ¿Qué grupo tuvo mayor protagonismo en esa época?

e) ¿Cuál fue el papel de la mujer durante el régimen de Franco? ¿Existieron algunos casos en que no fuese así?

f) ¿De qué forma se llegó al final del régimen? ¿Cómo influyeron los cambios sociales producidos desde 1960?

2 DEFINE CONCEPTOS CLAVE

- racionamiento
- democracia orgánica
- maquis
- exiliado
- tecnócrata
- estraperlo

3 ESTABLECE LA CRONOLOGÍA

- acuerdos con Estados Unidos
- Ley de Sucesión
- Ley de Principios del Movimiento Nacional
- condena de la ONU
- concordato
- Código Civil
- asesinato de Carrero Blanco
- Plan de Desarrollo

4 EXPLICA LAS DIFERENCIAS

- autarquía/desarrollismo
- inmovilistas/aperturistas
- Plan de Estabilización/Plan de Desarrollo

5 IDENTIFICA LAS SIGLAS

- FET y de las JONS
- PCE
- CNS
- FRAP
- JOC
- ETA

RESPONDE A LA PREGUNTA INICIAL

¿Por qué el franquismo fue una dictadura?

APRENDE A... CONTRASTAR FUENTES HISTÓRICAS

Los documentos que nos informan sobre el pasado (fuentes históricas) ofrecen diferentes visiones y puntos de vista sobre los hechos que relatan, analizan o valoran. Por ello es muy importante examinar las fuentes, interrogarlas debidamente, evaluar su fiabilidad y contrastar las distintas visiones que ofrecen.

Vamos a analizar la huelga de los mineros asturianos de 1962, en pleno franquismo, cuando las movilizaciones de ese tipo eran ilegales. Para ello presentamos algunos fragmentos de la prensa de la época (franquista, extranjera, de la oposición...), con el fin de descubrir cómo un mismo acontecimiento era presentado de manera diferente según quién lo contaba.

Cartel de la editorial Ruedo Ibérico sobre la huelga minera de Asturias.

Con nosotros está, precisamente, Secundino López, (...) de 25 años, que tiene a honra su condición de asturiano y de minero, que nos ha contado el verdadero fondo del asunto:

"Mire usted; yo he sido uno de los más equivocados. Yo gano unas 6 000 pesetas al mes, y un día, en una reunión, surgió el tema del salario. Luego me he dado cuenta. Aquel forastero, que se decía agente de seguros, fue el que nos envenenó. Nos empezó a contar cosas, a darnos propaganda (...). Que lo que debíamos hacer era negarnos a trabajar. Que las cosas, si no se hacen por la fuerza, no se consiguen y... ¿saben ustedes lo que hemos conseguido? Llevar la intranquilidad durante algunos días a nuestras casas, dejar de ganar un dinero y suscitar rencores. Todo, ¿para qué? Para nada. Porque las mejoras no se consiguen por las malas (...)".

La Vanguardia Española, 12 de mayo de 1962.

Nuestros camaradas de Mieres llevan varios días sin entrar a trabajar. Su causa es justa, es nuestra causa: aumento de salarios. Los precios suben constantemente, los patronos nos engañan con convenios colectivos, el sindicato no nos defiende y nos vende, el Estado responde a nuestras protestas y justas peticiones con la Guardia Civil.

¿Qué hacer? Luchar, siguiendo el ejemplo de nuestros camaradas de Mieres. ¿Cómo? Corriendo la voz, entre los compañeros, de la necesidad de la huelga y organizando la manera de exigir a la empresa y a las autoridades un aumento esencial de salarios. (...)

Frente de Liberación Popular, 1962.

Ni una sola tonelada de carbón fue extraída ayer del famoso pozo de la Nicolasa. La huelga de solidaridad va extendiéndose por las minas de la cuenca (...). Tres compañías de la Policía Armada están desplegándose por la cuenca minera en un intento de controlar y reprimir la huelga.

Le Monde, 16 y 17 de abril de 1962.

En Oviedo, como en Sama de Langreo, no trabaja nadie, ni en el exterior ni en el fondo de los pozos, me dice un minero. Lo que hablan los periódicos son mentiras; la verdad es que la huelga dura ya tres semanas.

Le Monde, 15 de mayo de 1962.

1. Identificación de las fuentes

- ¿De qué tipo de fuentes se trata? ¿Son fuentes primarias o secundarias?
- Identifica a los autores y el nivel de implicación con los acontecimientos relatados.
- ¿Crees que alguna de las fuentes tiene interés en disminuir, exagerar o manipular los hechos? ¿Por qué dirías que es así?

2. Contextualización histórica

- ¿En qué contexto fueron escritas?
- ¿Qué situación política y económica existía en España en ese momento?

3. Contraste de las fuentes

- Consulta la información sobre la huelga minera de 1962 en www.tiching.com/748053 y elabora un breve relato sobre cómo sucedieron los acontecimientos.
- Sintetiza la información que presentan las distintas fuentes y establece similitudes y diferencias entre ellas.

4. Evaluación de las fuentes

- ¿Reconoces argumentos engañosos en alguna de las fuentes? Explica qué objetivo se perseguía manipulando la información de las publicaciones.
- Haz una valoración de la fiabilidad de las diferentes fuentes y argumenta el porqué de tu evaluación.

1 Espacio y tiempo. El conflicto del Sahara

SAHARA OCCIDENTAL

a) ¿Cuál era la relación del Sahara con España? Describe qué zona comprendía la colonia. ¿Cuáles eran los países vecinos? ¿Qué riquezas tenía la zona?

b) ¿Qué fue la Marcha Verde? ¿Por dónde entró en el Sahara? ¿Qué intereses tenía Marruecos para organizarla?

c) ¿En qué difícil situación se hallaba España cuando estalló el conflicto saharaui? ¿Cuál fue la actuación de España?

d) ¿Cómo finalizó el conflicto? ¿Qué dos países se repartieron las tierras del Sahara? ¿Por qué España abandonó la colonia a su suerte?

e) ¿Qué es el Frente Polisario? ¿Cuáles fueron sus reivindicaciones? ¿Dónde instaló sus campamentos?

f) Busca información sobre la situación actual del Sahara y explica si el conflicto está resuelto o aún quedan asuntos pendientes.

2 Fuentes documentales. El "contubernio" de Múnich

El Congreso del Movimiento Europeo (...) estima que la integración, ya en forma de adhesión, ya de asociación, de todo país de Europa exige de cada uno de ellos instituciones democráticas, lo que significa en el caso de España, de acuerdo con la Convención Europea de los Derechos del Hombre y la Carta Social Europea, lo siguiente:

1. La instauración de instituciones auténticamente representativas (...) 2. La efectiva garantía de todos los derechos de la persona humana. (...) 3. El reconocimiento de la personalidad de las distintas comunidades naturales (...).

Resolución publicada por los delegados españoles asistentes al IV Congreso del Movimiento Europeo (junio de 1962).

a) ¿Cuáles fueron las demandas que exigieron los asistentes a esta reunión?

b) ¿Qué estaba ocurriendo en Europa durante estos años? ¿Qué institución actual estaba naciendo?

c) Averigua qué reacciones provocó en España la presencia de opositores en el Congreso del Movimiento Europeo.

3 Fuentes gráficas. Conflictos laborales

CAUSAS DE LA CONFLICTVIDAD LABORAL (1963-1972)

	1963	1964	1967	1968	1970	1972
Político-sociales	16	8	230	54	687	66
Convenio colectivo	202	62	–	–	516	298
Valoración rendimiento	83	71	–	17	38	42
Solidaridad	34	28	38	103	93	156
Mejoras salariales	216	209	56	67	122	152
Otras causas	204	51	177	58	78	179

a) ¿Qué es un conflicto laboral? ¿De qué formas se manifiesta?

b) ¿Cuáles de ellos fueron los más relevantes entre 1963 y 1972?

c) Relaciona esta conflictividad con la evolución del régimen de Franco entre 1960 y 1973.

4 Organización de la información. La balanza de pagos española

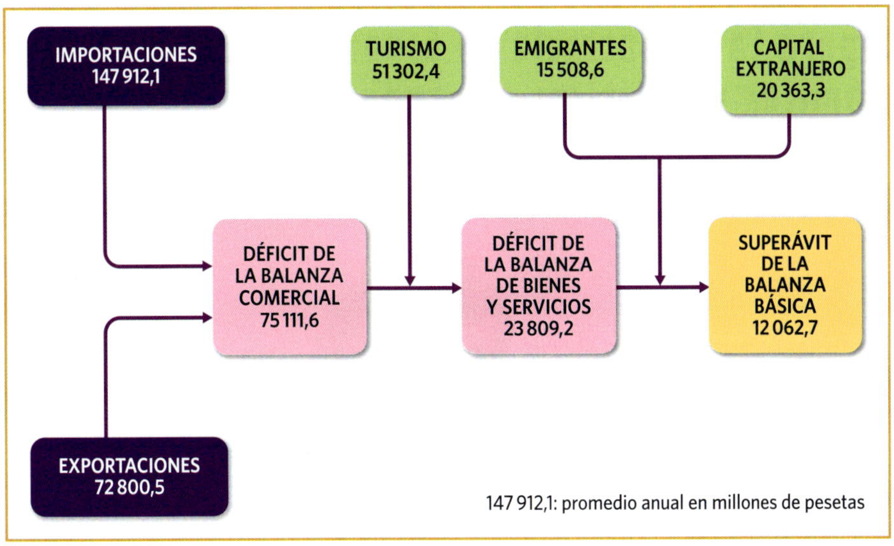

a) Observa con atención el esquema y explica qué son la balanza comercial, la balanza de bienes y servicios, y la balanza básica. ¿En qué se diferencian los tres términos?

b) ¿Cómo era el saldo resultante de la balanza comercial española a principios de la década de 1970? ¿A qué se debía?

c) ¿Cuál era el saldo final de la balanza básica? ¿En qué se diferenciaba de la primera? ¿A qué se debía el cambio?

d) ¿Qué papel desempeñaba la emigración española en Europa para equilibrar el déficit de la balanza básica? ¿Qué otros factores contribuían?

WWW. ESPACIO WEB

5 Búsqueda de información. La canción protesta

En la España franquista de la década de 1960, una serie de cantautores empezaron a expresar en sus canciones la protesta social y el deseo de cambio. Busca información sobre el tema y realiza las siguientes actividades:

a) Cita a los principales cantautores de las décadas de 1960 y 1970, y explica en qué corriente europea se insertaban.

b) Escoge alguna de sus canciones emblemáticas, comenta su contenido e indica cómo cuestionaba la realidad social, política e ideológica del franquismo.

7 Fuentes documentales. El 600

Consulta la información sobre el coche SEAT Seiscientos en www.tiching.com/66087 y www.tiching.com/66090, y contesta:

a) ¿Cuándo se empezó a producir? ¿Dónde? ¿Cuál era su coste? ¿Cuáles eran sus características técnicas?

b) ¿Cómo se hacía publicidad en aquella época del nuevo vehículo? ¿Qué cambios de hábitos sociales propició?

c) Indaga entre familiares o conocidos y resume qué significó el 600 para la generación de la década de 1960.

6 Fuentes audiovisuales. Mujeres antifranquistas

Busca en Internet el documental *Que mi nombre no se borre de la historia*. Visiona la segunda parte, titulada "Bajo el imperio del terror", sobre el papel de las mujeres en la lucha antifranquista. Después, responde a las siguientes preguntas:

a) ¿Qué mujeres narran sus recuerdos? ¿Por qué motivos fueron detenidas? Relata la extrema dureza de la vida de estas mujeres en prisión.

b) ¿Qué función cumplía la Iglesia en el sistema represivo?

c) Comenta y compara cómo trataron la prensa española y la internacional el caso.

d) ¿Cómo recuerdan las protagonistas sus relaciones con el resto de presas y su actividad en la prisión?

e) ¿Quiénes fueron las Trece Rosas? ¿Qué sucedió con ellas? ¿Qué pretendía el régimen con ello?

f) ¿Por qué crees que el documental lleva ese título?

RETOS EN LA RED

DETECTIVE DEL PASADO: La caída del franquismo.

ACTIVIDADES AUTOCORRECTIVAS: Resuelve estas actividades y repasa lo que has aprendido.

www.vvd.link/012382/13

14 TRANSICIÓN Y DEMOCRACIA EN ESPAÑA

¿Cómo se recuperó la democracia en España? ¿Qué cambios sociales, económicos y políticos se produjeron?

TRANSICIÓN (1975–1982) · **DEMOCRACIA** (1982–2015)

- GOB. ARIAS NAVARRO · GOB. SUÁREZ
- UCD: ADOLFO SUÁREZ · L. CALVO-SOTELO
- PSOE: FELIPE GONZÁLEZ
- PP: JOSÉ Mª AZNAR
- PSOE: JOSÉ L. RODRÍGUEZ ZAPATERO
- PP: M. RAJOY

1975 · 1980 · 1985 · 1990 · 1995 · 2000 · 2010 · 2015

CRISIS SOCIAL Y ECONÓMICA · AUGE DEL TERRORISMO · ESTATUTOS DE AUTONOMÍA · CONFLICTOS LABORALES · CRISIS ECONÓMICA

- **1975** Muerte de Franco. J. Carlos I Rey
- **1976** Ley para la Reforma Política
- **1977** *Primeras elecciones democráticas*
- **1978** Constitución
- **1981** Intento de golpe de Estado
- **1982** *Elecciones*
- **1986** Referéndum OTAN. Ingreso en la CEE. *Elecciones*
- **1989** *Elecciones*
- **1993** *Elecciones*
- **1996** *Elecciones*
- **1997** Integración en la estructura militar de la OTAN
- **2000** Ley de Extranjería. *Elecciones*
- **2002** Implantación del euro
- **2004** Atentado en Madrid (11-M). *Elecciones.* Retirada de las tropas españolas de Irak
- **2007** Ley para la Igualdad Mujeres y Hombres
- **2008** *Elecciones.* Crisis económica
- **2011** Movimiento 15 M. Cese actividad armada de ETA. *Elecciones*
- **2015** *Elecciones*

En España, las últimas décadas han significado la recuperación de las libertades democráticas, la descentralización del Estado y la configuración de un país moderno y desarrollado, que se ha integrado plenamente en la Unión Europea.

En primer lugar, las reformas políticas instauraron una monarquía constitucional y parlamentaria, que devolvió la soberanía al pueblo español.

En segundo lugar, las reformas en la organización territorial acabaron con la tradición centralista y crearon la España de las Autonomías.

En tercer lugar, una serie de medidas sociales y económicas equipararon a España con los países de su entorno y asentaron lo que conocemos como Estado del bienestar.

¿Qué sabemos?

- Observa el eje. ¿Cuándo se inició la transición hacia la democracia? ¿Cuándo crees que estuvo completamente asentada? ¿Qué gobiernos se han sucedido? ¿Qué hechos son los más destacables en esos años?
- Describe la ilustración. ¿Qué refleja sobre la sociedad española de la transición?

Juan GENOVÉS: *El abrazo*, 1976.

¿Por qué el franquismo no sobrevivió a Franco?

1 PREGUNTA CLAVE

En el testamento político del general Franco, leído en televión española a todo el país por el jefe de Gobierno Carlos Arias Navarro, el dictador afirmaba haber dejado todo "atado y bien atado" para conservar su obra política y lo esencial del régimen impuesto a España desde 1939.

¿Estaba garantizada la continuidad del franquismo por las instituciones?

¿Qué sucedió para que en menos de dos años el franquismo hubiera sido desmantelado y se estuviese constuyendo un nuevo Estado democrático?

A UN SISTEMA EN CRISIS Y DIVIDIDO

Dos días después de la muerte de Franco, el 22 de noviermbre de 1975, **Juan Carlos I** juró su cargo como Rey de España y en su mensaje dejó entrever su voluntad de promover el **cambio político**. En principio, reafirmó en su cargo de presidente de gobierno a **Arias Navarro**, que se mostró incapaz de llevar a cabo cualquier reforma realmente democrática.

La división dentro del franquismo entre **inmovilistas** y **aperturistas**, que se había iniciado años antes, se convirtió en una verdadera pugna por el poder. Los inmovilistas reafirmaron la necesidad de mantener intocables los principios y las instituciones del franquismo, denunciaron como traición cualquier intento de reforma y se mostraron dispuestos a defender violentamente el franquismo.

Los aperturistas se sentían fortalecidos por el discurso del nuevo rey y presionados por la movilización popular a favor del cambio. Estos sectores aperturistas defendían la necesidad ineludible de iniciar un proceso de reformas que superase el franquismo.

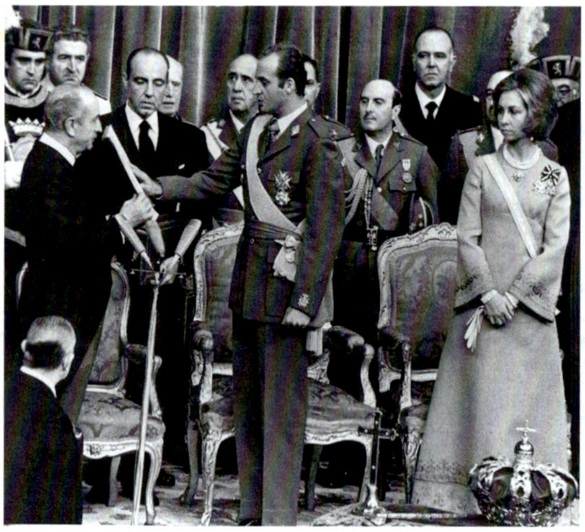

Ceremonia de investidura del Rey Juan Carlos I celebrada en las Cortes; a su lado la Reina Sofía.

@ Para saber más sobre la proclamación del Rey Juan Carlos I, entra en: www.tiching.com/747789

B LA CRISIS ECONÓMICA Y LA PROTESTA SOCIAL

La crisis económica de 1973, provocado por el aumento del precio del petróleo y de las materias primas, llegó a España algo más tarde, dando paso a una profunda recesión económica.

En 1975 ya era evidente que se estaba produciendo un alza continua de los precios (**inflación**), un importante crecimiento del **paro**, un **retroceso del turismo**, que redujo la entrada de divisas, y una disminución de las **inversiones extranjeras**.

La subida de precios y el paro también afectaron directamente al poder adquisitivo de las clases populares y medias. Las dificultades económicas, unidas a las reivindicaciones a favor del cambio político, desencadenaron **protestas obreras**, y las huelgas y las manifestaciones se sucedían.

Quedaba claro que era necesario aplicar otras políticas económicas y reformar profundamente el sistema político del país.

LA EVOLUCIÓN DEL DESEMPLEO EN ESPAÑA

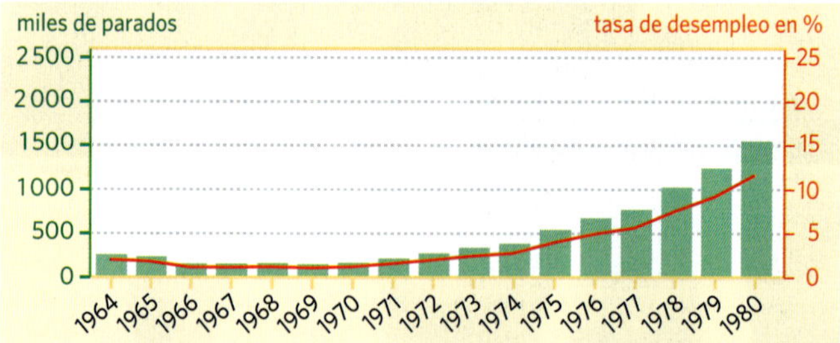

LA VARIACIÓN DE LOS PRECIOS AL CONSUMO EN ESPAÑA

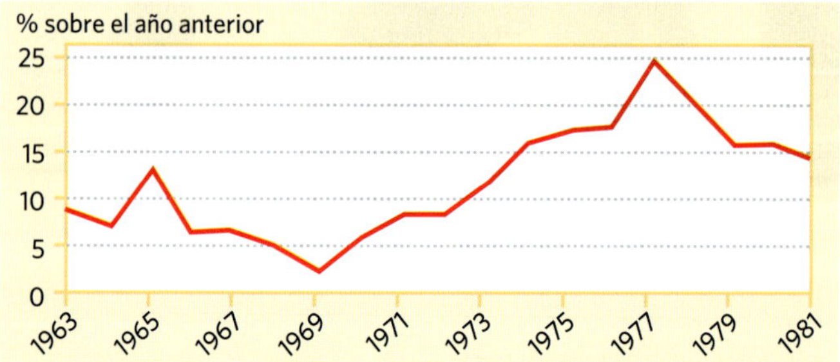

C LA ORGANIZACIÓN DE LA OPOSICIÓN

Para presionar en la calle a favor de la democratización del régimen, los partidos de la oposición se coordinaron en plataformas unitarias (**Junta Democrática** y **Plataforma Democrática**). Todas ellas manifestaron que no aceptarían ningún cambio que no comportase la concesión de una amnistía, el reconocimiento de las libertades y la convocatoria de elecciones libres.

En la calle, las movilizaciones populares en demanda de la democratización del régimen y la amnistía de los presos políticos aumentaron significativamente.

Represión policial contra una movilización popular impulsada por la oposición. Vitoria, marzo de 1976 (fotografía de G. Gallego).

La oposición exige la democracia

1. La formación de un Gobierno provisional que sustituya al actual, para devolver al hombre y a la mujer españoles (...) el reconocimiento de las libertades, derechos y deberes democráticos.
2. La amnistía absoluta de todas las responsabilidades por hechos de naturaleza política. (...)
3. La legalización de los partidos políticos, sin exclusiones.
4. La libertad sindical y la restitución al movimiento obrero del patrimonio del Sindicato Vertical.
5. Los derechos de huelga, reunión y manifestación pacífica.
6. La libertad de prensa, radio, opinión e información (...).
7. La independencia y la unidad jurisdiccional de la función judicial (...).
9. El reconocimiento, bajo la unidad del Estado español, de la personalidad política de los pueblos catalán, vasco y gallego, y de las comunidades regionales que lo decidan democráticamente.
10. La separación de la Iglesia y del Estado. (...)

Declaración de la Junta Democrática, 1974.

D EL AISLAMIENTO INTERNACIONAL

España, Grecia y Portugal constituían tres excepciones, ya que tenían regímenes dictatoriales en Europa Occidental, donde todos los países eran democracias parlamentarias. Debido a ello, España no había sido admitida en la Comunidad Económica Europea (antecedente de la UE) y ni tan siquiera formaba parte de la alianza militar occidental (OTAN).

En 1974 cayó el régimen militar griego, y la Revolución de los Claveles puso fin a la dictadura portuguesa. En estos países se instauraron gobiernos democráticos, que fueron muy celebrados por la oposición española porque los veían como un modelo para España.

Tras la muerte de Franco, el desprestigio internacional del franquismo era evidente, y tanto los países europeos como EE UU veían con buenos ojos una solución parecida a la de Portugal, que acabase con la dictadura e implantase un régimen democrático en España.

El aislamiento del franquismo

Mientras la oposición democrática, todavía en la ilegalidad, obtenía el respaldo de líderes políticos y sindicales de toda Europa Occidental, el régimen de Franco, incapaz de evolucionar y encastillado en las respuestas represivas, concitaba un repudio cada vez mayor de las opiniones públicas europeas. Las últimas ejecuciones del franquismo, el 27 de septiembre de 1975, desencadenaron una oleada de condenas internacionales y la retirada de los embajadores de los países de la CEE.

Carlos Sanz Díaz: *Aislamiento y divergencia democrática: España y el proceso de construcción europea bajo la dictadura de Franco* (1945-1975), 2014.

1. ¿Cuál era la situación política del país a la muerte de Franco? ¿Qué división se consolidó dentro del personal político franquista? ¿Qué dejó entrever el nuevo rey en su toma de posesión?
2. ¿Qué desencadenó la crisis económica de 1973? ¿Qué repercusiones tuvo en España? ¿Cómo afectó a la población?
3. ¿Qué era la Junta Democrática y cuáles eran sus demandas?
4. En el contexto internacional, ¿qué apoyos tenía la dictadura?

Argumenta la respuesta

5. Responde a la pregunta clave relacionando los aspectos que favorecían un cambio de sistema político en España.

2 La transición a la democracia (1975-1977)

El desmantelamiento del franquismo

Ante la presión popular, el rey forzó la dimisión de Arias Navarro y, en julio de 1976, nombró presidente de gobierno a **Adolfo Suárez**, un antiguo falangista que había optado por el aperturismo.

Tras la toma de posesión, el nuevo presidente se mostró decidido a iniciar el camino legal para el desmantelamiento del franquismo de forma pactada y la construcción de un sistema democrático. Para conseguirlo era necesario anular la resistencia de los inmovilistas y atraer hacia el nuevo proyecto a la mayoría de las fuerzas de la oposición.

Suárez buscó el apoyo de la oposición, que acabó aceptando una **ruptura pactada**, es decir, un compromiso entre todas las fuerzas políticas partidarias de instaurar la democracia en España, ya fueran procedentes del franquismo o de la oposición.

En 1976, las Cortes franquistas aprobaron la **Ley de Reforma Política**, que proponía la creación de un Congreso de Diputados y un Senado elegidos por sufragio universal. Esta ley fue aprobada por los españoles en referendum por el 94% de los votantes. La oposición propugnó la abstención, que alcanzó el 22,6% del electorado.

En 1977 se **legalizaron los partidos políticos** (incluido el Partido Comunista) y los sindicatos y se concedió un indulto a los presos por delitos políticos. Numerosos dirigentes de los partidos hasta entonces ilegales retornaron a España desde el exilio.

Las primeras elecciones democráticas

El 15 de junio de 1977 se celebraron en España las primeras elecciones democráticas desde hacía más de cuarenta años, con una elevada participación, que alcanzó el 78% del censo electoral.

Los resultados dieron la mayoría, aunque no absoluta, a **Unión de Centro Democrático** (UCD), el partido creado y liderado por Adolfo Suárez, que había dirigido el proceso de transición. El **Partido Socialista Obrero Español** (PSOE), encabezado por Felipe González, se consolidó como el principal partido de la oposición.

A una mayor distancia electoral se situaron el **Partido Comunista** de España (PCE), liderado por Santiago Carrillo, y **Alianza Popular** (AP), presidido por Manuel Fraga Iribarne.

En el País Vasco y en Cataluña, los **partidos nacionalistas** se configuraron como fuerzas políticas importantes.

Con el consenso de las principales formaciones políticas, la UCD formó el primer gobierno democrático y Adolfo Suárez fue investido presidente. Las nuevas Cortes decidieron iniciar un proceso constituyente y crearon una comisión integrada por representantes de los los partidos políticos para elaborar una Constitución democrática

La ley que inició el fin del franquismo

Art. 1. La democracia en el Estado español se basa en la supremacía de la Ley, expresión de la voluntad soberana del pueblo.

Los derechos fundamentales de la persona son inviolables y vinculan a todos los órganos de Estado.

La potestad de elaborar y aprobar las leyes reside en las Cortes. El Rey sanciona y promulga las leyes.

Art. 2. Las Cortes se componen del Congreso de los Diputados y del Senado.

Los diputados del Congreso serán elegidos por sufragio universal, directo y secreto, de los españoles mayores de edad. (...)

Ley de Reforma Política, 1976.

La legalización del Partido Comunista de España (PCE), en abril de 1977, evidenció la voluntad de integrar a todas las fuerzas políticas en la construcción de la nueva democracia.

LAS ELECCIONES GENERALES DE 1977

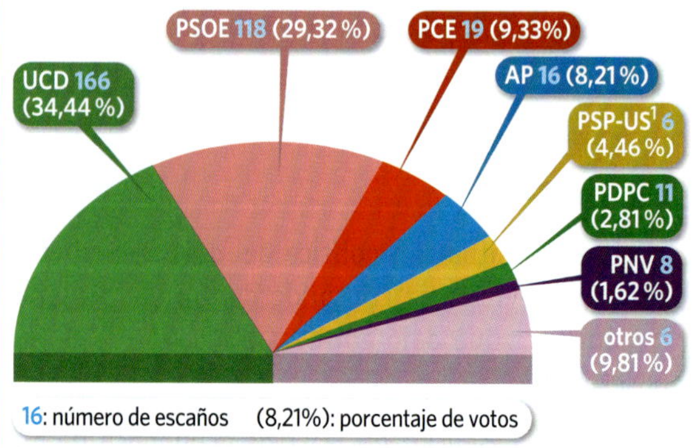

[1] Partido Socialista Popular-Unidad Socialista.

EL GOBIERNO DE LA UCD: DEL CONSENSO A LA CRISIS

Los primeros años del restablecimiento de la democracia fueron de enormes dificultades y estuvieron marcados por una política de consenso, que consistía en llegar a acuerdos entre las diferentes fuerzas políticas y sindicales. Con este telón de fondo, el nuevo gobierno de UCD emprendió una serie de medidas urgentes:

- Nombrar una ponencia parlamentaria integrada por las fuerzas parlamentarias para redactar una **Constitución democrática**.
- Estimular la recuperación de la economía mediante medidas económicas, salariales y laborales acordadas por partidos, sindicatos y organizaciones patronales (**Pactos de la Moncloa**).
- Proceder a una **reforma fiscal** progresiva para incrementar los ingresos del Estado y afrontar así los enormes gastos sociales.
- Decretar una amplia **amnistía** para los presos políticos.

La crisis económica provocó un aumento del malestar social con una proliferación de huelgas y manifestaciones. Por otro lado, UCD tuvo divisiones internas y el liderazgo de Suárez fue cuestionado. Además, en 1980, el PSOE, principal partido de la oposición, presentó una moción de censura al gobierno, que no prosperó.

Ante esta situación, Suárez presentó su dimisión y mientras se votaba en las Cortes la investidura de Leopoldo Calvo Sotelo como nuevo presidente, tuvo lugar un intento de golpe de Estado que fracasó. El nuevo gobierno no pudo frenar el desgaste de UCD y se convocaron nuevas elecciones para 1982.

Ponencia formada por representantes de diversos partidos para elaborar la Constitución de 1978.

EL FRACASADO GOLPE DEL 23-F

El 23 de febrero de 1981, un grupo de guardias civiles, al mando del teniente coronel Antonio Tejero, irrumpió violentamente en el Congreso de Diputados. Paralelamente, el capitán general Jaime Milans del Bosch se sublevaba en Valencia para acabar con la democracia.

La actuación del rey, la falta de apoyo de la jerarquía militar y la unidad de todas las fuerzas democráticas hicieron fracasar el golpe, y sus principales implicados fueron detenidos.

El auge del terrorismo

Mientras la mayoría de las fuerzas políticas y sindicales apostaban por el consenso social, algunos sectores optaron por la violencia (terrorismo) para obstaculizar la consolidación de la democracia.

Por un lado, los nostálgicos del franquismo, integrados por la extrema derecha y algunos sectores militares, crearon agrupaciones armadas y provocaron atentados para desestabilizar el sistema (Guerrilleros de Cristo Rey, la Triple A o el Batallón Vasco Español).

Por otro lado, la extrema izquierda consideraba insuficientes los cambios y apostaba por la vía armada. La principal actividad terrorista provenía de ETA, que realizó numerosos atentados con un elevado número de víctimas. Por otro lado, pequeños grupos de la extrema izquierda: el GRAPO, el FRAP, los Comandos Autónomos Anticapitalistas y Terra LLiure también protagonizaron algunos actos violentos y secuestros.

LAS VÍCTIMAS MORTALES DEL TERRORISMO

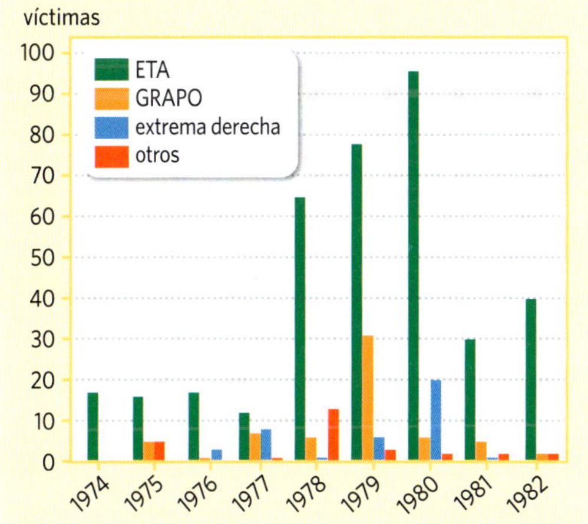

1. ¿Por qué el rey Juan Carlos optó por el cambio de jefe de gobierno? ¿A quién nombró? ¿Qué se esperaba de él?
2. ¿Qué fue la ley de Reforma Política? ¿Por qué hablamos de desmantelamiento del franquismo?
3. ¿Qué papel jugó la oposición democrática en el cambio político? ¿Qué entendemos por ruptura pactada?
4. ¿Cuándo se celebraron la primeras elecciones democráticas? ¿Qué partidos fueron los más votados en las elecciones de 1977? ¿Qué política desarrolló el gobierno de UCD? ¿Por qué entró en crisis el gobierno?
5. ¿Quiénes se oponían a la consolidación de la democracia? ¿Qué actuaciones promovieron? ¿Qué pretendían con ellas?

¿Qué nuevo Estado surgió de la Constitución de 1978?

La nueva Constitución se aprobó en el Congreso y en el Senado, y fue refrendada por la mayoría de los españoles el 6 de diciembre de 1978.

La Constitución adoptó un carácter básicamente progresista, aunque presentaba una cierta ambigüedad, producto del consenso, que permitía que fuera asumida tanto por la izquierda como por la derecha democráticas.

REFERÉNDUM SOBRE LA CONSTITUCIÓN DE 1978

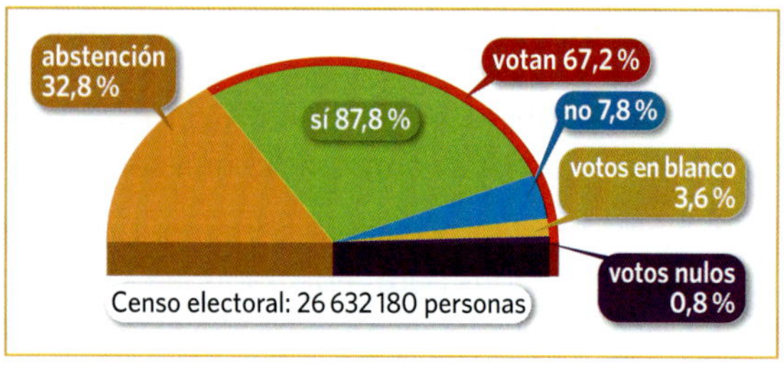

A UNA MONARQUÍA CONSTITUCIONAL PARLAMENTARIA

La Constitución española define el sistema político español y regula el funcionamiento del Estado y de sus instituciones:

- Define el Estado español como un **Estado social y democrático*** de derecho, organizado como una monarquía parlamentaria en la que la Corona tiene básicamente funciones representativas, y en la que el Ejército queda sometido al poder civil.
- Declara que **la soberanía reside en el pueblo**, que la delega en sus representantes, elegidos por sufragio universal, entre las fuerzas políticas (partidos) que se presentan libremente a las elecciones.
- Recoge la **división de poderes**: el legislativo es ejercido por unas Cortes bicamerales (Congreso y Senado), el gobierno ostenta el ejecutivo, mientras que el judicial está en manos de los tribunales.

EL SISTEMA POLÍTICO ESPAÑOL

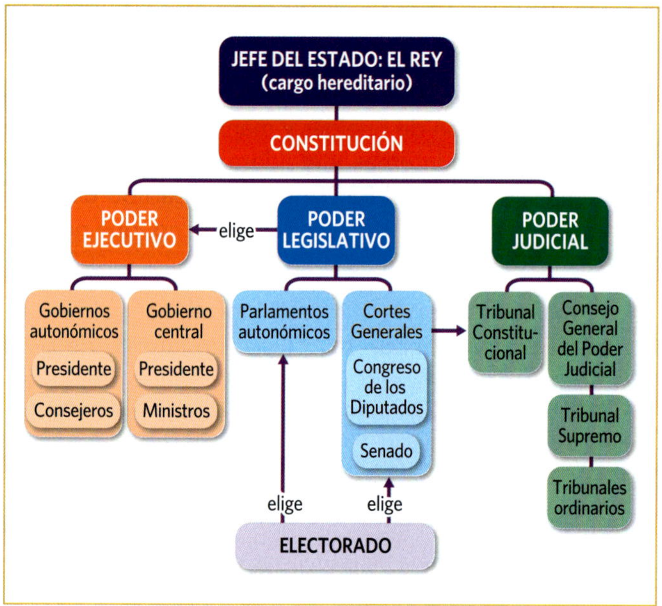

B UN SISTEMA DE DERECHOS Y LIBERTADES

La Constitución garantiza la **igualdad ante la ley** de todos los españoles y españolas, y desarrolla una amplia declaración de derechos y deberes fundamentales, y libertades civiles y políticas. Los principales son:

- Se establece el derecho a la libre formación de partidos políticos, el derecho a la huelga y a la libre sindicación.
- Ampara los **derechos civiles**, como la libertad de expresión, de reunión y asociación, la libertad de culto y el derecho a la vida.
- Establece **derechos sociales**, como el derecho a la educación, al trabajo y a las prestaciones de la Seguridad Social.
- Fija los **deberes** ciudadanos, como la defensa del Estado, el sostenimiento de los gastos públicos y el deber de trabajar.
- Asimismo, fija el carácter no confesional del Estado y la libertad religiosa.
- También suprime la pena de muerte.

Los derechos de los españoles y las españolas

Art. 14. Los españoles son iguales ante la ley, sin que pueda prevalecer discriminación alguna por razón de nacimiento, raza, sexo, religión, opinión o cualquier otra condición o circunstancia personal o social.

Art. 16. Se garantiza la libertad ideológica, religiosa y de culto (...). Nadie podrá ser obligado a declarar sobre su ideología, religión o creencias. (...) Ninguna confesión tendrá carácter estatal (...).

Art. 20. Se reconocen y protegen los derechos a expresar y difundir libremente los pensamientos, ideas y opiniones (...).

Art. 27. Todos los españoles tienen el derecho a la educación. Se reconoce la libertad de enseñanza (...).

Art. 43. Se reconoce el derecho a la protección de la salud (...).

Constitución española, 1978.

C EL ESTADO AUTONÓMICO

El reconocimiento constitucional de la existencia de nacionalidades y regiones con derecho a formar su propio autogobierno comportó la **organización descentralizada** del sistema político español.

En Cataluña, el País Vasco y Galicia, la fuerte reivindicación autonómica supuso el inicio de un proceso preautonómico anterior a la aprobación de la Constitución.

- En Cataluña, en 1977, el presidente Suárez pactó el restablecimiento de la **Generalitat** catalana y el regreso del exilio de su presidente, Josep Tarradellas, que creó un primer gobierno preautonómico.
- En el País Vasco, las negociaciones entre el gobierno y los parlamentarios vascos elegidos en 1977 culminaron en la formación de un **Consejo General Vasco** (1978).
- En Galicia, la primera **Xunta**, con carácter provisional, se creó también en 1978.

Tras la aprobación de la Constitución, se configuraron las 17 Comunidades y dos Ciudades Autónomas (Ceuta y Melilla). Según la Constitución, cada Comunidad y Ciudad Autónoma se rige por su propio **Estatuto de Autonomía**, que fija las instituciones de autogobierno (Parlamento, Gobierno, Tribunal de Justicia...) y las competencias que le corresponden (educación, sanidad, etc.).

Los distintos Estatutos fueron aprobados, entre los años 1979 y 1983, a excepción de los de Ceuta y Melilla, que lo fueron en 1995.

LA ESPAÑA DE LAS AUTONOMÍAS

Manifestación del 11 de septiembre de 1976 en Barcelona. Cerca de un millón de personas salieron a la calle en demanda de libertades políticas y del derecho a la autonomía.

El derecho a la autonomía

Art. 143. En el ejercicio del derecho a la autonomía reconocido en el artículo 2 de la Constitución, las provincias con características históricas, culturales y económicas comunes, los territorios insulares y las provincias con entidad regional histórica podrán acceder a su autogobierno y constituirse en Comunidades Autónomas según lo previsto en este título y en sus Estatutos.

Constitución Española, 1978.

1. ¿Cuáles son los rasgos esenciales de la Constitución de 1978?
2. Explica, en función del esquema, cómo organiza el sistema político español la Constitución de 1978. ¿Qué instituciones son elegidas directamente por los electores? ¿Cuáles lo son de forma indirecta? ¿Qué función principal tiene el Tribunal Constitucional?
3. ¿Cómo se concibe la organización territorial de España? ¿Qué territorios pueden acceder a la autonomía? Explica en qué consiste el Estado de las Autonomías y cómo se constituyó.

Investiga

4. @ Consulta en www.tiching.com/65985 el Título I, Capítulo Tercero de la Constitución, y sintetiza los principios de la política social y económica. Valora si los principios constitucionales están completamente asegurados.

4 Las movilizaciones populares

A lo largo de los años de la transición, la ciudadanía se organizó en numerosas asociaciones cívicas, en partidos y en sindicatos para defender sus derechos y presionar a favor del reconocimiento de las libertades públicas.

Además, la decidida actuación de los ciudadanos en concentraciones y manifestaciones pacíficas impulsó el cambio político. Esta ciudadanía fue protagonista esencial de la consecución y consolidación de la democracia en nuestro país.

A LA LUCHA POR LAS LIBERTADES POLÍTICAS

Las movilizaciones populares, organizadas por los partidos, los principales sindicatos (Comisiones Obreras, CCOO; y Unión General de Trabajadores, UGT), el movimiento estudiantil y diferentes asociaciones fueron constantes durante la década de 1970.

Todas ellas apoyaban las demandas de **libertades políticas** y la **instauración de la democracia**, así como las peticiones particulares de cada colectivo.

En estos años de transición, el **movimiento obrero** desempeñó un papel fundamental en la lucha por las libertades políticas y su actuación se vio estimulada por las consecuencias sociales de la crisis económica.

En todos estos conflictos se unía la reivindicación de reformas salariales y laborales, la demanda de libertad de sindicación y el deseo de democracia en España.

LOS CONFLICTOS LABORALES EN ESPAÑA

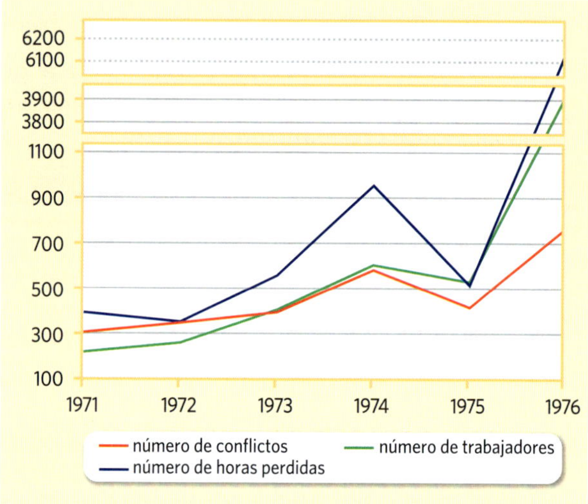

Las demandas sindicales

El año de 1976 da comienzo con una gran ola de conflictividad laboral que ya se había ido gestando meses atrás. CCOO está presente en estos conflictos, al igual que USO, con reivindicaciones sociales y económicas: actuación contra el paro, descongelación de los salarios, etc. Pero también con reivindicaciones políticas, que se resumen en la petición de libertad política y sindical.

Se ha iniciado ya el debate entre unidad y pluralidad sindical (...) y la reclamación del patrimonio sindical.

A. MOZO GAYO: *Constitución y trabajo*, 1995.

Octavilla con las reivindicaciones del sector de la construcción, respaldadas por las fuerzas sindicales en los años de la transición.

B EL COMPROMISO DE LA IGLESIA

Desde la década de 1960, en el seno de la Iglesia española existía una fuerte **corriente crítica** contra el franquismo. En la década de 1970, los sectores católicos más ligados al movimiento obrero y a la oposición democrática colaboraron y animaron muchas de las actividades y movilizaciones de protesta social.

Las parroquias acogieron movimientos cívicos en los que colaboraban los llamados "curas obreros" de los barrios más desfavorecidos. Además, la Iglesia fomentó asociaciones como Justicia y Paz, que denunciaba la represión política y la injusticia social.

Desde 1971, el cardenal Vicente Enrique y Tarancón, presidente de la Conferencia Episcopal, impulsó una política de apoyo a la democratización del país y a la reconciliación entre los bandos enfrentados durante la Guerra Civil.

C LAS MOVILIZACIONES FEMINISTAS

La condición de las mujeres bajo el franquismo había sido especialmente reprimida. Con la transición y la llegada de la democracia, el movimiento feminista pudo organizarse e iniciar una fuerte movilización en defensa de los derechos de las mujeres.

Aunque la Constitución consagraba la igualdad legal de hombres y mujeres, el desarrollo de numerosas leyes estaba por hacer. Cuestiones como el divorcio, el aborto, la igualdad laboral o la violencia de género fueron abordadas por los colectivos de mujeres, que se movilizaron para defender sus derechos.

Manifestación en Sevilla con motivo del Día Internacional de la Mujer Trabajadora, 1978.

D LAS ASOCIACIONES CÍVICAS Y VECINALES

Tras el franquismo, la construcción de la democracia se asociaba también a la reivindicación de una mejora de las condiciones de vida y el aumento de la igualdad entre los ciudadanos.

En estas demandas participaron numerosos colectivos, que crearon distintas asociaciones de carácter cívico, entre las cuales podemos destacar:

- Las **asociaciones cívicas** (asociaciones de padres y madres, sindicatos estudiantiles, etc.) de variado tipo que organizaban a la población en defensa de sus derechos.
- Los **colegios profesionales** (arquitectos, abogados, etc.) que se movilizaron para ofrecer asesoramiento legal, promover cambios urbanísticos...
- Las **asociaciones de vecinos**, que especialmente en los barrios menos favorecidos organizaban a sus residentes en demanda de escuelas, servicios (alcantarillado, pavimentación, electricidad, etc.) y transportes.

Manifestación vecinal en el barrio de San Blas de Madrid contra la subida de los precios y la carestía, 1976.

1. ¿Cómo contribuyeron las movilizaciones sociales a la llegada y consolidación de la democracia?
2. Obseva el gráfico y explica cómo evolucionaron los conflictos laborales durante la transición y en los años posteriores. ¿A qué se debía esta evolución? ¿Cuáles eran las principales reivindicaciones del movimiento obrero?
3. ¿Qué papel tuvo parte de la Iglesia durante la transición?
4. ¿Por qué proliferaron las organizaciones feministas durante la transición? ¿Cuáles eran sus principales reivindicaciones?
5. ¿Qué papel jugaron las asociaciones cívicas? ¿Quiénes las componían? ¿Cuáles eran sus objetivos?

Ponte en su lugar

6. Durante la transición, muchos colectivos se organizaron en defensa de sus reivindicaciones.

   Imaginad que en vuestra clase se organiza una asociación estudiantil.

   - Reuniros en grupos de cuatro y pensad cuáles serían vuestras principales demandas.
   - Elaborad una octavilla que las recoja (debe contener texto y dibujo).
   - Exponed las demandas de cada grupo al resto de la clase y comparadlas. ¿Cuáles son las más repetidas?

5 Los gobiernos de la democracia

Las elecciones de 1982 supusieron un cambio respecto a las fuerzas de la transición. UCD fue desapareciendo y Alianza Popular (convertida más tarde en Partido Popular) se consolidó como la primera fuerza de la oposición. El PCE sufrió un descenso electoral y en él surgieron discrepancias internas, que culminaron con la creación, en 1996, de Izquierda Unida. A partir de esta fecha se fue consolidando un modelo bipartidista en el que se han alternado en el gobierno el PSOE y el PP.

1982-1996: los gobiernos del Partido Socialista

Los socialistas del PSOE, dirigidos por **Felipe González**, gobernaron España durante cuatro legislaturas (1982, 1986, 1989 y 1993). El cambio socialista se concretó en un programa de reformas, que tenía como prioridad la recuperación de la economía, la extensión de los servicios sociales y el ingreso de España en la CEE, que se llevó a cabo en 1985.

Durante los primeros años predominó la **lucha contra la inflación** y se llevó a cabo una profunda reestructuración industrial. Para reducir los efectos sociales de esta política, que llegó a provocar varias huelgas generales, se incrementaron los servicios públicos y las prestaciones sociales, y se dio un gran impulso a las obras públicas (plan de autovías, AVE, etc.).

En política interior, se aprobó una nueva **ley de la enseñanza**, que ampliaba la obligatoriedad hasta los 16 años, se realizó una profunda **reforma del ejército** y se inició una **política antiterrorista**, sobre todo contra ETA.

En los últimos años, el gobierno mostró síntomas de desgaste debido al empeoramiento de la situación económica. Además, el estallido de escándalos políticos, como el de los GAL (grupo armado destinado a combatir a ETA al margen de la ley) y el surgimiento de casos de corrupción debilitaron enormemente al gobierno. Ante esta situación se convocaron elecciones anticipadas en 1996, que fueron ganadas por el Partido Popular.

1996-2004: los gobiernos del Partido Popular

José María Aznar, nuevo dirigente de Partido Popular, gobernó durante dos legislaturas. En la primera legislatura sus esfuerzos se orientaron a la reducción del déficit del Estado, mediante una política de privatización de empresas públicas, y a la disminución del paro. La mejora de la situación económica permitió a España la entrada en el euro en el año 2002.

A partir de los años 2000, el terrorismo etarra se fue reduciendo, hasta el fin de la actividad de la banda armada.

En la segunda legislatura, con mayoría absoluta del Partido Popular en el Congreso, se reformaron algunas leyes del periodo socialista, relacionadas con la **enseñanza**, el **mundo laboral**, la **llegada de inmigrantes** y la lucha **antiterrorista**. En política exterior, se propició el **acercamiento a Estados Unidos**, que comportó el apoyo a la intervención militar en Irak, en marzo de 2003, sin el respaldo de la ONU. Este hecho provocó una gran oleada de movilizaciones en contra de la decisión del gobierno.

En el 11 de marzo de 2004, el radicalismo islámico produjo un terrible atentado en los trenes de cercanías de renfe en Madrid, que provocó 193 muertos y centenares de heridos. En medio de una enorme conmoción social, tres días después, el PSOE ganaba las elecciones.

RESULTADOS ELECTORALES

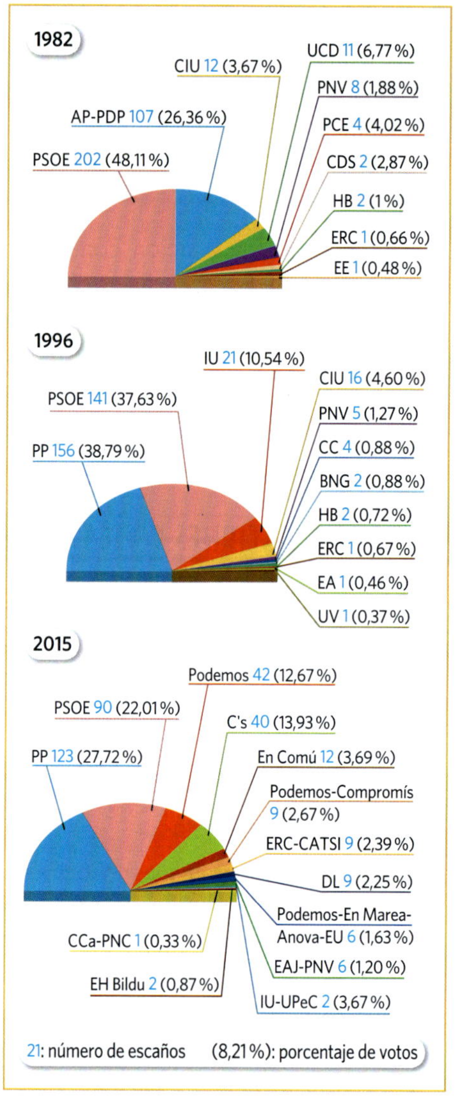

Cartel de propaganda electoral del PSOE en 1982.

Cartel de propaganda electoral del PP para las elecciones de 2000.

2004-2011: el retorno del PSOE, de la prosperidad a la crisis

El socialista **José Luis Rodríguez Zapatero** gobernó durante dos legislaturas. En la primera (2004-2008) se llevaron adelante numerosas reformas. Tras asumir el gobierno, ordenó la **retirada de tropas de Irak**, además impulsó una serie de **normas legales de carácter social**, como la de la igualdad entre hombres y mujeres, la del matrimonio entre personas del mismo sexo, la de ampliación de las ayudas a las personas dependientes, y la ley de extranjería para la regularización de los inmigrantes; además se inició un proceso de revisión de varios estatutos de autonomía.

La segunda legislatura (2008-2011) se vio afectada por la **crisis económica** mundial, que en España se tradujo en un gran incremento del paro, un estancamiento de la producción industrial y de la construcción, una crisis generalizada del sector financiero y un gran aumento de la deuda pública. En este contexto de crisis, en octubre de 2011, ETA anunció un alto al fuego permanente, hecho que abría un camino esperanzador para el fin de la violencia terrorista en España.

Censurado por su actuación frente a la crisis económica, el gobierno convocó anticipadamente elecciones para el 20 de noviembre de 2011.

2011-2015: la nueva legislatura del Partido Popular

Los comicios dieron la mayoría absoluta al Partido Popular y su nuevo líder, **Mariano Rajoy**. La legislatura estuvo marcada por la lucha contra la crisis, la disminución del paro, la reforma laboral y por un esfuerzo de reducción de la deuda exterior y del déficit público.

El gobierno pactó con la Unión Europea los **reajustes presupuestarios** que había que aplicar como condición para la renegociación de la deuda externa. El resultado fue la reducción de las partidas dedicadas a gasto social (dependencia, enseñanza, sanidad...) y la restricción de los derechos de los trabajadores. Todo ello, junto con diversos escándalos de corrupción política, provocó una fuerte contestación social, representada por los "indignados del 15M" y por otros nuevos movimientos políticos y sociales.

Aunque la situación económica se estabilizó a partir de 2014 y la economía tuvo un ligero crecimiento, la creación de puestos de trabajo se está recuperando a un ritmo muy lento.

Las elecciones de 2015: ¿hacia una nueva correlación de fuerzas?

En diciembre de 2015 se celebraron nuevas elecciones que fueron ganadas por el Partido Popular. Sin embargo, los resultados mostraron una clara crisis del sistema bipartidista (PP-PSOE), ya que entre ambos partidos perdieron casi un centenar de diputados y cinco millones de votos.

Además, el panorama político quedó notablemente fragmentado debido a la aparición de nuevas fuerzas políticas como Ciudadanos y Podemos, ésta última heredera en buena parte de los movimientos de protesta social. Ambas fuerzas se presentaron como renovadoras, críticas con la corrupción política y exigiedo una profunda renovación del sistema político.

La Ley de Memoria Histórica

La recuperación de la memoria histórica de todos aquellos que habían sufrido la represión llevó a la elaboración de la Ley de la Memoria Histórica (2007), que instituyó medidas en favor de quienes padecieron persecución o violencia durante la Guerra Civil y la dictadura.

Esta ley se inserta en el conjunto de acciones que la ONU y la UE promueven para recuperar la memoria de todas las víctimas de conflictos, persecuciones o genocidios, como la única manera de aceptar la verdad, cerrar las heridas y avanzar en la reconciliación.

En 2011, además, se promulgó una ley para el reconocimiento de la memoria de todas las víctimas de la violencia terrorista.

El movimiento de los "indignados del 15M" ocupó la Puerta del Sol de Madrid, 2011.

1. ¿Qué reordenación de partidos políticos se produjo a partir de 1982?
2. ¿Cuándo y con qué mensaje alcanzó el poder el PSOE? ¿Cuáles fueron las principales líneas de actuación de los gobiernos socialistas? ¿Qué factores propiciaron la caída del PSOE en 1996?
3. ¿Cuáles fueron las actuaciones de los gobiernos del Partido Popular?
4. ¿Cómo se ha producido la alternancia en el poder a partir del año 2004? ¿Qué problemas han afrontado los gobiernos de las últimas legislaturas?

6 Cambio económico y social a partir de 1985

Las transformaciones económicas

La transformación de la economía se inició con las medidas de ajuste que la CEE (actual UE) exigía para aceptar el ingreso de España.

A partir de 1986, España experimentó un **crecimiento económico** anual superior a la media comunitaria y redujo las distancias con los países más desarrollados. Su Producto Interior Bruto (PIB) aumentó de manera considerable: entre 1996 y 2008, el número de trabajadores se incrementó en casi ocho millones de personas, y la economía conoció un proceso de creciente terciarización.

A pesar del crecimiento, la economía española continuó manteniendo algunos **problemas estructurales**. El déficit de la balanza comercial era elevado, la productividad industrial era baja, y persistía el retraso en la innovación tecnológica. Además, el crecimiento a partir del año 2000 se apoyó excesivamente en el sector inmobiliario. Cuando a partir de 2008 se produjo la crisis económica mundial, la economía española se resintió gravemente.

LA EVOLUCIÓN DEL PIB EN ESPAÑA

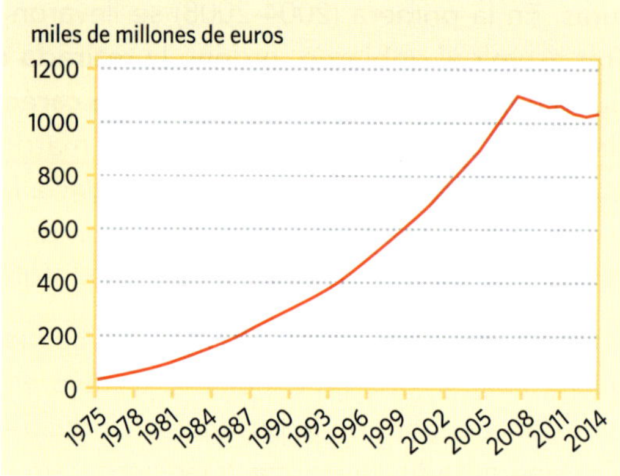

Los cambios demográficos

En las últimas décadas se ha producido en España un notable retraso en la edad de matrimonio y de reproducción, un descenso en el número de nacimientos y, en consecuencia, un **descenso de la tasa de natalidad** (9,2‰ en 2014). Paralelamente, se ha incrementado la esperanza de vida, lo que ha comportado un **envejecimiento de la población**.

El crecimiento natural de la población es actualmente muy bajo (0,7‰ en 2014), aunque la población española aumentó, situándose en los 47 265 321 habitantes en el año 2011, gracias a la llegada de un elevado número de inmigrantes. A finales de 2015, el número de habitantes se ha reducido a 46 524 943, como efecto de la drástica reducción de la immigración e incluso el retorno de parte de ella a sus países de origen, debido a los efectos de la crisis económica de 2008.

LA POBLACIÓN Y EL CRECIMIENTO VEGETATIVO EN ESPAÑA

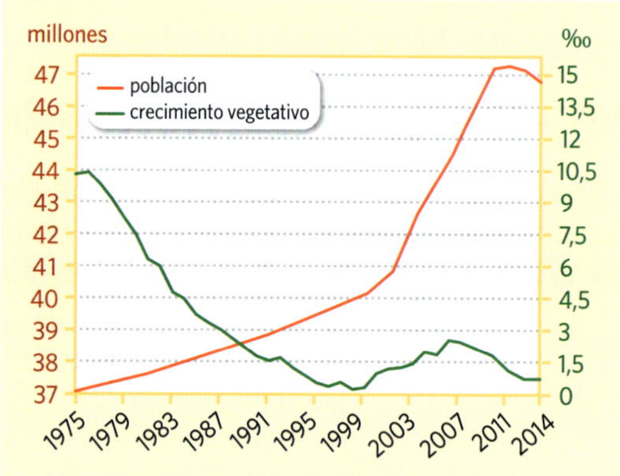

La modernización de la sociedad

En las últimas décadas se ha producido un **incremento de la renta nacional bruta***, que sitúa a España entre los 15 países más ricos del mundo, y que se ha traducido en la mejora de las condiciones materiales y en un aumento del consumo (electrodomésticos, ropa, coche, informática, ocio, vacaciones). Esta tendencia ha declinado desde 2009, también como efecto de la crisis económica.

La estructura familiar tradicional ha evolucionado con el crecimiento de las familias monoparentales, de las adopciones, el reconocimiento de las parejas de hecho y del matrimonio entre personas del mismo sexo. Además, se han regulado el divorcio y la interrupción del embarazo y se ha producido una secularización de la sociedad.

En cuanto a la estructura social, se ha afianzado el predominio de las clases medias urbanas (empleados de servicios, obreros de cuello blanco*, técnicos y profesionales...), que hoy en día constituyen uno de los ejes vertebradores de la sociedad española.

El nuevo papel de las mujeres

En los últimos treinta años se ha producido en España un notable incremento de la participación de la mujer en la vida política, social y laboral. Se han promulgado leyes dirigidas a la protección de la maternidad y a facilitar la conciliación de la vida laboral y familiar o contra la violencia sexista.

Las políticas puestas en marcha han supuesto un avance, pero aún estamos lejos de superar el "techo invisible" que impide a las mujeres situarse en igualdad con los hombres en muchos ámbitos de la sociedad.

ESPAÑA EN LA ESFERA INTERNACIONAL

La instauración de un régimen democrático en España permitió que el país se integrara en organismos internacionales (CEE, OTAN) que estaban vetados a la dictadura franquista.

Sin duda, el hecho más trascendental fue la entrada el 12 de junio de 1985 en la **Comunidad Económica Europea** (posteriormente Unión Europea), que favoreció nuestra integración en uno de los mayores circuitos económicos del mundo y la proyección internacional de nuestro país.

España participó activamente en la consolidación de la unidad europea, que significó el Tratado de Maastricht y la transformación de la Comunidad Económica Europea en la Unión Europea en 1992.

La entrada en la Unión Europea (UE)

Entre 1977 y 1980, y como requisito para su ingreso en la CEE (actual Unión Europea), España ratificó los pactos internacionales sobre Derechos Humanos de las Naciones Unidas y la Carta Social Europea.

Además, realizó, a lo largo de la década de 1980, una reestructuración en profundidad de la economía y la legislación españolas para acercarlas a los países comunitarios.

En compensación, durante casi dos décadas, España ha sido la mayor beneficiaria de los **Fondos de Cohesión***, que han permitido la realización de fuertes inversiones en infraestructuras (autovías, ferrocarriles, aeropuertos...), el desarrollo de políticas de empleo, la promoción de zonas rurales e industriales, y la puesta en marcha de proyectos medioambientales, de innovación tecnológica y de educación.

Desde 2014, España ha dejado de ser beneficiaria de dichos fondos destinados ahora a otros países de la UE que todavía no alcanzan el 90 % de la Renta Nacional Bruta media de la Unión Europea.

LA CONVERGENCIA DE ESPAÑA CON LA UE

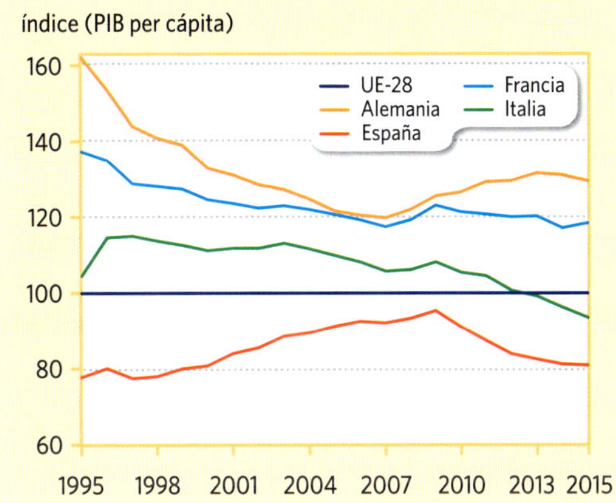

La integración en la OTAN

La incorporación de España a la Alianza Atlántica fue aprobado por las Cortes, con la oposición de los partidos de izquierda, en mayo de 1982.

Con la subida al poder de los socialistas, estos cambiaron de posición respecto a la integración en la OTAN y defendieron el Sí en el referéndum convocado en 1986 sobre la permanencia de España en la OTAN, pero a condición de no integrarse en la estructura militar. El acceso al poder del Partido Popular, en 1996, supuso la incorporación de España a la estructura militar de la OTAN en 1997.

REFERÉNDUM PARA LA PERMANENCIA EN LA OTAN

Votantes	Núm. de votos	%
A favor	9 054 509	52,5
En contra	6 872 421	39,8
En blanco	1 127 673	6,6
Votos nulos	191 855	1,1
Total	**17 246 458**	**59,4**[1]

[1] Porcentaje de votantes respecto al censo electoral total: 29 025 494.

1. ¿Qué evolución ha seguido la economía española en las últimas décadas? ¿Qué debilidades estructurales presentaba?
2. Observa el gráfico de población. ¿Qué ha sucedido con la natalidad? ¿Por qué, sin embargo, ha crecido la población?
3. ¿Cuáles son los cambios sociales más relevantes en las últimas décadas en España?
4. ¿Qué medidas económicas y sociales se llevaron a cabo para preparar la adhesión de España a la Comunidad Económica Europea? ¿Qué ha supuesto para España esa integración?
5. ¿Cómo se produjo la integración de España en la OTAN? ¿Por qué se realizó un referéndum en 1986?

7 Construcción y crisis del Estado del bienestar

Desde 1978, una vez recuperado el sistema democrático, España siguió el camino de los países de Europa Occidental construyendo un sistema social que se conoce como el Estado del bienestar, en el que la democracia no solo otorga derechos políticos, sino también derechos sociales.

La grave crisis de 2008 ha puesto en cuestión en toda Europa, y con mayor crudeza en algunos países como España, las posibilidades de mantener este modelo si no se dedican los recursos necesarios.

Manifestación a favor de la sanidad y la educación públicas. Madrid, 29 de abril de 2012.

A HACIA EL MODELO EUROPEO DEL BIENESTAR

En las últimas décadas se ha consolidado en España el llamado Estado del bienestar, que garantiza a todos los ciudadanos unos niveles mínimos de protección social.

Para ello fue esencial la **Reforma Fiscal** de 1977, en la que se estableció un sistema de impuestos progresivo, según el cual se paga en función de lo que se gana (renta del trabajo), y se consolidó el sistema público de **Seguridad Social**, que aseguraba la atención médica y una jubilación retribuida a todos los ciudadanos.

La obligatoriedad del impuesto sobre la renta de las personas físicas (**IRPF**) y la cotización de los trabajadores a la Seguridad Social permitió al Estado aumentar sus ingresos y proceder a una redistribución de los recursos que garantizase una serie de derechos sociales básicos.

LOS IMPUESTOS EN ESPAÑA

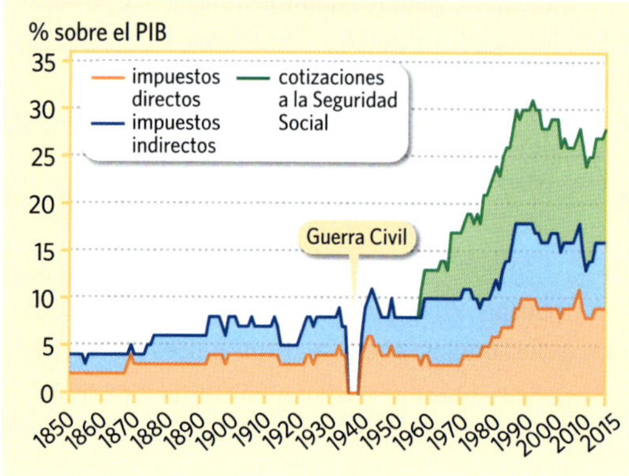

B LOS PILARES DEL ESTADO DEL BIENESTAR

El Estado del bienestar se basa en cuatro grandes ejes de políticas sociales, que conocemos como los **cuatro pilares del Estado del bienestar** y que garantizan los derechos sociales básicos a todos los ciudadanos:

- El sistema de **Seguridad Social**, financiado por empresarios y trabajadores, que da lugar a prestaciones contributivas a los trabajadores y sus familias, como pensiones o protección del desempleo.
- La **atención sanitaria universal** y un porcentaje del gasto farmacéutico es financiado, en parte, con las cotizaciones de los trabajadores y empresarios y, en parte, con impuestos.
- El derecho a la **enseñanza gratuita** hasta los 18 años y financiamiento parcial de la enseñanza universitaria. Sus gastos se cubren mediante los impuestos.
- Los **servicios sociales** para dar respuesta a necesidades, como la protección a la infancia, las pensiones para los que no tienen pensión contributiva, la ayuda a las discapacidades, las viviendas sociales, las ayudas a la dependencia y a las situaciones de exclusión social. Todos ellos son financiados mediante los impuestos.

EL GASTO EN PROTECCIÓN SOCIAL

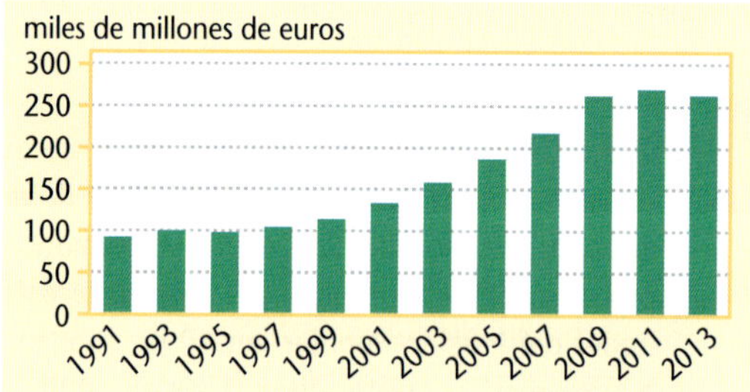

LOS INGRESOS POR COTIZACIONES SOCIALES

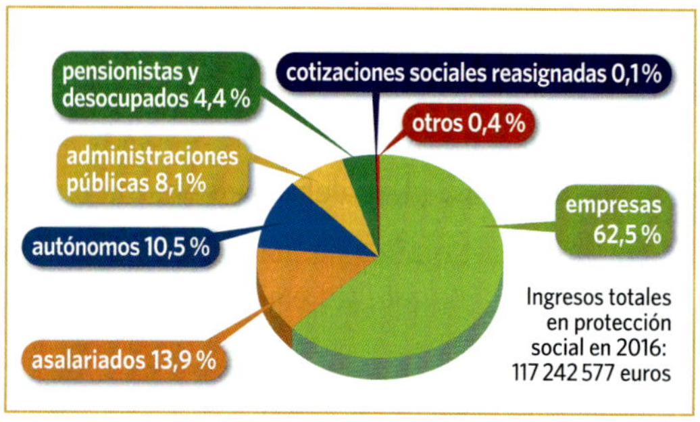

C LA DEBILIDAD DEL ESTADO DEL BIENESTAR EN ESPAÑA

A pesar de los avances realizados en la construcción del Estado del bienestar, España ha mantenido a lo largo de todo el periodo democrático una relativa distancia con los países más avanzados de la Unión Europea.

Esta situación se debe a que España dedica un menor porcentaje del PIB a los gastos sociales que la media del conjunto de los países comunitarios, que se sitúa en torno al 27%. Por ello, cualquier reducción de dicho porcentaje en tiempos de crisis puede afectar gravemente al bienestar social.

EL GASTO SOCIAL EN ESPAÑA Y LA UE-28 EN % DEL PIB

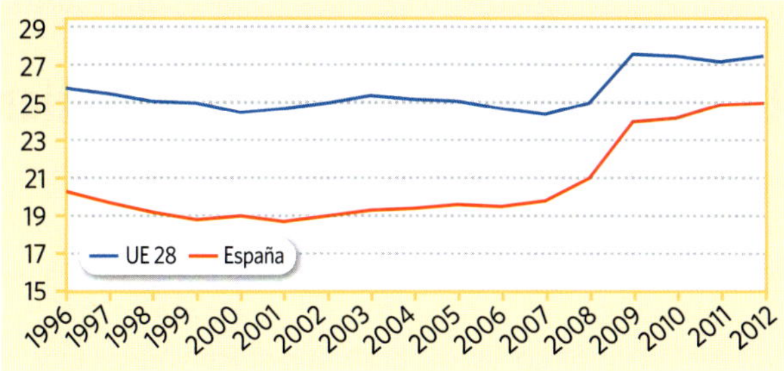

D LA CRISIS DE 2008

En España la crisis del año 2008 afectó muy gravemente al sector inmobiliario y financiero. El gran crecimiento de la construcción de los años anteriores finalizó súbitamente ("burbuja inmobiliaria") y muchas empresas quebraron.

La disminución del ritmo de la construcción afectó a muchas empresas que dependían de ella, lo que provocó que el sector industrial entrara en crisis, generando un gran incremento del paro.

La crisis bancaria se desencadenó como consecuencia del alto coste de la financiación inmobiliaria debido a la especulación. La quiebra de empresas constructoras y el aumento del paro entre los trabajadores llevó al impago de créditos e hipotecas, lo que provocó una enorme cantidad de deshaucios.

La caída de la actividad económica y la falta de fondos europeos se tradujo también en un descenso de los ingresos por impuestos debido a una menor recaudación, tanto sobre las empresas como sobre los salarios, que han descendido notablemente.

Ante estas dificultades de financiación se ha producido una notable **reducción de la inversión** en infraestructuras y unos **recortes generalizados** en los presupuestos de todas las administraciones que han afectado, incluso, a servicios esenciales como la enseñanza y la sanidad.

EL GASTO SANITARIO PÚBLICO EN ESPAÑA

	2009	2010	2011	2012	2013
Millones de euros	70579	69417	68050	64153	61710
Porcentaje sobre PIB	6,5%	6,4%	6,3%	6,1%	5,9%
Euros por habitante	1510	1475	1442	1357	1309

El endeudamiento público

España debe pedir dinero prestado para hacer frente a sus gastos ante el descenso de los ingresos por impuestos.

Durante el periodo entre 2009 y 2012, los intereses por esa deuda se elevaron de una forma espectacular, como consecuencia de los diversos movimientos especulativos que realizaron las finanzas internacionales.

Pagar la deuda y sus intereses consume una gran parte de los recursos nacionales.

1. ¿Qué es el Estado del bienestar? ¿Qué es esencial para poder mantenerlo? Observa la gráfica y explica cómo han evolucionado los impuestos en España.
2. ¿Cuáles son los cuatro pilares del Estado del bienestar? ¿Qué evolución ha tenido el gasto social en nuestro país a partir del año 1991? ¿Cómo se financian las cotizaciones sociales?

Relaciona ayer y hoy

3. Compara la crisis energética de 1973 y la crisis financiera de 2008. ¿Qué semejanzas y diferencias puedes observar? ¿Supusieron ambas una amenaza para el Estado del bienestar?
4. Valora la importancia de mantener el Estado del bienestar y determina tres actuaciones que creas necesarias para poder mantener sus prestaciones.

8 La Comunitat Valenciana en democracia

La Comunitat Valenciana participó activamente en el proceso de transición a la democracia. Dicho proceso tuvo como consecuencia, además, la **formación de una autonomía** compuesta por las tres provincias integrantes de la región de Valencia, y la consecuente creación y consolidación de sus instituciones autonómicas.

La transición en la Comunitat Valenciana

Terminada la larga etapa franquista, se acentuó la **lucha por la democracia**, que en el territorio valenciano fue bastante intensa. Estuvo protagonizada por los diversos movimientos sociales y sindicales, así como por las fuerzas políticas estatales (PCE, PSOE...) y por las valencianas (Unió Democràtica del País Valencià...):

- La **movilización obrera** estuvo encabezada esencialmente por el sindicato CCOO. Hubo también grupos independientes de trabajadores organizados de forma asamblearia, como los del calzado en la comarca del Vinalopó.
- Las **universidades**, tanto las de Valencia como la de Alicante, fueron centros de protesta muy activos.
- El **movimiento vecinal** de los barrios de las grandes ciudades valencianas proclamó el descontento social de amplias capas de la población.

Tras la aprobación de la Ley para la Reforma Política y después de la amnistía y la legalización de partidos, se convocaron las elecciones generales para el 15 de junio, que en la actual Comunitat Valenciana ganó el **PSOE** y no la UCD, una tendencia que se repetiría en las convocatorias de 1979 y 1982.

Consecución y consolidación de la autonomía valenciana

Después de **aprobarse la Constitución** en 1978, que en nuestra Comunitat quedó avalada por un 88,5% de los votos, continuó el proceso para la consecución de la autonomía valenciana. Al no llegarse a un acuerdo entre las diferentes fuerzas políticas para reclamar el acceso a la autonomía por la llamada vía rápida, el proceso se produjo por la vía del artículo 143, o **vía lenta**.

Los enfrentamientos, a propósito de cuestiones de identidad como la lengua, la bandera o el himno, fueron frecuentes, pero se buscaron fórmulas de consenso para que la Comunitat Valenciana pudiera dar cabida a todas las sensibilidades políticas en la formación de su autonomía.

De este modo, todas las fuerzas políticas intervinieron en la redacción de un proyecto de **Estatuto de Autonomía**, que fue consensuado en Benicàssim en 1981 y finalmente aprobado por las Cortes españolas en 1982.

En 1983 se celebraron las primeras elecciones al Parlamento autonómico, en las que el **PSPV-PSOE** obtuvo la mayoría. Este partido gobernó hasta el año 1995, fecha en que el **Partido Popular** ganó las elecciones autonómicas y pasó a dirigir la Generalitat valenciana hasta la actualidad.

Manifestación a favor de la autonomía en Valencia, el 9 de octubre de 1977.

Estatuto de Autonomía (2006)

El Estatuto de Autonomía de 1982 se reformó en el 2006 para otorgar a la Comunitat Valenciana nuevas competencias y más autonomía.

Artículo primero

1. El Pueblo Valenciano, históricamente organizado como Reino de Valencia, se constituye en Comunidad Autónoma, dentro de la unidad de la Nación española, como expresión de su identidad diferenciada como nacionalidad histórica y en el ejercicio del derecho de autogobierno que la Constitución Española reconoce a toda nacionalidad, con la denominación de Comunitat Valenciana.

3. La Comunitat Valenciana tiene como objetivo la consecución del autogobierno en los términos de este Estatuto, reforzar la democracia y garantizar la participación de todos los ciudadanos en la realización de sus fines.

Artículo sexto

2. El idioma valenciano es el oficial en la Comunitat Valenciana, al igual que lo es el castellano, que es el idioma oficial del Estado. Todos tienen derecho a conocerlos y a usarlos y a recibir la enseñanza del, y en, idioma valenciano.

1. Resume estos artículos del Estatuto actual. ¿Qué derechos se garantizan?

La evolución demográfica

La Comunitat Valenciana ha **doblado su población** de una manera gradual en los últimos 50 años. Sin embargo, se trata de una **población envejecida**, a causa de las bajas tasas de fecundidad que se registran. Solamente la incorporación de **inmigrantes extranjeros** a la pirámide de población valenciana ha corregido parte de este proceso de envejecimiento, pues en 2015 representaban el 14% del total de los habitantes de nuestro territorio.

Por lo que respecta a la distribución demográfica, cabe destacar la concentración de población en las tres capitales provinciales, que encabezan unas densas áreas metropolitanas vinculadas a la industria. Además, la zona Alicante-Elche, el golfo de Valencia y el eje Castellón-Vila-real son algunos de los núcleos más poblados de España.

Las transformaciones económicas

Los cambios que ha experimentado la Comunitat Valenciana en materia económica en los últimos 30 años tienen que ver, sobre todo, con la **reestructuración de los sectores productivos**:

- El sector que ha sufrido los cambios de forma más acusada ha sido el **primario**, debido al gran trasvase de mano de obra hacia otros campos. Sin embargo, la capacidad competitiva de los cítricos valencianos ha permitido la permanencia de efectivos en la agricultura.
- Respecto al sector **secundario**, es notable la variedad de industrias que han sabido incorporar procesos de I+D. Es el caso de algunas industrias tradicionales como la textil, la del calzado, la del mueble y la del diseño.
- El peso de la **construcción** ha sido muy grande en la economía valenciana. Además de demandar numerosa mano de obra, ha estimulado industrias paralelas, como la azulejera en la provincia de Castellón.
- La **terciarización** de la economía valenciana se ha impulsado en los últimos años, debido a la modernización de los transportes y de las comunicaciones, así como a la gestión de servicios públicos (sanidad, educación) y privados, a particulares o a empresas.

Todas estas transformaciones llevaron a un notable **crecimiento económico**, que se manifestó en las dotaciones en infraestructuras y en la mejora de la renta per cápita de la población.

Sin embargo, en el desarrollo económico de los últimos años de nuestra Comunitat, ha tenido un peso excesivo la construcción dedicada al turismo y a las segundas residencias, sobre todo en las zonas litorales, hecho que ha tenido importantes consecuencias.

Tras producirse la **crisis económica** de 2008 y estallar la llamada "burbuja inmobiliaria", la economía valenciana se ha mostrado muy vulnerable. De este modo, con la paralización del proceso constructivo y los problemas de la banca, muy vinculada al sector inmobiliario, el **paro** ha aumentado gravemente en la Comunitat y **se ha destruido el tejido productivo**.

EVOLUCIÓN DE LA POBLACIÓN VALENCIANA

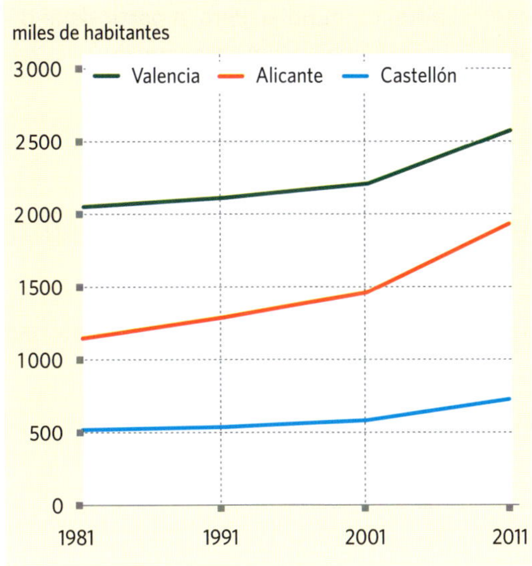

2. ¿Qué datos demográficos nos aporta este gráfico de población?

Municipios como Oropesa del Mar, ejemplifican el auge constructivo, pero también un modelo turístico quizás excesivamente masificado que caracteriza la Comunitat Valenciana.

3. ¿Cuál ha sido la evolución política de la Comunitat Valenciana en democracia?
4. ¿Qué problemas hubo que afrontar para la creación de la autonomía?
5. Elabora cinco puntos que resuman las principales características económicas y sociales de la Comunitat Valenciana en democracia.

9 Las corrientes artísticas del siglo XX en España

El siglo XX ha sido una etapa extraordinaria para el arte español. Podemos distinguir dos grandes fases separadas por el conflicto de la Guerra Civil, que durante años paralizó la conexion de los artistas con el contexto mundial. Pero, a partir de la década de 1950, el arte español cobró una enorme relevancia.

A LA PRIMERA MITAD DEL SIGLO XX

El primer tercio del siglo XX fue una verdadera edad de oro del arte español. Muchos artistas tuvieron relación con las vanguardias, especialmente parisinas y alemanas, y sus obras constituyen patrimonio mundial.

La Guerra Civil y el primer franquismo provocaron el exilio de muchos de ellos y un parón en la renovación artística española.

La renovación escultórica

La escultura anterior a la Guerra Civil tiene, entre otros, dos grandes artistas vinculados al movimiento cubista, que renovaron por completo la escultura.

Son **Pablo Gargallo**, que introdujo el vacío en sus composiciones construyendo figuras cambiantes, y **Julio González**, que trabajó esencialmente el hierro desde la abstracción, partiendo siempre de la figura humana.

Pablo GARGALLO: *El Profeta*, 1936.

La corrientes pictóricas

En España, la pintura del primer tercio del siglo tuvo excepcionales representante de las nuevas corrientes vanguardistas. Sobresalieron los tres grandes nombres del arte contemporáneo: **Pablo Picasso**, **Salvador Dalí** y **Joan Miró**.

Pero también destacaron pintores en todas las corrientes artísticas: Cubismo (**Juan Gris**, María Blanchard), Expresionismo (Gutierrez Solana, Ignacio Zuloaga), Surrealismo (Maruja Mallo, Benjamin Palencia), aunque la mayoría de ellos exploraron en diversas tendencias.

La vanguardia arquitectónica

Las innovaciones de la arquitectura funcionalista y racionalista penetraron con fuerza en España durante la década de 1930.

Fueron los máximos artífices de esta introducción, el ingeniero **Eduardo Torroja**, especialista mundial en construcción en hormigón, y el grupo **GATEPAC** (Grupo de Artistas y Técnicos Españoles para el Progreso de la Arquitectura), en el que sobresalió la figura del arquitecto **Josep Lluís Sert.**

J.L. SERT: *Fundación Maeght*, 1959-1964. El arquitecto continuó trabajando en el extranjero tras la Guerra Civil.

@ Para saber más sobre la obra de Sert, entra en: www.tiching.com/747790

Juan GRIS: *Bodegón con botella de Burdeos*, 1919.

B LA SEGUNDA MITAD DEL SIGLO XX

El triunfo del franquismo supuso un retroceso respecto de las posturas vanguardistas de la década anterior. Las nuevas construcciones siguieron un estilo monumentalista de carácter tradicional, y los artistas más relevantes trabajaban fuera de España.

A partir de la década de 1950 volvieron a surgir grupos ligados a la modernidad y la vanguardia en todos los campos artísticos.

La escultura

Destacaron **Jorge Oteiza**, que fue pionero de la escultura abstracta, y **Eduardo Chillida**, que trabajó materiales como el hierro, la madera y el hormigón, explorando conceptos como la luz o la gravedad.

Eduardo CHILLIDA: *Peine de los vientos*, 1977.

Las nuevas tendencias de la pintura

En la segunda mitad del siglo XX, tres grupos de pintores lideraron el arte contemporáneo en España. En Madrid destacó el grupo **El Paso (Antonio Saura** y **Manolo Millares)**, que desarrolló una pintura informalista con influencia del Expresionismo abstracto. En Cataluña surgió el grupo **Dau al Set**, que evolucionó desde el Surrealismo hasta el Informalismo, y en el que sobresalió **Antoni Tàpies**. En Valencia, el **Equipo Crónica** cultivó una pintura figurativa inspirada en la fotografía, el cartel y el cómic, cercana al Pop art.

También es relevante la aportación de **Antonio López** en el ámbito del movimiento hiperrealista, con escenas de la vida cotidiana y paisajes urbanos con una gran precisión y detallismo.

Dentro de los movimientos de la Posmodernidad sobresale **Miquel Barceló**, el artista español actual con mayor proyección internacional.

Antonio LÓPEZ: *Gran Vía, 1974-1981.*

Miquel BARCELÓ: *Estación de lluvias núm. 3*, 1990.

La renovación de la arquitectura

A partir de la década de 1950 se retomó el camino vanguardista y de la mano de una nueva generación de arquitectos (**José Antonio Coderch, Miguel Fisac...**), que construyeron nuevas edificaciones que reanudaron los principios funcionalistas.

Dentro del movimiento posmoderno que siguió a la década de 1960, destacaron la recuperación del repertorio arquitectónico clásico realizado por **Ricardo Bofill**, el racionalismo ecléctico de **Rafael Moneo** y el avance de la ingeniería en la arquitectura protagonizado por **Santiago Calatrava**.

Rafael MONEO: *Palacio de Congresos y Auditorio Kursaal.* San Sebastián, 1996-1999.

1. ¿Qué grupo arquitectónico introdujo el funcionalismo en España? Cita alguno de sus miembros.
2. ¿A qué movimiento estuvieron vinculados Pablo Gargallo y Julio González? ¿Qué grupos de pintores lideraron el arte de vanguardia en España?
3. ¿Qué artistas o grupos destacaron en la segunda mitad del siglo XX en arquitectura, pintura y escultura?

Aprecia el arte

4. Observa las pinturas de Antonio López y de Miquel Barceló. Son dos paisajes. Descríbelas y compáralas. ¿Qué sentimientos te producen cada una de ellas? ¿Con cuál te identificas más?
5. ¿Qué diferencias de estilo artístico podrías destacar?

10 Arte contemporáneo en la Comunitat Valenciana

Arquitectura

En la arquitectura contemporánea valenciana deben citarse dos nombres propios: Juan José **Estallés** y Santiago **Calatrava**.

Estallés desarrolló importantes proyectos arquitectónicos durante los años 50 y 70 enmarcados en el **funcionalismo** de Le Corbusier. En este sentido, destaca su producción de viviendas unifamiliares, como su propio *Chalet en Godella* o el *Chalet Gil Colomer*.

Santiago **Calatrava** es actualmente uno de los nombres más reconocidos en el panorama arquitectónico mundial. Sus edificios se caracterizan por un diseño estructural escultórico a medio camino entre la arquitectura y la ingeniería, y en los que se advierte la influencia de Antoni Gaudí y de las arquitecturas gótica y romana. Para ello, el arquitecto valenciano se sirve de la geometría y la experimentación tecnológica, aspecto que se vincula con sus estudios en ingeniería civil y que, sin duda, le han servido en la construcción de numerosos puentes.

También ha construido importantes edificios civiles como la Ciudad de las Artes y las Ciencias de Valencia, o el Intercambiador de transportes del World Trade Center de Nueva York, en la denominada Zona cero.

Santiago CALATRAVA: *Ciudad de las Artes y las Ciencias de Valencia*, 1998-2002. Los edificios proyectados suponen uno de los mejores ejemplos de su arquitectura.

1. Busca en Internet alguna otra construcción de Santiago Calatrava realizada en la Comunitat Valenciana y descríbela citando sus principales características.

Escultura y pintura

Durante la primera mitad de siglo, en escultura destacaron Ignacio **Pinazo**, cuya obra en bronce, madera o mármol abrió el camino a la modernidad, y Josep **Ortells**.

En pintura, el segundo tercio del siglo XX estuvo dominado por una pintura paisajista caracterizada por un rico colorido y una pincelada gruesa y enérgica. Los cuadros de Joan **Porcar**, Francesc **Lozano** y Genari **Lahuerta**, autores de paisajes rurales cada vez más esquemáticos, reflejaban los colores y la luz mediterráneos aunque procuraban huir de la influencia de Sorolla.

Durante la Guerra Civil, los carteles se convirtieron en un eficaz vehículo de propaganda política. En este ámbito se distinguió el valenciano Josep **Renau**, cuyas obras reflejan de manera muy evidente su compromiso político y social con la República.

Tras la Guerra Civil, la escultura y la pintura valenciana se desarrollaron bajo el paraguas de diferentes grupos artísticos.

Grupo Parpalló

El **Grupo Parpalló** se creó en Valencia en 1957, impulsado por el crítico Vicent Aguilera Cerni. Destacan el escultor Andreu **Alfaro**, que se centró en la expresividad de la línea y la materia a través de la simplificación de las formas; y el pintor Eusebi **Sempere**, autor más representativo del **arte cinético** en España.

También participó en el grupo el pintor Joan **Genovés**, quien representaba el ser humano con un marcado sentido de denuncia social. Su obra utiliza las técnicas del ***Pop art*** como el *collage*, la fotografía, el cómic o el cine.

Andreu ALFARO: *Monumento a la memoria de Ausiàs March*, 1984. Sus obras, de clara tendencia abstracta, se relacionan con el constructivismo ruso.

Equipo Crónica y Equipo Realidad

El **Equipo Crónica** se creó en 1964 y estuvo formado por tres artistas valencianos: Rafael **Solbes**, Manolo **Valdés** y Juan **Toledo**, aunque este último pronto abandonó el grupo. Su actividad se prolongó hasta 1981, año en que falleció Rafael Solbes.

El Equipo Crónica se caracterizó por denunciar la realidad de su tiempo, transmitiendo un **mensaje crítico** de compromiso político-social. Para desarrollar esta crónica artística, en sus pinturas se utilizaban imágenes tomadas de los medios de comunicación de masas que mezclaban con otras imágenes de la historia del arte, preferentemente de la pintura española del Siglo de Oro.

Un aspecto interesante de este grupo fue su metodología de trabajo, pues como su nombre indica, sus obras eran realizadas en equipo. Solbes y Valdés reflexionaban sobre una temática concreta y posteriormente **pintaban conjuntamente**. También destaca el uso de la técnica del *collage*.

Los pintores valencianos Jordi **Ballester** y Joan **Cardells** formaron el **Equipo Realidad** (1966-1976). Sus obras también partían de presupuestos ideológicos y estéticos similares a los del Equipo Crónica, y utilizaban una técnica pictórica despersonalizada que recordaba la fotografía.

El panorama en la actualidad

En las últimas décadas, nuestra Comunidad ha vivido una intensa creatividad, impulsada en gran medida por el Institut Valencià d'Art Modern (**IVAM**), creado en el año 1989, que juega un importante papel en el panorama artístico español.

En este sentido, destacan figuras tan importantes como Carmen **Calvo**, Soledad **Sevilla**, Jordi **Teixidor** y Ángeles **Marco**, entre otros artistas, que mediante diferentes manifestaciones artísticas tratan de dar una visión propia de la realidad.

Soledad SEVILLA: *El tiempo vuela*, 1998.

Equipo CRÓNICA: *Vallecas melody*, 1972. Sus pinturas se inspiraban en el cómic y el cartel.

Equipo REALIDAD: *El ladrón de Bagdad*, 1969. Preconizaban el compromiso político a través del *Pop art*.

2. ¿Qué arquitectos valencianos destacan en el siglo XX? Cita alguna obra de cada uno de ellos.
3. ¿Qué grupos artísticos se formaron durante la segunda mitad del siglo XX en la Comunitat Valenciana? Cita a sus principales autores.
4. ¿Qué institución artística ha impulsado en arte valenciano a partir de las últimas décadas del siglo XX?

COMPLETA EL MAPA CONCEPTUAL

Con la información del tema, completa en tu cuaderno el siguiente esquema:

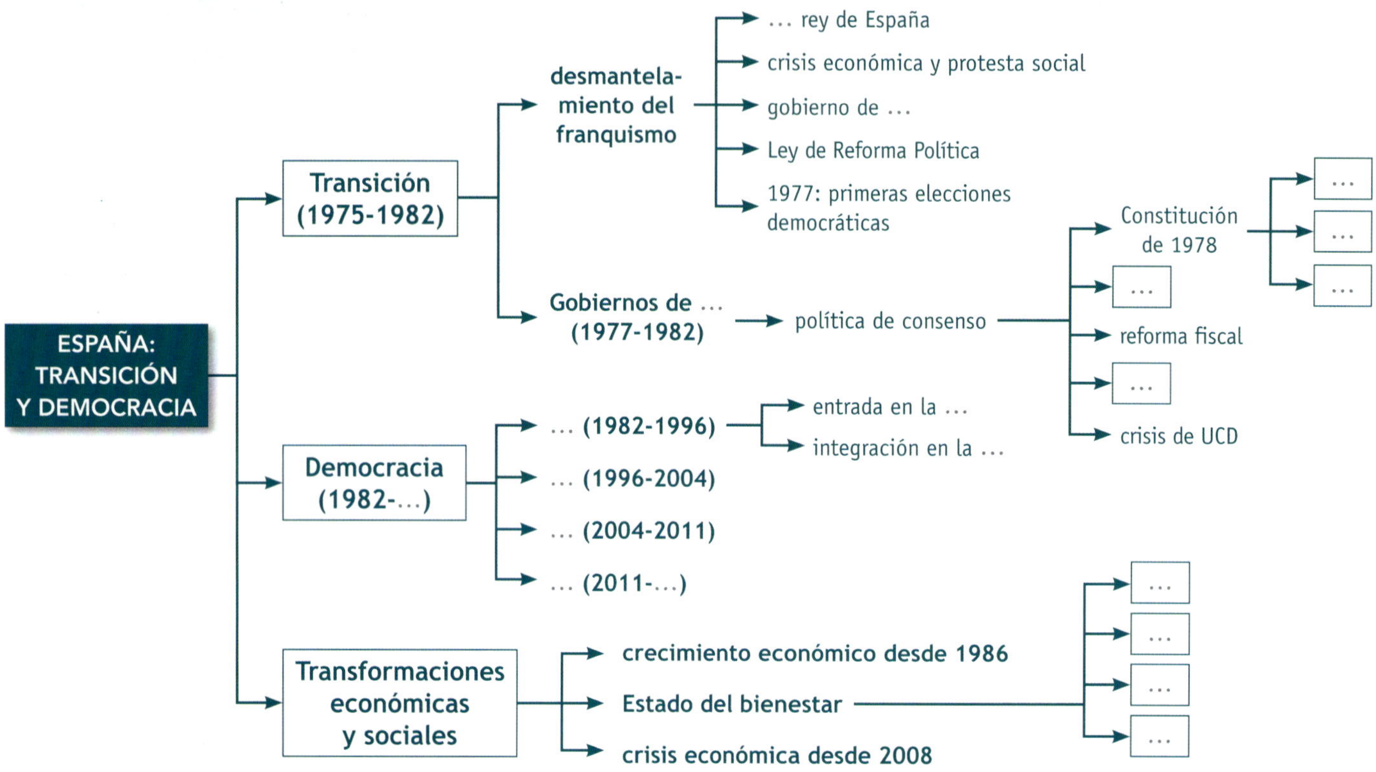

1 CONSOLIDA LO APRENDIDO

a) ¿Por qué el franquismo no sobrevivió al dictador? ¿Qué fue la transición democrática?

b) ¿Cómo desmanteló el gobierno de Adolfo Suárez el régimen franquista? ¿A qué obstáculos tuvo que hacer frente?

c) ¿Qué papel desempeñaron las movilizaciones populares en el fin del franquismo y la consolidación de la democracia?

d) ¿Cómo define la Constitución de 1978 al Estado español? ¿Qué es el Estado de las Autonomías?

e) ¿Qué partidos han formado gobierno desde la instauración de la democracia? ¿Cómo se han alternado en el poder? ¿Cuáles han sido sus principales acciones de gobierno?

f) ¿Qué reformas tuvo que llevar a cabo el Estado español para entrar en la CEE? ¿Cuándo se hizo efectivo su ingreso? ¿En qué año se implantó el euro? ¿Cómo se produjo la entrada de España en la OTAN?

g) ¿Qué evolución han seguido la economía y la demografía españolas en las dos últimas décadas? ¿Y las pautas de conducta de la sociedad?

2 DEFINE CONCEPTOS CLAVE

- Transición
- política de consenso
- Estado del bienestar
- Estado autonómico
- Pactos de la Moncloa
- ruptura pactada

3 ESTABLECE LA CRONOLOGÍA

- golpe de Estado del 23 febrero
- referéndum sobre la OTAN
- primeras elecciones generales
- aprobación de la Constitución
- entrada en la CEE
- asesinatos de Atocha
- implantación del euro
- atentados del 11 M

4 IDENTIFICA LOS PERSONAJES

- Adolfo Suárez
- Felipe González
- José Luis Rodríguez Zapatero
- Santiago Carrillo
- José María Aznar
- Mariano Rajoy

RESPONDE A LA PREGUNTA INICIAL

¿Cómo se recuperó la democracia en España? ¿Qué cambios sociales, económicos y políticos se produjeron?

APRENDE A... ANALIZAR EL SISTEMA ELECTORAL ESPAÑOL

El organigrama que te presentamos muestra el sistema electoral que permite la elección de las instituciones y organismos más importantes del Estado. Los organigramas son una forma sencilla, clara y visual de representar cuestiones, en ocasiones, complejas.

@ Amplía en la Red...

Para saber más sobre sobre el sistema D'Hondt, entra en: www.tiching.com/65036

LAS ELECCIONES E INSTITUCIONES DEL SISTEMA DEMOCRÁTICO ESPAÑOL

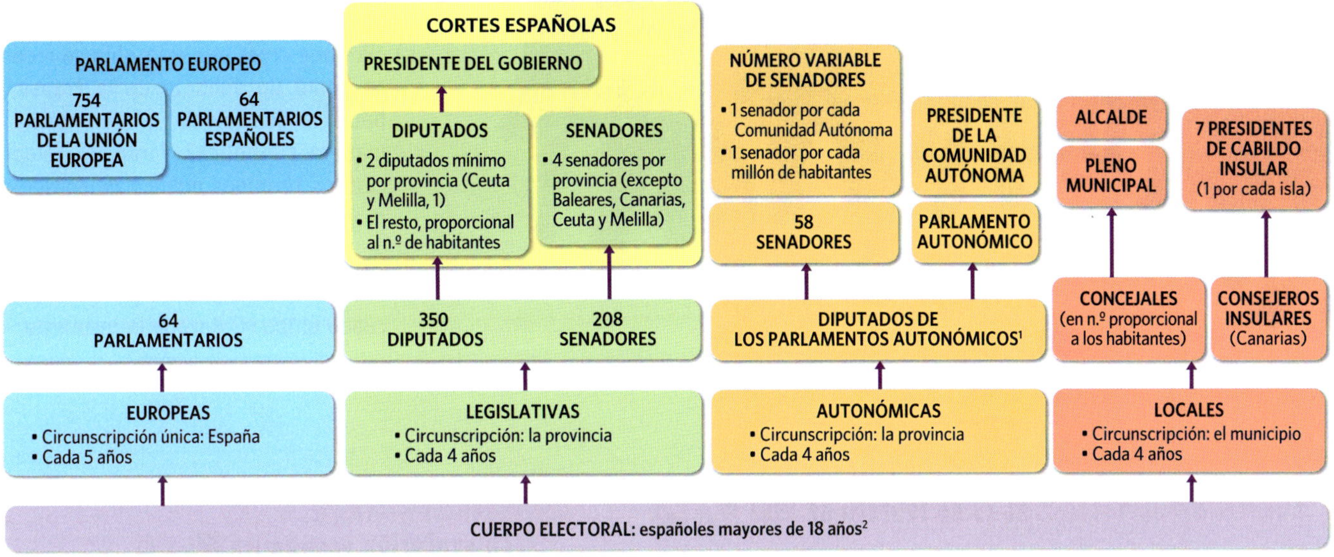

[1] Los Consejos insulares de Mallorca, Menorca e Ibiza/Formentera están integrados por diputados del Parlamento Autonómico Balear.
[2] En las elecciones europeas y en las locales pueden votar los ciudadanos de la UE residentes en España.

1. Presentación

- ¿De qué trata el organigrama?
- ¿Quién tiene la soberanía en el sistema político español? ¿Quiénes pueden votar? ¿A quiénes pueden votar?
- ¿Qué cuatro grandes tipos de elecciones hay?
- ¿Cada cuánto tiempo se realiza cada elección? ¿Qué circunscripción existe en cada una? ¿Quiénes y en qué número son los elegidos en cada una de las elecciones?
- ¿Qué organismos constituyen los elegidos en cada una de las elecciones? ¿Qué dos cámaras se forman en las elecciones legislativas? ¿Qué papel realizan los parlamentos autonómicos en la elección de senadores?
- ¿Quién tiene la atribución de elegir al presidente del gobierno? ¿Y a los alcaldes?

2. Análisis

- Consulta el tiching que te presentamos y explica cómo se adjudican los escaños según el sistema D'Hondt. ¿Qué ventajas e inconvenientes tiene?
- ¿Qué atribuciones o funciones tiene cada una de las instituciones elegidas por la soberanía popular?
- ¿Existe elección directa del jefe de gobierno? ¿Y de los alcaldes? ¿Por qué decimos que en nuestro sistema se eligen opciones políticas y no personas concretas? ¿Quién crees que puede formar gobierno?

3. Valoración

- Valora por qué hablamos de democracia representativa. Averigua qué críticas hacen los que propugnan una democracia más participativa.

RAZONA HISTÓRICAMENTE

Argumentación. ¿Qué ha supuesto para la ciudadanía española el tránsito de un sistema político dictatorial (franquismo) a una democracia parlamentaria?

Causalidad. ¿Qué importancia tuvo el contexto internacional para que la transición hacia la democracia fuera posible? ¿Por qué España no pudo ingresar en la CEE antes de 1975?

1 El arte en su contexto: Un abrazo para la reconciliación

Juan GENOVÉS: *El abrazo*, 1976.

a) ¿Cuándo se realizó esta obra y quién es su autor? ¿Cuál era el contexto político de aquel momento?

b) ¿Qué observas en la obra? ¿Qué parecen hacer? ¿Es una imagen de felicidad? ¿Por qué crees que estan los personajes de espaldas?

c) ¿Por qué crees que esta obra se reconoce como un símbolo de la transición hacia la democracia? ¿Qué expresa de manera simbólica? Ponlo en relación con los términos *política de consenso* y *reconciliación*.

d) Averigua dónde se halla ubicado actualmente este cuadro. ¿Te parece adecuado el lugar? Razona la respuesta.

2 Fuentes documentales. El 23 de febrero de 1981

Ante la situación creada por los sucesos desarrollados en el Palacio del Congreso y para evitar cualquier posible confusión, confirmo que he ordenado a las autoridades civiles y a la Junta de Jefes de Estado Mayor que tomen todas las medidas necesarias para mantener el orden constitucional dentro de la legalidad vigente. Cualquier medida de carácter militar que en su caso hubiera de tomarse, deberá contar con la aprobación de la Junta de Jefes de Estado Mayor.

La Corona, símbolo de la permanencia y unidad de la patria, no puede tolerar en forma alguna acciones o actitudes de personas que pretendan interrumpir por la fuerza el proceso democrático que la Constitución, votada por el pueblo español, determinó en su día a través de referéndum.

Alocución televisada del rey Juan Carlos a la 1:30 horas del 24 de febrero de 1981.

a) ¿De qué tipo de fuente se trata? ¿Crees que es una fuente primaria? ¿Qué persona pronuncia la alocución? Ubícalo cronológicamente.

b) ¿Qué situación se describe? ¿Cuál es la posición del monarca? ¿Qué medidas ha tomado? ¿Qué defiende?

c) ¿A qué momento histórico corresponde el documento? ¿Qué estaba sucediendo? Valora la trascendencia de la posición del rey y relaciónala con los hechos.

3 Fuentes gráficas. La evolución económica

LA INFLACIÓN Y EL PARO EN ESPAÑA

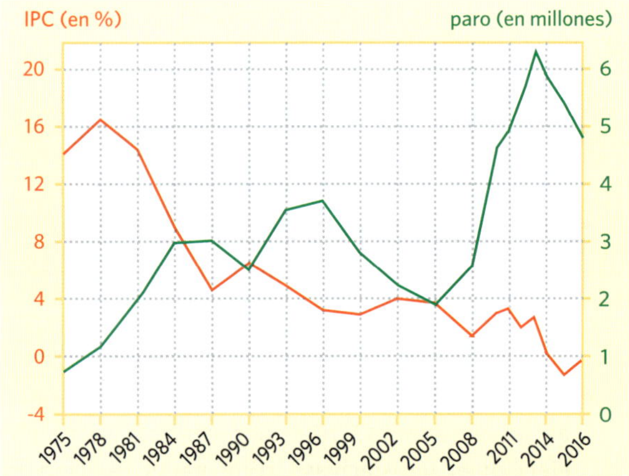

a) ¿Qué tema trata el gráfico? ¿De qué época? ¿Qué variables muestra?

b) Analiza la evolución de las dos variables durante las últimas décadas. ¿Qué nos indican sobre la coyuntura económica española? ¿Qué periodos de recesión económica puedes observar? ¿Cuál es el principal indicador?

c) Explica las causas de la disminución del paro a partir de 1996 y las de su fuerte incremento a partir de 2008.

4 Organización de la información. Los gobiernos democráticos

Completa en tu cuaderno el cuadro y actualízalo si es necesario:

LOS GOBIERNOS DE LA DEMOCRACIA

	Etapas de gobierno	Presidentes de gobierno	Principales actuaciones	Política exterior
UCD	...	...	...	...
PSOE	...	...	...	...
PP	...	...	...	...

5 Fuentes iconográficas. El rechazo a ETA

Manifestación en Bilbao, junio 2009.

a) Describe la foto. ¿Qué aparece en primer término? ¿Qué leyenda se observa? ¿En qué idiomas?

b) ¿Qué orígenes tuvo ETA? ¿Cuál fue su actitud en la transición y el periodo democrático? ¿Qué consecuencias tuvo su actividad? ¿Por qué la pancarta contrapone libertad a ETA?

c) ¿Qué resultados tuvieron la acción policial y la movilización ciudadana contra ETA? ¿Cuál es la situación actual?

6 Espacio y tiempo. La transición

Dibuja en tu cuaderno un eje cronológico de 1975 a 1982. Coloca en el lugar correspondiente los siguientes hechos:

gobierno de Arias Navarro • legalización de los partidos políticos • matanza de Atocha • primeras elecciones democráticas • muerte de Franco • promulgación de la Constitución • asalto al Congreso de los Diputados

WWW. ESPACIO WEB

7 Fuentes estadísticas. Las elecciones municipales

Consulta en www.tiching.com/66107 los resultados de las elecciones municipales de 2015 relativos a tu municipio:

a) ¿Cuántos votantes integraban el censo electoral? ¿Cuántos se abstuvieron? ¿Hubo votos en blanco y nulos? ¿En qué casos se considera un voto como nulo? Explica las diferencias entre abstención, voto en blanco y voto nulo.

b) ¿Qué partidos políticos se presentaron? ¿Había alguno de filiación estrictamente local?

c) ¿Cuáles fueron los resultados? ¿Qué número de concejales correspondió a cada partido? ¿Cuántos concejales se elegían? ¿De qué depende su número?

d) ¿Qué partido o coalición formó el gobierno municipal? ¿Obtuvo mayoría absoluta?

e) Reuníos en grupos de trabajo y escribid una carta al alcalde exponiéndole qué aspectos del municipio podrían mejorar y qué actuaciones podría emprender para conseguirlo.

8 Fuentes audiovisuales. La situación de las mujeres

Visiona en www.tiching.com/66109 un vídeo sobre los estereotipos masculino y femenino:

a) ¿Qué estereotipos sobre el papel del hombre y de la mujer se mantienen en la sociedad actual?

b) Selecciona en el vídeo alguna de las frases más comunes sobre el rol de la mujer en nuestra sociedad. ¿Qué realidad muestran?

c) ¿Crees que entre los más jóvenes siguen vigentes estos estereotipos de género? Razona tu respuesta.

d) Sintetiza qué conquistas se han conseguido en las últimas décadas y qué desigualdades o problemas continúan vigentes.

RETOS EN LA RED

MINI UNIDAD VISUAL: "Se busca presidente".

ACTIVIDADES AUTOCORRECTIVAS: Resuelve estas actividades y repasa lo que has aprendido.

www.vvd.link/012382/14

15 EL MUNDO ACTUAL

¿Qué transformaciones se han producido desde 1990 en el mundo? ¿A qué retos se enfrenta la humanidad?

- **1990** Guerra del Golfo. Tratado de unificación de Alemania
- **1991** Disolución de la URSS
- **1992** Tratado de Maastricht y fundación de la UE. Inicio de la Guerra de Bosnia
- **1994** Guerra entre tutsis y hutus en Ruanda
- **1995** Acuerdos de Dayton; fin de la Guerra de Bosnia. Entra en vigor el Acuerdo de Schengen
- **1996** Crisis alimentaria de las "vacas locas"
- **1998** Guerra de Kosovo
- **2001** Atentados 11-S (Nueva York). Invasión de Afganistán por EE UU y la fuerza internacional
- **2002** Entrada en circulación del euro
- **2003** Inicio de la Guerra de Irak
- **2004** Atentados de Al Qaeda en Madrid
- **2005** Atentados de Al Qaeda en Londres
- **2007** La UE pasa a tener 27 miembros
- **2008** Inicio de la crisis económica mundial. Atentados fundamentalistas en Bombay
- **2011** "Primaveras árabes". Fin de la Guerra de Irak
- **2013** La UE pasa a tener 28 miembros
- **2015** Atentados del Dáesh en París
- **2016** Atentados del Dáesh en Bruselas

Atentado contra las Torres Gemelas. Nueva York, 2001.

El hundimiento de la URSS dio lugar a la desaparición de los bloques y a una nueva era en las relaciones internacionales, en la que Estados Unidos se postulaba en la década de 1990 como la única superpotencia mundial.

Pero las relaciones internacionales han llevado en el siglo XXI a un mundo más multipolar, con la aparición de nuevas potencias emergentes, como China, y con un papel relevante de Europa o la nueva Rusia.

Por último, ese "nuevo orden" internacional no significa ausencia de tensiones, mayor justicia o desaparición de los conflictos armados. La pobreza, los enfrentamientos étnicos y los fanatismos religiosos, tales como el islamismo radical, ensombrecen el panorama del siglo XXI.

¿Qué sabemos?

- Observa el eje. ¿Cuándo se inició el fin de los bloques? Cita dos hechos significativos. ¿Qué cambios se produjeron en Europa en los años 90? ¿Cuáles han sido los conflictos más graves de las dos últimas décadas?
- Describe la imagen. ¿Qué hecho está reflejando? ¿En qué ciudad? ¿En qué año? ¿Qué trascendencia tuvo ese hecho en el mundo actual?

¿Por qué a principios de 1990 se acabó la división

A principios de la década de 1990, la geopolítica mundial cambió por completo. Desde finales de la Segunda Guerra Mundial, el mundo estaba dividido en dos bloques: el capitalista y el socialista, comandados, respectivamente, por las dos superpotencias, EE UU y la URSS. Pero las reformas de Gorbachov en la URSS y en el conjunto del bloque soviético, y la propia crisis de ese bloque, produjeron un rápido desmoronamiento del bloque socialista, sin guerras ni excesiva violencia.

A LA CRISIS EN EUROPA ORIENTAL

El **movimiento** que acabaría con los regímenes comunistas en la Europa del Este se inició en **Polonia**. **En el nuevo ambiente reformista, auspiciado por la política de Gorbachov en la URSS**, se convocaron unas elecciones en 1989, cuyo vencedor fue el sindicato católico Solidaridad, que se enfrentaba al Partido Comunista; y el nuevo gobierno, presidido por Lech Walesa, mostró su deseo de aproximarse al modelo occidental.

El ejemplo polaco fue seguido, poco después, por gran parte de los países del Este de Europa. Los regímenes comunistas de **Hungría**, **Checoslovaquia** o **Bulgaria**, ante la presión popular, acabaron permitiendo la **convocatoria de elecciones libres** que confirmaron la **pérdida de poder del Partido Comunista**.

Solo en **Rumania** fue necesario un alzamiento popular, que contó con el apoyo de parte del ejército y que acabó con la dictadura de Nicolae Ceaucescu.

La Revolución de Terciopelo

En Checoslovaquia, una serie de manifestaciones masivas a lo largo de 1989 forzaron de manera pacífica el cambio de régimen. El jefe de gobierno comunista dimitió y se convocaron elecciones libres, que llevaron a la presidencia a Václav Havel, un intelectual y disidente que encabezaba la candidatura del Foro Cívico.

Manifestación en Praga. 21 de noviembre de 1989.

B LA CAÍDA DEL MURO DE BERLÍN Y LA REUNIFICACIÓN ALEMANA*

En este proceso de desintegración y desaparición de los regímenes comunistas en la Europa del Este tuvieron especial trascendencia los acontecimientos en **Alemania Oriental**.

En **noviembre de 1989**, una fuerte movilización popular forzó al gobierno comunista a la apertura del **muro de Berlín**. El símbolo de la Guerra Fría, de la división del mundo en bloques, caía de **forma pacífica**.

En **1990** se legalizaron todos los partidos políticos y se convocaron elecciones libres, que fueron ganadas por la Unión Demócrata Cristiana, partidaria de reunificar la Alemania Oriental con la Occidental.

Las negociaciones entre las dos Alemanias y las potencias que tras la Segunda Guerra Mundial habían ocupado el territorio alemán dieron como resultado el **tratado de unificación** (3 de octubre de 1990).

El muro de Berlín fue derribado la madrugada del 9 al 10 de noviembre de 1989.

La Alemania unificada

Art. 1. La Alemania unificada comprenderá el territorio de la RFA y la RDA, y el conjunto de Berlín. Sus fronteras exteriores serán las fronteras de la RFA y de la RDA, y se harán efectivas a partir de la fecha de entrada en vigor de este tratado (...).

Tratado de unificación de Alemania, 1990.

@ Amplía en la Red...

Para saber más sobre la reunificación alemana, entra en: www.tiching.com/65697

del mundo en bloques?

C LA DESAPARICIÓN DE LA URSS

Las reformas de Gorbachov suscitaron la oposición de los sectores más **inmovilistas del PCUS**, sobre todo cuando se iniciaba el desmoronamiento del poder soviético en la Europa del Este.

En junio de 1991 se celebraban, además, **elecciones libres en la URSS** y Borís **Yeltsin** fue elegido presidente de la República Socialista Federativa de Rusia, la más grande e importante de la URSS. Como presidente, propuso importantes cambios del sistema soviético.

En agosto de 1991, aprovechando la ausencia de Gorbachov, los inmovilistas del PCUS protagonizaron un **golpe de Estado** militar en Moscú, que fue sofocado por la resistencia de la población rusa y por la decidida actitud contraria de Yeltsin y del Parlamento ruso.

Pero el hecho reforzó las posiciones radicales de los partidarios de **desmantelar el sistema político soviético**, con Borís Yeltsin a la cabeza, y las reformas se aceleraron. Yeltsin decretó la **supresión del régimen comunista** y disolvió el PCUS. Se reconoció la independencia de las repúblicas bálticas de Estonia, Letonia y Lituania, y de Ucrania y Bielorrusia.

La URSS acabó finalmente dividida en **15 repúblicas independientes** y Gorbachov dimitió, a finales de 1991, de su cargo de presidente de un **Estado que había dejado de existir**.

En agosto de 1991, los golpistas ordenaron al ejército ocupar las calles de Moscú, pero las tropas se negaron a ejercer violencia sobre la población.

LA DESMEMBRACIÓN DE LA URSS

El 25 de diciembre de 1991, Mijaíl Gorbachov firmó su dimisión como presidente.

1. ¿Cómo se transformaron los sistemas políticos de gran parte de la Europa del Este? ¿Existieron situaciones de violencia? ¿Por qué crees que se produjo el fin del poder comunista sin graves enfrentamientos?

2. ¿Qué sucedió en Alemania? ¿Qué valor simbólico crees que tuvo la apertura del muro de Berlín? ¿Qué importancia tendría en Europa la reunificación alemana?

3. ¿Cómo se produjo la desintegración de la URSS? ¿En cuántas repúblicas se dividió? Consulta en www.tiching.com/65704 el eje cronológico de la desintegración de la URSS.

Argumenta la respuesta

4. Explica razonadamente por qué a partir de 1990-1991 el mundo ya no está dividido en dos bloques y valora la importancia de ese hecho.

2 Un nuevo orden mundial

El hundimiento de la URSS dio lugar a la desaparición de los bloques y a una nueva era en las relaciones internacionales.

La desintegración del bloque comunista

El rápido proceso de crisis y hundimiento del régimen comunista en la URSS y en los países del Este de Europa tuvo sus repercusiones en aquellos territorios que, de una u otra manera, habían estado ligados o integrados en el bloque socialista.

En el decenio siguiente, la mayoría de países en vías de desarrollo con **regímenes socialistas desaparecieron** o introdujeron cambios que significaron la aceptación de economías de libre mercado y de sistemas políticos formalmente multipartidistas y electivos. Solo algunos países, como Cuba, Vietnam o el complicado caso de China, mantendrían su orientación de carácter socialista.

Ahora bien, la desaparición del bloque comunista a finales del siglo XX no significó el fin de los conflictos y de los enfrentamientos bélicos.

China es el único país con una orientación económica de principios capitalistas en el que se mantiene el poder político del Partido Comunista.

Los Estados Unidos, única superpotencia

Estados Unidos vio cómo aumentaba su influencia en el mundo y proclamó, como única superpotencia, su deseo de promover un nuevo orden internacional del que se erigía como garante mundial para organizar el mundo e intervenir política y militarmente allá donde creyera que sus intereses eran vulnerados.

A lo largo de la década de 1990 fueron diversas las intervenciones de EE UU. La más importante se dio en 1990-1991, cuando el dictador iraquí Saddam Hussein invadió Kuwait, un Estado muy rico en petróleo y aliado de Estados Unidos. Esta invasión fue contestada de inmediato por EE UU, que contó con el apoyo del Consejo de Seguridad de la ONU.

Una coalición internacional liderada por Estados Unidos, durante la presidencia de G. H. W. Bush, liberó Kuwait. Irak fue condenado a pagar indemnizaciones, a destruir su armamento químico y nuclear, y a mantener su petróleo bajo una situación de embargo.

Durante la presidencia de Bill Clinton, EE UU realizó intervenciones militares en Afganistán, Sudán y Yugoslavia. Pero fue el **ataque terrorista del 11 de septiembre de 2001** contra las Torres Gemelas de Nueva York, ya con George W. Bush como presidente, cuya autoría reconoció la organización terrorista islamista **Al Qaeda**, liderada por Osama Bin Laden, el detonante de una durísima política de intervención militar de EE UU.

Por todo ello, en octubre de ese mismo año atacó **Afganistán**, cuyo régimen islamista (talibán) acogía numerosos campos de entrenamiento de Al Qaeda.

En marzo de 2003, EE UU atacó de nuevo a Irak con el fin de acabar con el régimen de Saddam Hussein, acusado de poseer armamento nuclear y de estar vinculado con grupos terroristas. Esta invasión no contó con la cobertura de la ONU e inició una larga guerra muy criticada por gran parte de la comunidad internacional.

Intervenciones militares de EE UU

1989. Intervención unilateral en Panamá
1991. Intervención en Irak con apoyo de la ONU
1993. Intervención en Somalia con apoyo de la ONU
1998. Ataque unilateral a Afganistán y Sudán
2001. Intervención con la Otan en Afganistán
2002. Ataques en Pakistán, Yemen y Somalia
2003. Intervención en Irak

EE UU tras el 11 de septiembre

El 11 de septiembre, los enemigos de la libertad han cometido un acto de guerra contra nuestro país. Nuestra guerra contra el terror empieza por Al Qaeda. Consagraremos todos los recursos a nuestra disposición a la persecución y destrucción de la red terrorista mundial. (...) Cada país (...) debe tomar una decisión. O bien está con nosotros o está con los terroristas. Esta lucha no es solo la de Estados Unidos. Es la lucha del mundo entero.

G. W. Bush, presidente de los EE UU, 20 de septiembre de 2001.

Atentado contra las Torres Gemelas de Nueva York. 11 de septiembre de 2001.

HACIA UN MUNDO MULTIPOLAR

El papel de EE UU como única superpotencia dirigente que imponía sus decisiones en el ámbito internacional fue cada vez más contestado, y desde principios del siglo XXI aparecieron nuevos actores en escena.

En primer lugar, la Unión Europea, que, ampliada a 27 países, presentaba una potencia demográfica y sobre todo económica muy considerable.

En segundo lugar, los grandes países emergentes: India, Brasil y especialmente China, cuya población y capacidad productiva la convertían en un protagonista absoluto de la nueva realidad geopolítica, sobre todo por su expansión en el continente africano.

Por último, la nueva Rusia, que una vez superados los peores momentos de su transición hacia las formas económicas capitalistas, inició con Vladímir Putin una etapa de fuerte presencia internacional, fraguando alianzas con los países de Oriente Medio y con las potencias asiáticas.

EL COMERCIO DE CHINA CON ÁFRICA (2010)

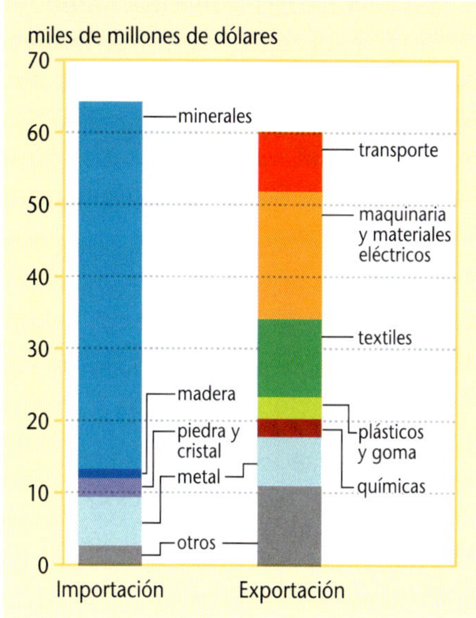

LAS INTERVENCIONES EN ACTIVO DE LA ONU

EL PAPEL DE LA ONU

La nueva situación internacional ha dado a la ONU un nuevo protagonismo. Ante el unilateralismo, provocado por la hegemonía estadounidense, la opinión pública mundial ha ido tomando conciencia de la necesidad de convertir a la ONU en un organismo que actúe como mediador y garante de la paz en los conflictos internacionales.

La crítica a la intervención de EE UU en Irak

Hace diez días, el secretario de Estado norteamericano, M. Powell, ha esgrimido supuestos lazos entre Al Qaeda y el régimen de Bagdad. Según nuestras investigaciones e informaciones, nada nos permite establecer dichos lazos. Por contra, debemos tener en cuenta el impacto que sobre esta cuestión tendría una acción militar. ¿Una intervención no agravaría las fracturas entre las sociedades, entre las culturas, entre los pueblos, fracturas de las que se nutre el terrorismo?

Intervención de D. Villepin, ministro de Asuntos Exteriores francés en el Consejo de Seguridad de la ONU, febrero de 2003.

1. ¿Cómo afectó al conjunto del bloque comunista la crisis y desaparición de la URSS? ¿Qué gran potencia continúa con un sistema comunista? ¿Cuál será su evolución?
2. ¿Qué papel se otorga EE UU en el nuevo contexto internacional? ¿Qué acciones militares protagoniza? ¿Con qué objetivo? ¿Qué cambios se produjeron a partir del 11 de septiembre de 2001?
3. ¿Por qué vamos hacia un mundo multipolar? ¿Qué potencias protagonizan la política internacional? ¿Qué papel tiene la ONU y qué misiones desempeña en los conflictos?

3 Europa tras la caída del muro de Berlín

La Rusia poscomunista

La nueva Federación Rusa heredó muchos de los **problemas** de la URSS. Por un lado, los **enfrentamientos** entre etnias y nacionalidades diversas. Por otro, una **crisis económica** como resultado de la **rápida privatización** que significó el hundimiento caótico de la propiedad estatal, una enorme subida de los precios, el aumento del paro y el empobrecimiento de la población.

Tras la desintegración de la URSS, Rusia (**Federación Rusa**) se convirtió en heredera de gran parte del territorio soviético. Bajo la presidencia de Borís Yeltsin (1991-1999), el país adoptó teóricamente una democracia multipartidista de estilo occidental; sin embargo, el gobierno ejerció su poder de forma autoritaria.

Asimismo, se instauró una política económica neoliberal, que tendía a minimizar la intervención del Estado, lo cual perjudicó a gran parte de la población y, a la vez, hizo florecer una oligarquía que se benefició de la privatización de las propiedades estatales.

El acceso al poder de Vladímir Putin (1999-2008) no representó un significativo cambio democratizador, pero sí una nueva orientación económica que permitió a Rusia comenzar un periodo de crecimiento. Además, se desarrolló una intensa actividad diplomática para encontrar un nuevo lugar en el concierto internacional, basada en la reanudación de relaciones con Occidente y en la recuperación de su importancia en países de América Latina, Asia y África.

El conflicto en Chechenia

La disolución de la URSS trajo consigo rivalidades entre las diferentes repúblicas del Cáucaso: Armenia, Georgia y Azerbaiyán. El conflicto más grave, y aún activo, es el de Chechenia, donde el ejército ruso interviene duramente para impedir la secesión del territorio y la actividad terrorista de la guerrilla chechena.

Los países de la Europa del Este

En los países de la **Europa del Este**, el fin del socialismo también produjo una convulsión extraordinaria. El florecimiento de nacionalismos, contenidos o reprimidos en la época comunista, originó la fragmentación de países como Checoslovaquia, y graves conflictos como el de la extinta Yugoslavia, que desembocó en una terrible guerra entre las distintas nacionalidades que formaban el Estado yugoslavo.

Como resultado, en 1991 Croacia y Eslovenia consiguieron la independencia. Pero el conflicto más cruento tuvo lugar en Bosnia, donde los enfrentamientos entre serbios y bosnios musulmanes tuvieron un carácter étnico y religioso. La antigua Yugolavia quedó reducida al territorio de Serbia, Montenegro y Kosovo. En la actualidad, Montenegro es un Estado independiente (2006), y Kosovo, tras declararse independiente de manera unilateral (febrero 2008), mantiene fuertes tensiones con Serbia.

A principios del siglo XXI y ya relativamente pacificada la zona, los países de la Europa del Este que habían adoptado formas económicas de libre mercado manifestaron su intención de integrarse plenamente en los organismos europeos, entre ellos la Unión Europea. Asimismo, una vez desaparecido el Pacto de Varsovia, la inmensa mayoría de estos países se integraron en la OTAN, que se ha convertido en la única alianza militar vigente en Occidente.

LA DESINTEGRACIÓN DE YUGOSLAVIA

Con el apoyo del ejército, los serbios de Bosnia desencadenaron una verdadera "limpieza étnica" contra los musulmanes.

En 1995 se alcanzó un acuerdo según el cual Bosnia lograba la independencia y se establecía un sector croata musulmán y otro serbio, con gran autonomía para ambos, pero dentro de un Estado único.

LA NUEVA EUROPA

Los jefes de Gobierno de la UE reunidos en Bruselas para una cumbre del Consejo Europeo en 2011. 12 de estos países son antiguas democracias populares o ex repúblicas soviéticas.

Europa fue durante casi cuarenta años uno de los principales escenarios de la Guerra Fría. El denominado Telón de Acero dividía el mundo, y la dinámica europea confrontó dos modelos económicos, políticos y sociales. Pero en el nuevo contexto internacional se planteaba la definición del nuevo espacio europeo. Se habían creado **nuevos Estados** y establecido nuevas fronteras y, además, se iniciaron profundas reformas legales y económicas para **desmantelar la antigua estructura socialista**.

Por otro lado, la reunificación alemana integró en la CEE a la antigua RDA y planteó el futuro del resto de países del Este en este organismo. La creación en 1992 de la Unión Europea tuvo ya en cuenta la **integración** de estos países en el **nuevo proyecto económico y político de Europa**. En el caso de Rusia, se mantienen relaciones comerciales, pero el peso territorial, económico y demográfico ruso podría llegar a desestabilizar al conjunto de la UE y provocar dificultades para su posible integración.

LOS CAMBIOS EN LA EUROPA DEL ESTE

1. ¿Qué evolución siguió Rusia a partir de 1991? ¿Qué conflictos se produjeron?
2. ¿Qué conflictos afectaron a Yugoslavia? ¿Qué minorías étnicas o religiosas se localizan en Bosnia-Herzegovina? ¿Qué sucedió en ese territorio?
3. Observa el mapa de Europa. Describe los cambios territoriales: surgimiento de nuevos países, reestructuración de otros… ¿Qué opción económica se impuso en casi todos ellos?
4. ¿Por qué Rusia se mantuvo al margen del proyecto de la Unión Europea?

4 La construcción de la Unión Europea

A principios de la década de 1990, en el contexto de la desaparición de los bloques y la progresiva imposición de una economía globalizada, los países de la Europa Occidental acordaron otorgar un mayor peso a la Comunidad Económica Europea (CEE).

El Tratado de Maastricht

En 1992 se avanzó un paso más con el Tratado de la Unión Europea (TUE), conocido también como Tratado de Maastricht. Constituye una piedra angular en el **proceso de integración europea**, pues por primera vez se le daba una vocación de unidad política. El Tratado de Maastricht consagró oficialmente el nombre de Unión Europea (UE), e instauró tres grandes ejes de políticas comunes:

- Las políticas en las que los Estados han **cedido soberanía** y adoptan decisiones comunitarias: el mercado único, la unión monetaria, los fondos estructurales y de cohesión, etc.
- Las Políticas de Exterior y de Seguridad Común (PESC), fundamentadas en la **cooperación entre gobiernos**.
- Las políticas en temas como terrorismo, inmigración, política de asilo, tráfico de drogas, etc. La creación de la Europol, germen de una futura policía europea, es uno de los proyectos resultantes.

El Tratado creó, además, la **ciudadanía europea**, que permite a las personas circular y residir libremente en los países de la UE, y establece el derecho a votar y ser elegido en el Estado de residencia para las elecciones europeas y municipales.

Entró en vigor en noviembre de 1993. En él se preveía su propia revisión, a la vista de las sucesivas ampliaciones de la Unión. De este modo, en 1997, con el Tratado de Ámsterdam, se afirmaron los principios de libertad, democracia y respeto de los derechos humanos, y en 2001, el Tratado de Niza reestructuró todas las instituciones europeas.

Los objetivos de la Unión Europea

Resueltos a salvar una nueva etapa en el proceso de integración europea. (...) Recordando la importancia histórica de que la división del continente europeo haya tocado a su fin y la necesidad de sentar unas bases firmes para la construcción de la futura Europa.

Confirmando su adhesión a los principios de libertad, democracia y respeto a los derechos humanos, a las libertades fundamentales y al Estado de derecho. (...) Decididos a promover el progreso social y económico de sus pueblos. Resueltos a crear una ciudadanía común. (...)

Resueltos a continuar el proceso de creación de una unión cada vez más estrecha entre los pueblos de Europa. (...)

Han decidido instituir la Unión Europea.

Tratado firmado en Maastricht, febrero de 1992.

Cartel de propaganda defendiendo el Tratado de Maastricht como la única barrera contra el poder de EEUU y Japón.

La Europa de los 28

El 1 de enero de 1995 tuvo lugar la cuarta ampliación de la Unión Europea con la entrada de Austria, Finlandia y Suecia. Nacía la Europa de los Quince.

Asimismo, tras largas negociaciones para permitir que los países de la Europa del Este adecuaran sus legislaciones a las exigencias de la UE, en materia económica y en respeto a los derechos políticos y sociales, el 1 de mayo de 2004 se produjo la adhesión de diez nuevos Estados: Eslovaquia, Eslovenia, Estonia, Hungría, Letonia, Lituania, Malta, Polonia, República Checa y Chipre; en 2007 se sumaron Bulgaria y Rumania; y en 2013, Croacia.

La Unión Europea se ha convertido en una potente organización de 28 Estados, con realidades muy diferentes de tipo social, económico, histórico y político, pero con el objetivo común del compromiso democrático y el progreso económico.

LA EVOLUCIÓN DE LA UNIÓN EUROPEA

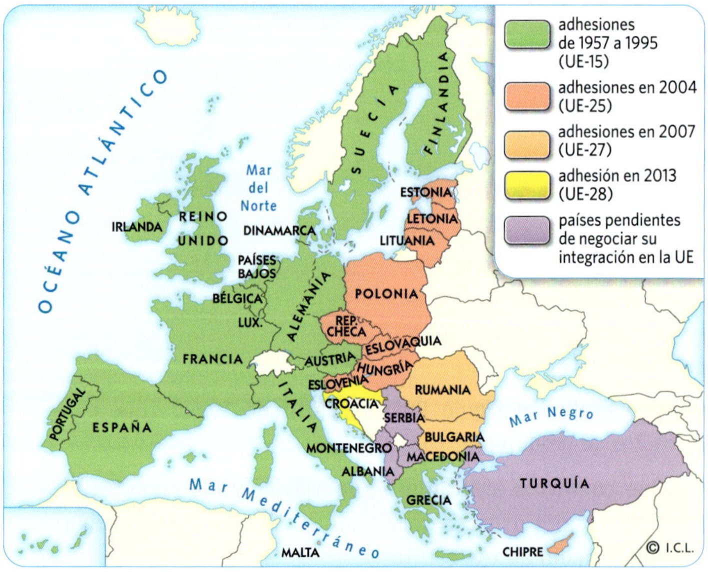

LAS POLÍTICAS DE LA UNIÓN EUROPEA

El objetivo de la Unión Europea es conseguir un territorio integrado desde el punto de vista social, económico y político. Pero en la práctica los esfuerzos se han dirigido más a las cuestiones económicas que a las sociales y políticas. Los intentos por llegar a una Constitución europea no fueron aceptados por los ciudadanos de gran parte de los países de la Europa del Este.

Para poder financiarse y llevar a cabo las medidas propuestas, la UE cuenta con unos ingresos que provienen de impuestos sobre las importaciones de productos agrícolas, cuotas sobre el IVA y en relación con el PIB, el más importante y que supone cerca del 75% de los ingresos.

Los **mayores contribuyentes** de la UE son los **Estados más ricos** (Alemania, Países Bajos...); los que **más reciben** son aquellos que están en **situación de menor desarrollo económico**.

Los recursos de la UE tienen diversos destinos. La mayor parte del presupuesto (43,2% en 2007) se dedica a hacer más competitiva la economía de la UE y a desarrollar **políticas de cohesión*** entre las regiones más ricas y las más pobres. La segunda partida importante se destina a la **política agraria**, que supone el 34% del presupuesto. El resto de partidas, mucho menores, son para el funcionamiento de la UE y cuestiones como política exterior, educación, investigación, ayuda al desarrollo, etc.

PIB POR HABITANTE

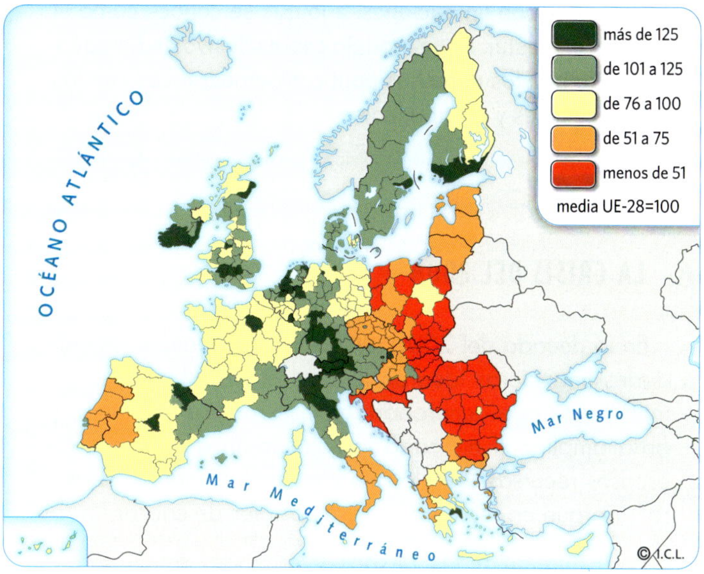

La libre circulación (Acuerdo de Schengen)

El Acuerdo de Schengen, firmado en 1985 y en vigor desde 1995, supuso la supresión de las fronteras comunes entre la mayoría de los Estados europeos, lo cual favoreció la movilidad de los ciudadanos y contribuyó al dinamismo económico y cultural.

La zona Schengen la integran 26 países, 22 de la Unión Europea (excepto Reino Unido, Irlanda, Chipre, Bulgaria y Rumania) y 4 países extracomunitarios (Islandia, Noruega, Suiza y Liechtenstein).

La crisis de refugiados provocada por los conflictos bélicos en Oriente Próximo (Siria) y en el Norte de África ha provocado la suspensión del espacio Schengen en algunos países.

LA MONEDA ÚNICA, EL EURO

El Tratado de la Unión Europea estableció la Unión Económica y Monetaria, y se creó una moneda única, el euro, para garantizar la libre circulación de capitales.

El euro entró en circulación el 1 de enero de 2002 en once países de la UE: España, Portugal, Italia, Bélgica, Países Bajos, Luxemburgo, Francia, Alemania, Austria, Irlanda y Finlandia; a los que más tarde se sumaron Grecia, Eslovenia, Malta y Chipre, sumando un total de 320 millones de habitantes.

El Banco Central Europeo se encarga de coordinar las políticas económicas y de garantizar el funcionamiento de la nueva moneda.

1. Sintetiza el proceso de construcción de la UE. ¿Qué objetivos se plantean en el Tratado de Maastricht? ¿Cuáles son los grandes ejes de las políticas comunes de la UE?
2. Describe las diferentes fases de ampliación de la UE y los miembros incorporados en cada una. ¿Qué países integran la eurozona?
3. ¿Qué diferencias muestra el mapa de renta por habitante? ¿Cómo se intenta cohesionar el territorio de la UE?
4. ¿Qué es el Acuerdo de Schengen? ¿Qué problemas se plantean sobre él en la actualidad?
5. Valora las ventajas e inconvenientes de la pertenencia a la Unión Europea.

Europa, la crisis del modelo de bienestar

El modelo de la Europa Occidental tras la II Guerra Mundial respondía, con limitaciones, a lo que se conoce como el Estado del bienestar. Es un modelo casi exclusivo de Europa y que completaba los derechos políticos democráticos con los derechos sociales y económicos.

Ese modelo es el inspirador de gran parte de los objetivos programáticos de la Unión Europea. Pero a principios del siglo XXI ese modelo parece haber entrado en crisis. ¿Qué causas han conducido a la crisis y revisión del modelo europeo del Estado del bienestar?

A LA CRISIS DEL 2008

En la década del 2000, en los Estados Unidos las entidades financieras idearon la concesión de hipotecas inmobiliarias que generaban intereses por su préstamo, y para ampliar el mercado las ofrecieron a personas de escasos recursos. Son lo que llamamos "hipotecas basura", porque en realidad eran imposibles de cobrar.

Para minimizar los riesgos y esconder esta enorme operación especulativa, se camuflaron estas hipotecas entre otros tipos de productos financieros, y se constituyeron fondos de inversión que fueron adquiridos por otros bancos que, a su vez, los vendían a particulares.

Cuando los poseedores de estos fondos no obtuvieron los beneficios esperados, se evidenció el fraude de la operación. Entonces, la cotización de estos productos se hundió y muchas instituciones financieras tuvieron perdidas millonarias y acabaron quebrando.

LA CRISIS FINANCIERA MUNDIAL (2008-2009)

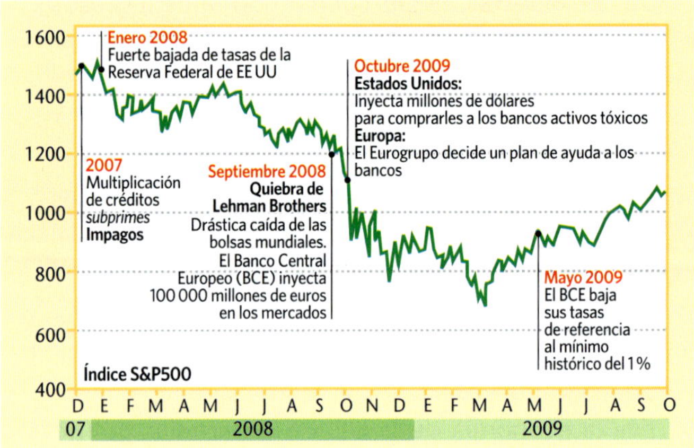

La crisis se trasladó, por las conexiones internacionales de las finanzas, al resto del mundo, especialmente a Europa, cuyos bancos habían invertido en las hipotecas basura y habían concedido hipotecas similares en sus propios países.

B DE LA CRISIS FINANCIERA A LA CRISIS ECONÓMICA

Como consecuencia de la **crisis financiera**, se limitaron los créditos y las inversiones, y muchos bancos se situaron al borde de la quiebra. Para salvarlos, **los Estados les concedieron ayudas masivas de capital** que endeudaron a los Estados y consumieron los recursos públicos.

Asimismo, se produjo una **crisis generalizada en la industria**, agravada por el descenso del consumo. Se perdieron muchos empleos y **aumentó el paro.** En países como España, muchas familias no pudieron devolver sus préstamos y perdieron no solo su trabajo, sino también sus viviendas.

El aumento de la pobreza

En 2012, 124,5 millones de personas, el 24,8% de la población de la Unión Europea, está amenazada por la pobreza o la exclusión social, frente al 24,3% de 2011 y el 23,7% del 2008. Estas personas están en alguna de estas situaciones: ingresos muy bajos, situación de privación severa (no poder pagar alquiler, calefacción, etc.), en situaciones de trabajo escaso o muy precario. (...) La reducción del número de personas en esta situación es uno de los objetivos claves de la estrategia Europa 2020.

Comunicado de Eurostat. Diciembre de 2013.

CRISIS Y PARO

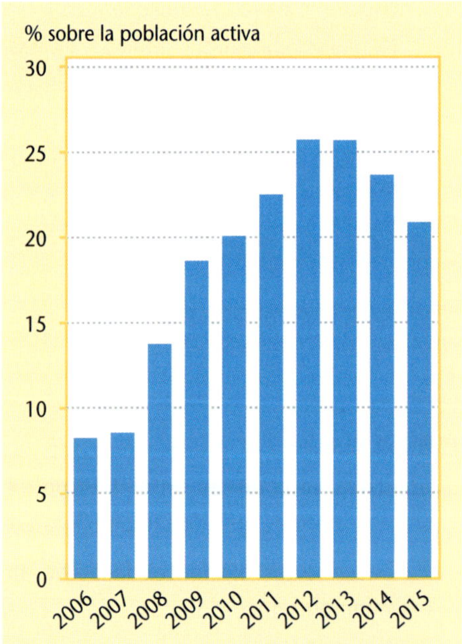

C LAS POLÍTICAS DE AUSTERIDAD

El déficit de los Estados aumentó, así que **pidieron dinero prestado** con la emisión de **deuda pública**. Esto incrementó su endeudamiento y aumentó los intereses que debían pagar por pedir dinero. Además, con la crisis crecieron el paro y la **necesidad del gasto en prestaciones**, mientras **descendían los ingresos** de los impuestos por haber menor actividad económica, menos gente trabajando y salarios reducidos.

En consecuencia, los principios del Estado del bienestar (alta tasa de ocupación, salarios adecuados a las necesidades vitales de las familias, impuestos directos altos y redistribución de las rentas) se tambalearon.

LA DISTRIBUCIÓN DEL GASTO PÚBLICO

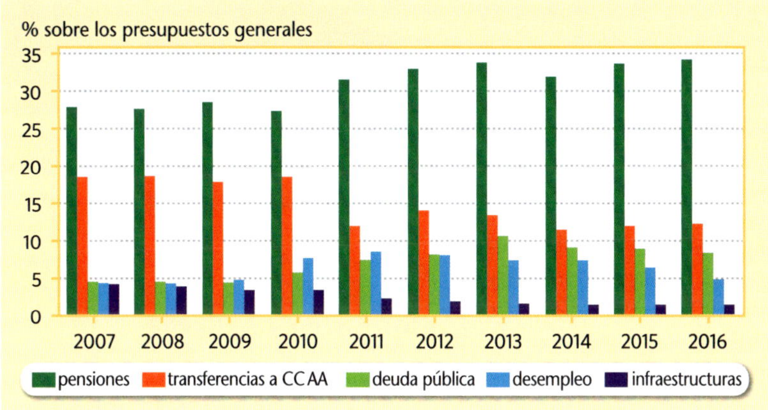

Los sistemas de seguridad social

Los países europeos cuentan con diferentes sistemas contributivos obligatorios, en los que empresarios y trabajadores pagan cuotas, en función de su salario, para garantizar prestaciones en caso de enfermedad, invalidez, viudedad, paro o jubilación. La reducción de los empleados y la baja de salarios reducen los ingresos, mientras los gastos aumentan y ponen en **peligro la estabilidad de los sistemas públicos de protección social.**

Los recortes sociales

Ante la crisis, la política de la UE ha sido el control del déficit de los Estados y la obligatoriedad de hacer frente a las deudas. Con menos ingresos, con enormes sumas dedicadas a pagar los intereses de la deuda, y con el aumento del gasto en partidas como el paro, los presupuestos sociales se han reducido enormemente.

En España, esa reducción se observa en las transferencias a las Comunidades Autónomas, que son las que tienen a su cargo la sanidad, la enseñanza, la ayuda a la dependencia, etc.

INGRESOS TRIBUTARIOS Y DEUDA PÚBLICA

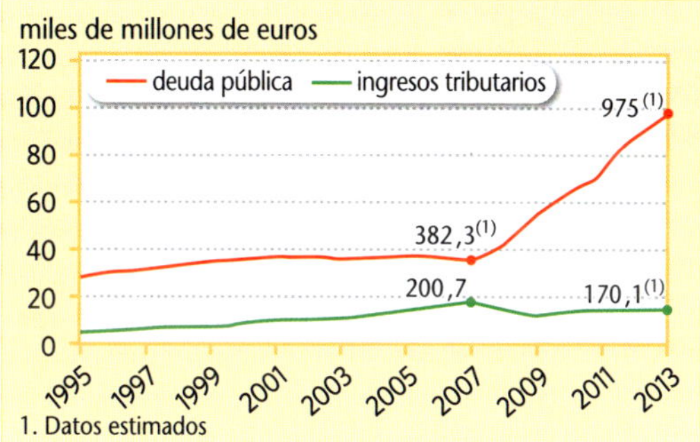

1. Datos estimados

@ Amplía en la Red...

Para saber más sobre los sistemas públicos de protección social, entra en: www.ticking.com/747522

1. Consulta www.tiching.com/68879 y responde:
   - En el apartado "Las causas": ¿Qué fue el exceso de liquidez? ¿Qué hicieron los bancos? ¿Qué fueron las hipotecas *sub-prime*? ¿Qué movimientos especulativos se hicieron con esas hipotecas basura? ¿Qué sucedió cuando se vio la insolvencia de esas hipotecas?
   - En el apartado "El rescate": ¿Qué se hizo para frenar el hundimiento de los bancos?
   - En "España": ¿Qué sucedió en nuestro país? ¿Qué fue la burbuja inmobiliaria? ¿Cuáles fueron las consecuencias?
2. Observa la gráfica sobre el gasto público y el documento sobre los recortes sociales. ¿Qué partidas aumentan y cuáles disminuyen? ¿A qué se destinan las transferencias a las Comunidades Autónomas? ¿Qué consecuencias ha tenido para el Estado del bienestar el aumento de la deuda y la reducción de los ingresos?

Relaciona ayer y hoy

3. Analiza y compara los elementos de exceso de dinero, especulación y crisis bancaria en 1929 y en 2008. Comenta también las consecuencias del paro y la bajada de salarios.
4. ¿Qué diferencias causales presentaba la crisis de 1973 respecto a la de 2008? ¿Son comparables sus consecuencias? Razona la respuesta.

6 Un mundo inestable

El mundo de los inicios del siglo XXI no es más seguro ni más justo que el del siglo XX. Las guerras y los problemas sociales continúan existiendo. Pero la confrontación entre grandes potencias ha sido sustituida por nuevas formas de violencia.

El fundamentalismo islámico

La denominación de *fundamentalismo islámico* incluye a diversas corrientes religiosas islámicas que se oponen a la extensión del laicismo y de los modelos sociales occidentales en sus países. Defienden un retorno a las tradiciones islámicas, una observación estricta del Corán y **sistemas políticos basados en el islamismo**.

Los movimientos islamistas ya ostentaban el poder en Irán o en Afganistán, pero el **ataque del 11 de septiembre de 2001** contra las Torres Gemelas de Nueva York, perpetrado por la organización terrorista islámica **Al Qaeda**, liderada por Osama Bin Laden, y la intervención posterior de EE UU y sus aliados en Irak, marcó una nueva etapa.

A partir de 2003, los movimientos fundamentalistas crearon **organizaciones terroristas islamistas**, que actúan a escala mundial. Sus acciones pretenden imponer una visión integrista y radical del islamismo, y sus atentados se centran sobre todo en Asia y África, y se dirigen contra musulmanes no radicales o contra quienes profesan otras religiones. También han atentado en Occidente, como en Madrid (2004), Londres (2005), París (2015) o Bruselas (2016), para mostrar su rechazo al modelo de vida occidental.

La difícil realidad del mundo árabe

El mundo árabe, especialmente la zona del Magreb y Oriente Próximo, es un foco permanente de tensión. Algunos de los países de ese entorno poseen enormes riquezas petrolíferas, pero, en general, sus clases dirigentes han sido incapaces de incorporarlos a la modernidad, y la pobreza, el analfabetismo, el paro y la ausencia de libertades son una constante. De este modo, en las últimas décadas ha crecido la influencia del islamismo radical, con organizaciones como los Hermanos Musulmanes, que constituyen las únicas redes de ayuda y asistencia social.

Entre los años 2010 y 2011 se produjeron revueltas en Túnez, Egipto, Libia, Siria, Yemen, etc., las denominadas "**primaveras árabes**", que llevaron al derrocamiento de muchos de sus gobiernos, corruptos e ineficaces. Estas revueltas se iniciaron como un movimiento cívico y laico que demandaba una mayor democracia y reformas sociales y económicas.

Pero tras el derrocamiento de los dictadores, se ha evidenciado la importancia de los grupos islamistas radicales, que han conseguido controlar los gobiernos o pugnan por dominar esos países. De ahí que la situación se haya tornado enormemente peligrosa e inestable por la aparición de numerosas guerrillas y grupos terroristas.

El ejemplo más significativo es la aparición del Estado Islámico (EI) o Dáesh, un grupo terrorista fundamentalista islámico que ha conseguido controlar una amplia zona de Irak y Siria, y que utiliza el terror sobre la población civil basado en métodos como las ejecuciones masivas, el asesinato de rehenes, etc., para conseguir sus objetivos.

El inacabable conflicto palestino

En el origen de la animadversión del mundo islámico al mundo occidental está el largo conflicto israelí-palestino. Los numerosos intentos de paz han sido fallidos y la tensión continúa permanentemente.

Pintada sobre el muro de Gaza levantado por Israel para aislarse de Cisjordania.

Bin Laden y Al Qaeda

Creemos que Estados Unidos es el responsable directo de los muertos en Palestina, Líbano e Irak. (...) Por este y otros actos de transgresión e injusticia hemos declarado la *yihad** contra Estados Unidos, porque nuestra religión y nuestro deber es hacer la *yihad*, para exaltar la palabra de Dios y expulsar a los norteamericanos de todos los países musulmanes. (...)

Osama Bin Laden, 1997.

Los atentados de París

París ya había sido objeto de un grave atentado, en enero de 2015, contra los dibujantes de la revista satírica *Charlie Hebdo*, pero el 14 de noviembre del mismo año, terroristas vinculados al Dáesh (Estado Islámico) ametrallaron de forma indiscriminada a la población, causando 127 muertos y más de 180 heridos. En consecuencia, Francia decidió participar de forma activa en los ataques a las bases del Dáesh en Siria e Irak.

África: pobreza, rivalidades étnicas y religiosas

África aparece en el nuevo escenario internacional como un continente abandonado a su suerte, con graves situaciones de desigualdad y conflictos bélicos. Desde la descolonización, su situación de **dependencia económica** y la inexistencia de Estados fuertes han convertido al continente en una zona residual en la economía global.

Principalmente en el África subsahariana, la extrema miseria de amplias capas de la población, el mantenimiento de dictaduras militares, las rivalidades étnicas y religiosas, etc., han provocado multitud de **enfrentamientos**. Del mismo modo, existen importantes tensiones como consecuencia del interés por controlar y explotar las materias primas del continente por parte de empresas y países con un gran peso en la economía global (como el caso de China).

Los conflictos más cruentos se han dado en los países que rodean el Golfo de Guinea (Liberia, Sierra Leona...), en el Cuerno de África (Etiopía, Somalia...) y en África ecuatorial (Congo, Ruanda, Burundi, Angola...). Las persecuciones y masacres han comportado el éxodo de miles de **refugiados**. Además, muchos ejércitos se nutren de mercenarios, llegando incluso a reclutar o a secuestrar a niños y niñas para la guerra.

El terror de Boko Haram

Boko Haram es un grupo terrorista de carácter fundamentalista islámico activo en Nigeria. Uno de sus objetivos es el establecimiento de la *sharía* (ley islámica) en todos los Estados de Nigeria, y no solo en el Norte de mayoría musulmana. Contrarios a la educación de las mujeres, secuestran a niñas en edad escolar en los territorios de religión cristiana y las utilizan como esclavas sexuales.

Niñas secuestradas por Boko Haram, 2014.

Un único modelo económico, diversas realidades

La hegemonía de un único modelo social y económico, el capitalismo liberal, tras el fin de los bloques, no quiere decir que todos los países ni todos los sistemas sociales y políticos sean homogéneos.

Existen zonas, como hemos visto, de enorme pobreza y completamente dependientes de los países ricos.

Los derechos humanos y las libertades políticas son respetados de manera desigual en el mundo, del mismo modo que sucede con los niveles de protección del Estado a los más débiles o pobres. En numerosas ocasiones la pobreza, la desatención social y el conflicto bélico van de la mano, y son en gran parte la primera causa de las guerras en el mundo.

LA LIBERTAD EN EL MUNDO

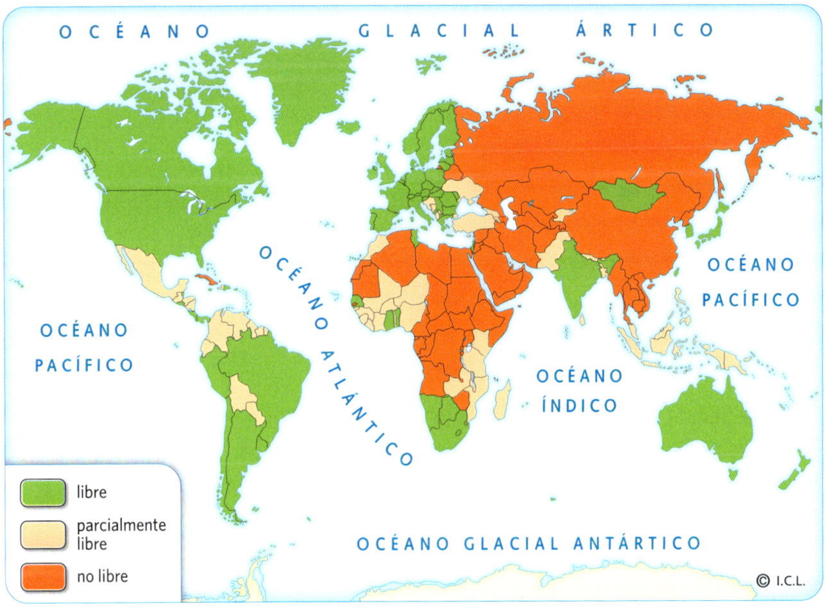

1. ¿Qué es el fundamentalismo islámico? ¿Con qué atentados se dio a conocer mundialmente? ¿Qué nueva forma de violencia instaura este tipo de organizaciones terroristas?
2. Visiona el vídeo en www.tiching.com/68844 y contesta: ¿Cuándo se creó Al Qaeda y cuál era su objetivo inicial? ¿Qué consecuencias tuvo la relación de Bin Laden con Afganistán?
3. ¿Cómo se ha extendido el islamismo radical? ¿Qué relación tiene con los conflictos en Oriente Próximo y en África? ¿Qué es el Dáesh o Estado Islámico?
4. ¿Por qué África es un foco permanente de conflictos?
5. Valora cómo el fin de los bloques no ha significado que se acaben las desigualdades y los enfrentamientos.

7 Los conflictos del siglo XXI

El mundo actual no está exento, como hemos visto, de guerras y conflictos. Este mapa indica las diferentes situaciones de violencia que los organismos internacionales recogieron en el año 2015. Algunos de estos conflictos pueden solucionarse en los años siguientes, pero también es muy probable que aparezcan otros nuevos.

En el mapa se distinguen los diferentes tipos de conflicto. Muestra, por un lado, los conflictos armados más o menos convencionales: entre ejércitos rivales, entre ejércitos y guerrillas, etc. Por otro, señala también las zonas de tensiones, esto es, situaciones de violencia que, en ocasiones, pueden generar también enfrentamientos armados, secuestros, violencia étnica o religiosa, etc.

Asimismo, diferencia entre conflictos locales y los que han derivado en graves tensiones internacionales entre países, muchas veces alejados de los focos iniciales del conflicto.

El mapa no muestra todas las zonas del mundo en las que se han producido atentados terroristas. Estos son imprevisibles y, por tanto, una amenaza mundial.

Las zonas más castigadas son el continente africano, Oriente Próximo y el Sudeste asiático.

Gran parte de los conflictos tienen que ver con los problemas creados por la extensión del islamismo radical y con la pobreza, la falta de derechos cívicos y la inestabilidad política.

@ Amplía en la Red...

Para saber más sobre los conflictos y la construcción de la paz, entra en: www.tiching.com/68865

1. Señala los conflictos más relevantes del mundo actual en cada una de las grandes zonas indicadas en el mapa.
2. ¿Qué continentes o regiones del mundo son las más afectadas por la guerra?

Investiga

3. ¿Cuáles son las causas principales de la violencia en el mundo?
4. Analiza el origen y los motivos de los conflictos y tensiones que existen en el Norte de África. ¿Y en el África subsahariana?
5. Analiza también el origen de los principales conflictos que existen en Oriente Próximo y valora cuáles te parecen más graves en la actualidad.
6. ¿Qué conflictos ha comportado la fragmentación de la URSS?

LOS CONFLICTOS EN EL MUNDO ACTUAL

EUROPA

Los conflictos armados en Europa son casi inexistentes, pero se mantienen en algunas zonas periféricas:

- En el territorio de Rusia continúa el conflicto en Chechenia. En 2014 se produjo la intervención rusa para apoyar a los secesionistas de Ucrania. La región de Crimea se incorporó a la Federación Rusa.
- En Turquía perdura un largo conflicto entre el gobierno y la minoría kurda, con etapas periódicas de enfrentamiento armado.

ORIENTE PRÓXIMO

- Conflicto palestino-israelí.
- Guerra civil en Siria y ataques del Dáesh. Grave crisis de refugiados.
- Líbano: problemas en las fronteras con Siria y repercusión de los problemas en Libia.
- Irak: fin de la ocupación norteamericana, pero enfrentamientos y acciones terroristas del islamismo radical.
- Yemen: revueltas sociales y acciones de grupos terroristas relacionados con Al Qaeda.

ASIA

- Enfrentamientos bélicos en Afganistán y la extensión del terrorismo islámico, que tiene derivaciones en Pakistán.
- Pakistán mantiene enfrentamientos fronterizos con la India, donde, además, permanecen conflictos en regiones como Cachemira, por demandas de independencia.
- Otras zonas con guerrillas y movimientos de oposición armada son Filipinas, Tailandia y Sri Lanka, sin olvidar las áreas de tensión permanente como Corea.

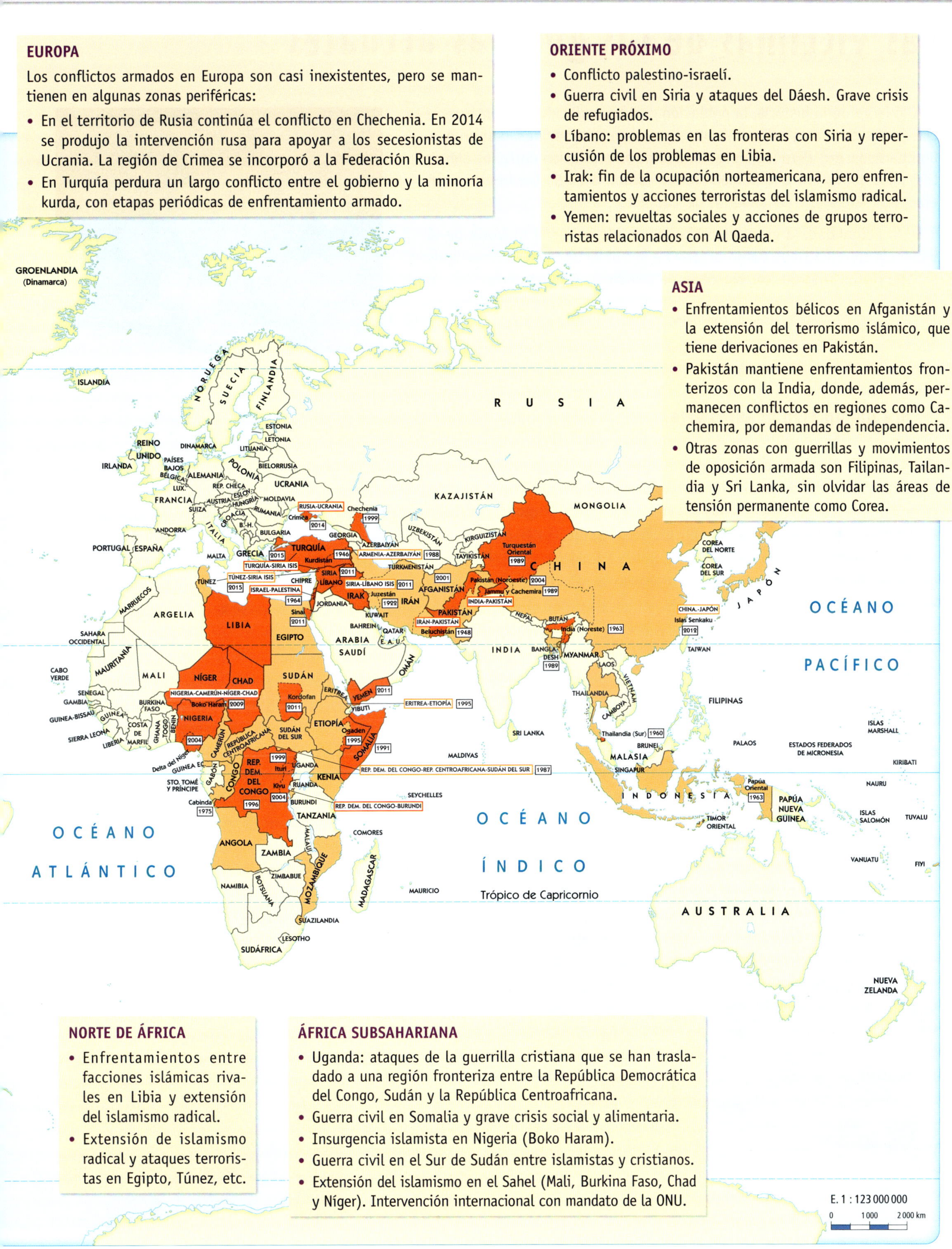

NORTE DE ÁFRICA

- Enfrentamientos entre facciones islámicas rivales en Libia y extensión del islamismo radical.
- Extensión de islamismo radical y ataques terroristas en Egipto, Túnez, etc.

ÁFRICA SUBSAHARIANA

- Uganda: ataques de la guerrilla cristiana que se han trasladado a una región fronteriza entre la República Democrática del Congo, Sudán y la República Centroafricana.
- Guerra civil en Somalia y grave crisis social y alimentaria.
- Insurgencia islamista en Nigeria (Boko Haram).
- Guerra civil en el Sur de Sudán entre islamistas y cristianos.
- Extensión del islamismo en el Sahel (Mali, Burkina Faso, Chad y Níger). Intervención internacional con mandato de la ONU.

Las víctimas de las guerras actuales

A lo largo de la historia, la población civil ha padecido las consecuencias de los conflictos bélicos. Asaltos a ciudades, invasiones, hambrunas, bombardeos, etc. Pero los enfrentamientos se producían entre los ejércitos, y los daños entre la población que estaba lejos de los frentes eran efectos colaterales o secundarios del conflicto.

En la actualidad, la gran diferencia es que la inmensa mayoría de la violencia ejercida tiene como objetivo a la población civil. Ellos son los protagonistas, más que los ejércitos, de la violencia de la guerra.

Una de las mujeres congoleñas víctimas de violencia sexual en Luvungi, 2010.

A UN NUEVO TIPO DE VIOLENCIA

Los conflictos bélicos del siglo XXI han cambiado. Continúan existiendo guerras convencionales con ejércitos enfrentados, pero una gran parte de **las situaciones de violencia son protagonizadas por guerrillas**, **grupos armados insurgentes o grupos terroristas** que tienen por ámbito de actuación los poblados o las ciudades de las zonas en conflicto.

Es más, en nuestros días muchos conflictos son guerras de exterminio o guerras ideológicas en las que se busca aterrorizar al enemigo, que es el conjunto de la población: los que pertenecen a otra etnia, profesan otra religión o tienen otras creencias.

Por tanto, el principal objetivo y la principal damnificada es la población civil, que sufre la violencia de los ataques, de las bombas, de los secuestros, de los robos o de las violaciones llevadas a cabo por los bandos en conflicto.

VÍCTIMAS DE LOS CONFLICTOS BÉLICOS EN RELACIÓN AL TOTAL

	Civiles	Militares (soldados)
Primera Guerra Mundial	10 %	90 %
Actualidad	90 %	10 %

@ Amplía en la Red...

Para saber más sobre la violencia contra las mujeres en las guerras actuales, entra en: www.tiching.com/747523

La destrucción de pueblos y ciudades

Bombardeos y fuego de artillería son utilizados contra los poblados o las ciudades, buscando su completa destrucción. Estos ataques no solo causan un gran número de muertos y heridos, sino que además imposibilitan el trabajo y el suministro de víveres, forzando a la población a abandonar las ciudades a causa del hambre.

Tras el ataque a una aldea en el Sur de Sudán, la población no solo huye por el temor a los ataques, sino que también lo hace porque pierde sus viviendas y ve destruidas sus cosechas.

Fotografía de la ciudad siria de Homs que nos muestra la devastación causada por el conflicto bélico. Cerca de un millón de personas vivían en la ciudad antes de la guerra.

B LOS NIÑOS DE LA GUERRA

Una de las peores consecuencias del nuevo tipo de guerra es la implicación de los niños en los conflictos bélicos. Son víctimas, igual que los adultos, de las matanzas, el hambre, los desplazamientos forzosos...

Pero, además, en muchos lugares se ven implicados en la propia guerra, siendo reclutados como soldados y adiestrados para matar a edades muy tempranas.

Uno de los más de 120 000 niños soldados de África.

Los datos de la violencia contra la infancia

- La mitad de los 3,6 millones de personas que han muerto en conflictos armados desde 1990 eran menores de edad.
- Alrededor de 20 millones de niños han tenido que huir de sus hogares debido a la guerra.
- En Sierra Leona, después de la guerra civil, 284 niños de cada 1 000 solo vivían hasta los cinco años.
- 500 000 niños han presenciado actos de violencia o han participado en ellos. A muchos se les obliga a convertirse en esclavos sexuales, sirvientes, mensajeros o espías.
- 4 millones han quedado discapacitados, tullidos, ciegos o han sufrido lesiones cerebrales.
- Al menos 5 millones se han convertido en refugiados y otros 12 se han desplazado a causa de la guerra.
- Actualmente hay más de 120 000 niños soldados en África.

C DESPLAZADOS Y REFUGIADOS

A causa de la violencia y la escasez de recursos básicos, una parte de la población civil **huye de las zonas de conflicto**, buscando refugio en países fronterizos o cercanos. También emprende largos y peligrosos viajes hacia zonas más seguras como Europa. En 2014, el número de refugiados forzosos ascendió a 59 500 000, 8 300 000 más que en 2013.

Los refugiados tienen graves dificultades para ser acogidos en otros países (caso de Europa con la crisis del 2015-2016) y acaban en precarios campamentos en los que es esencial la labor de las ONG y de los organismos internacionales.

EL DESTINO DE LOS REFUGIADOS SIRIOS

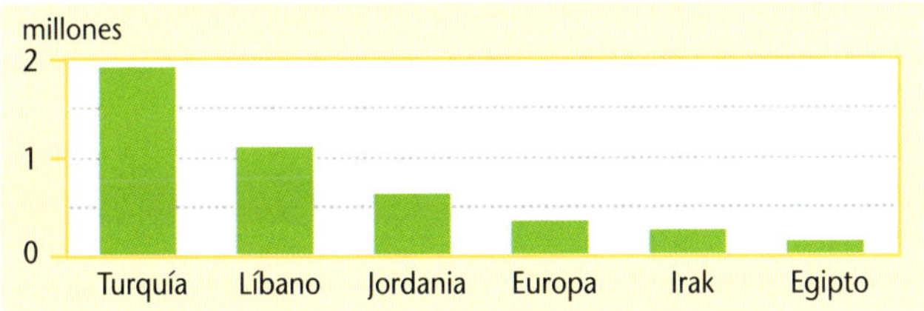

DESPLAZADOS FORZOSOS EN 2014

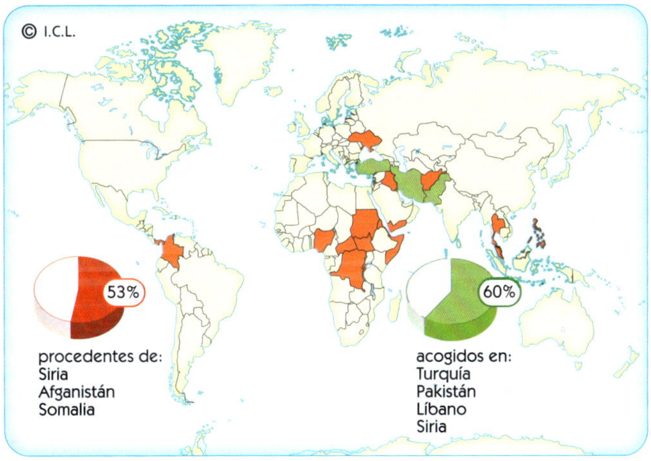

Por qué huyen

Venimos porque en mi país, Somalia, están en guerra. Es muy difícil ser una mujer en tiempos de guerra. No quiero que me obliguen a casarme y que me viole un hombre de 49 años. Quiero ir a Bélgica. Quiero ir a la escuela y tener educación. No quiero casarme.

Testimonio de una refugiada somalí. Amnistía Internacional, 2015.

1. ¿Por qué hablamos de un nuevo tipo de violencia en los conflictos actuales? ¿Cómo afecta a la población civil? ¿Qué consecuencias tiene para la población hallarse en zonas de conflicto? ¿Cómo sufren las mujeres la violencia en las zonas de conflicto?
2. ¿Por qué huye la población de las zonas en guerra? ¿Cuál es el destino de estos refugiados?

Ponte en su lugar

3. Dividíos en grupos y consultad www.tiching.com/747524:
   - ¿Cuál es la situación de los niños soldado en el mundo? ¿Qué nos narran en sus testimonios? ¿Cómo les ha afectado? ¿Qué medidas se deberían tomar para acabar con esta situación?

9 El arte en el mundo actual

En las últimas décadas del siglo XX y principios del siglo XXI no podemos hablar tanto de corrientes y escuelas como de tendencias y artistas. Se continúan retomando técnicas experimentadas en las décadas de 1960 y 1970, se redescubren las vanguardias del siglo XX, se reinterpretan o se fusionan estilos pictóricos, etc.

Tenemos todavía una perspectiva muy limitada para poder destacar a aquellos artistas y aquellas fórmulas que perdurarán con el tiempo y que social y colectivamente se aceptarán como expresión artística de una época y de un momento social concretos.

Nam June PAIK: *Vídeo sintetizador*, 1969. El artista surcoreano consiguió abrir una nueva forma de comunicación, y es considerado el fundador del videoarte.

A ARTE DIGITAL

El uso de elementos digitales, tanto en el proceso de producción como en la exhibición de la obra de arte, es una de las innovaciones más significativas de la creación artística del siglo XX, y continúa su andadura en el siglo XXI, con las aportaciones de las más novísimas tecnologías.

Sus orígenes se remontan a principios de la década de 1960, de la mano de artistas como el coreano Nam June **Paik** y el alemán Wolf **Vostell**. Las bases de este nuevo arte pretendían cuestionar el papel del espectador en el mundo de la comunicación, a partir del uso de los iconos populares procedentes del medio televisivo.

El artista utiliza un soporte magnético y la pantalla del televisor como medio de transmisión de sus inquietudes artísticas. Las imágenes proyectadas pueden ser reeditadas, es decir, montadas a partir de fragmentos de vídeo o de televisión ya creados, o bien pueden ser grabaciones originales del propio artista.

Una de las manifestaciones artísticas de mayor éxito en los últimos años es el **videoarte**, que puede tomar muchas formas: grabaciones que se emiten, vídeos en galerías, instalaciones escultóricas que incorporan aparatos de televisión o monitores de vídeo, visualización de imágenes y sonidos "en vivo" o grabados, etc.

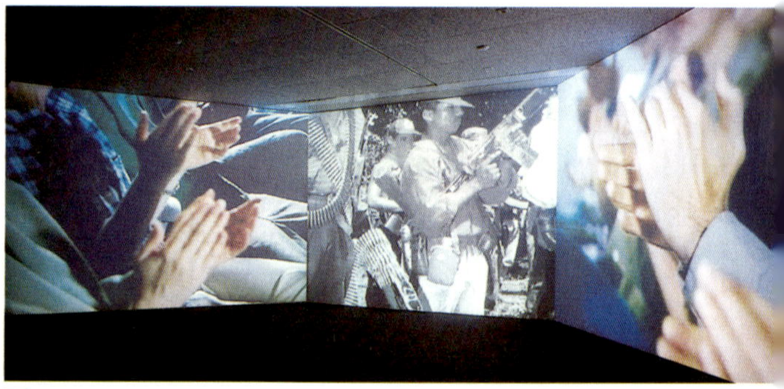

Antoni MUNTADAS: *On translation: el aplauso*, 1999. Las imágenes televisivas son muy utilizadas por los artistas del videoarte.

@ Para saber más sobre esta obra, entra en: www.tiching.com/65844

MEMOART: Corrientes de videoarte

- **Vídeo acción:** consiste en la grabación de las acciones que se producen en las distintas modalidades artísticas de carácter efímero (*Performance*, *Body art* y *Land art*).
- **Vídeo experimental:** uso del soporte videográfico desde un punto de vista creativo (videoesculturas, videoinstalaciones y *videoenvironment*). En este ámbito destaca actualmente el nombre de Bill **Viola**.

Bill VIOLA: *El cruce*, 1996. En esta obra, el artista confronta el fuego (destrucción) con el agua (vida).

B UN ARTE ECLÉCTICO Y DIVERSO

Tendencias como el **Neoexpresionismo alemán** y la **Transvanguardia italiana**, surgidas a finales de la década de 1970, presentaron algunos elementos comunes, como la posibilidad de transitar libremente por el arte de cualquier periodo del pasado, el uso de lienzos muy grandes, la voluntad de retornar a la bidimensionalidad espacial y la figuración como lenguaje expresivo.

También se alinean artistas en el llamado ***Neo-pop***, que incorpora en sus obras elementos procedentes de la esfera del cómic, del cine y de los dibujos animados; y en el **Neominimalismo**, que recupera la abstracción geométrica como base de su lenguaje, en las fórmulas de las llamadas instalaciones o montajes, y hasta en la continuación del arte efímero (*perfomances*).

Forever bicycles, una espectacular instalación conceptual del artista chino Ai Weiwei a partir de 760 bicicletas. Los componentes de la bici y su disposición pretenden ser una metáfora de la innegable red de la mano de obra china.

FICHAART

Busca en Internet información sobre esta obra:

Identificación. Sitúa cronológica y geográficamente al autor y la obra. ¿A qué corriente pertenece?

Descripción. ¿Qué se representa? ¿Cómo lo simboliza? ¿Qué técnicas utiliza?

Valoración. Explica qué destacarías de ella y qué emociones o sentimientos te produce.

Woldgate Woods, 21, 23 & 29 November 2006. Óleo sobre lienzo, de David Hockney, uno de los más relevantes artistas británicos. Se inició en el *pop art*, pero ha tenido etapas expresionistas, de *collage* de fotografías o dibujo en iPad.

Anselm Kiefer: *Margarette*, 1981. Artista alemán adscrito al Neoexpresionismo, pero con una profunda evolución en su técnica. Aborda temáticas de reflexión histórica, como en esta obra sobre los campos de exterminio nazis.

1. ¿Qué es el arte digital? ¿Cuándo se origina? ¿Qué características y objetivos tiene? ¿Qué dos grandes corrientes podemos distinguir?

2. Cita algunas corrientes y artistas del momento actual. Observa las imágenes de Weiwei y de Hockney y busca tres palabras que expresen tu impresión sobre sus obras.

Aprecia el arte

3. ¿Por qué crees que a las corrientes artísticas de finales del siglo XX y principios del siglo XXI las llamamos posmodernas? ¿Crees que reflejan de algún modo lo cambiante, diverso y confuso del panorama social, económico y político de los últimos decenios?

COMPLETA EL MAPA CONCEPTUAL

Con la información del tema, completa en tu cuaderno el siguiente esquema:

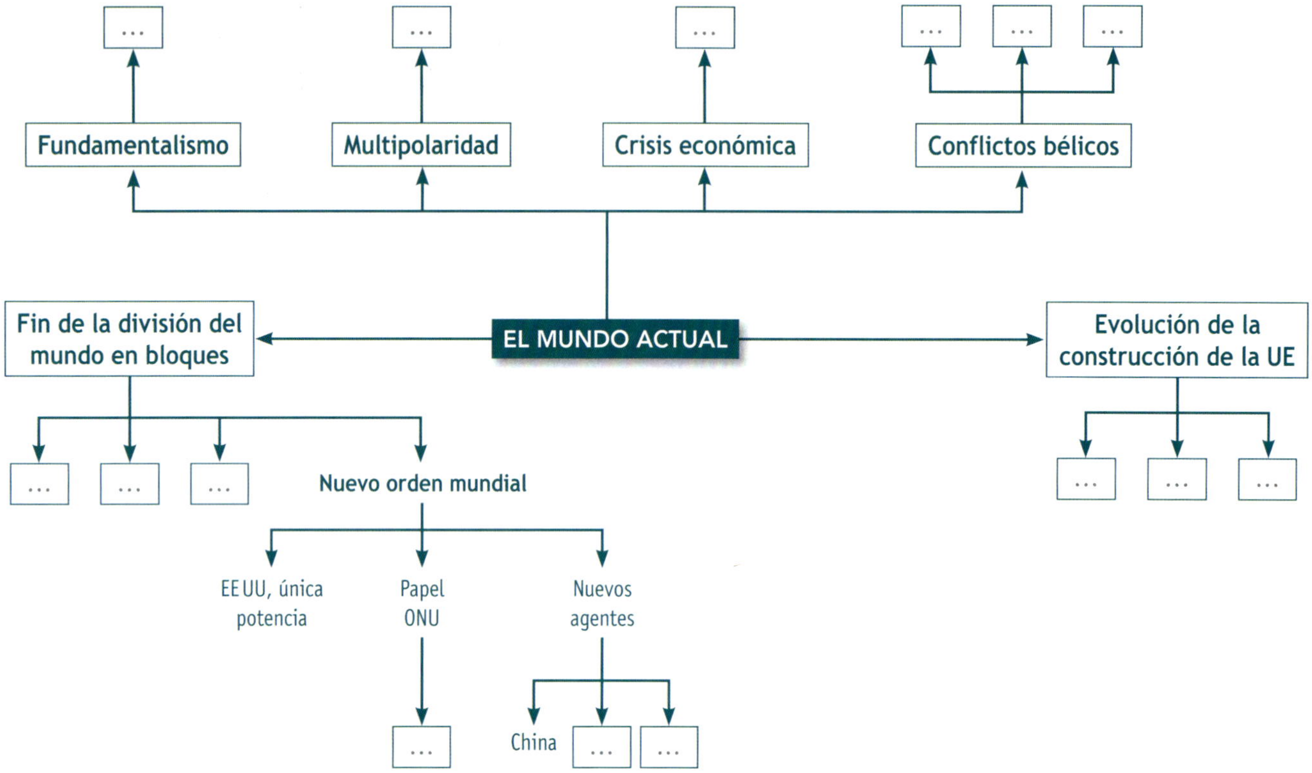

1 CONSOLIDA LO APRENDIDO

a) ¿Qué cambios se produjeron en la geopolítica mundial a principios de la década de 1990?

b) ¿Qué consecuencias tuvo el hundimiento de la URSS?

c) ¿Qué camino tomaron la Rusia poscomunista y los países del Este?

d) ¿Qué evolución ha seguido la construcción de la Unión Europea?

e) ¿Cuáles son las causas de la crisis del Estado del bienestar europeo?

f) ¿Cuáles son las causas de la inestabilidad en el mundo actual?

g) ¿Cómo afectan las guerras actuales a la población civil?

2 DEFINE CONCEPTOS CLAVE

- Orden mundial
- Fundamentalismo islámico
- Acuerdos de Schengen
- Estado del bienestar
- Políticas de austeridad
- Primaveras árabes

3 ESTABLECE LA CRONOLOGÍA

- Caída del muro de Berlín
- Revolución de Terciopelo
- Dimisión de Mijaíl Gorbachov
- Ataques terroristas a las Torres Gemelas de Nueva York
- Aprobación del Tratado de Maastricht
- Crisis de los refugiados sirios

4 IDENTIFICA A LOS PERSONAJES

- Václav Havel
- Vladímir Putin
- Borís Yeltsin
- Mijaíl Gorbachov
- Osama Bin Laden
- Lech Walesa
- G. H. W. Bush
- Bill Clinton
- George W. Bush

RESPONDE A LA PREGUNTA INICIAL

¿Qué transformaciones se han producido desde 1990 en el mundo? ¿A qué retos se enfrenta la humanidad?

APRENDE A... ANALIZAR LAS CONSECUENCIAS DE UN CONFLICTO

SOLICITUDES DE ASILO EN LA UNIÓN EUROPEA ENTRE ENERO Y JUNIO DE 2015

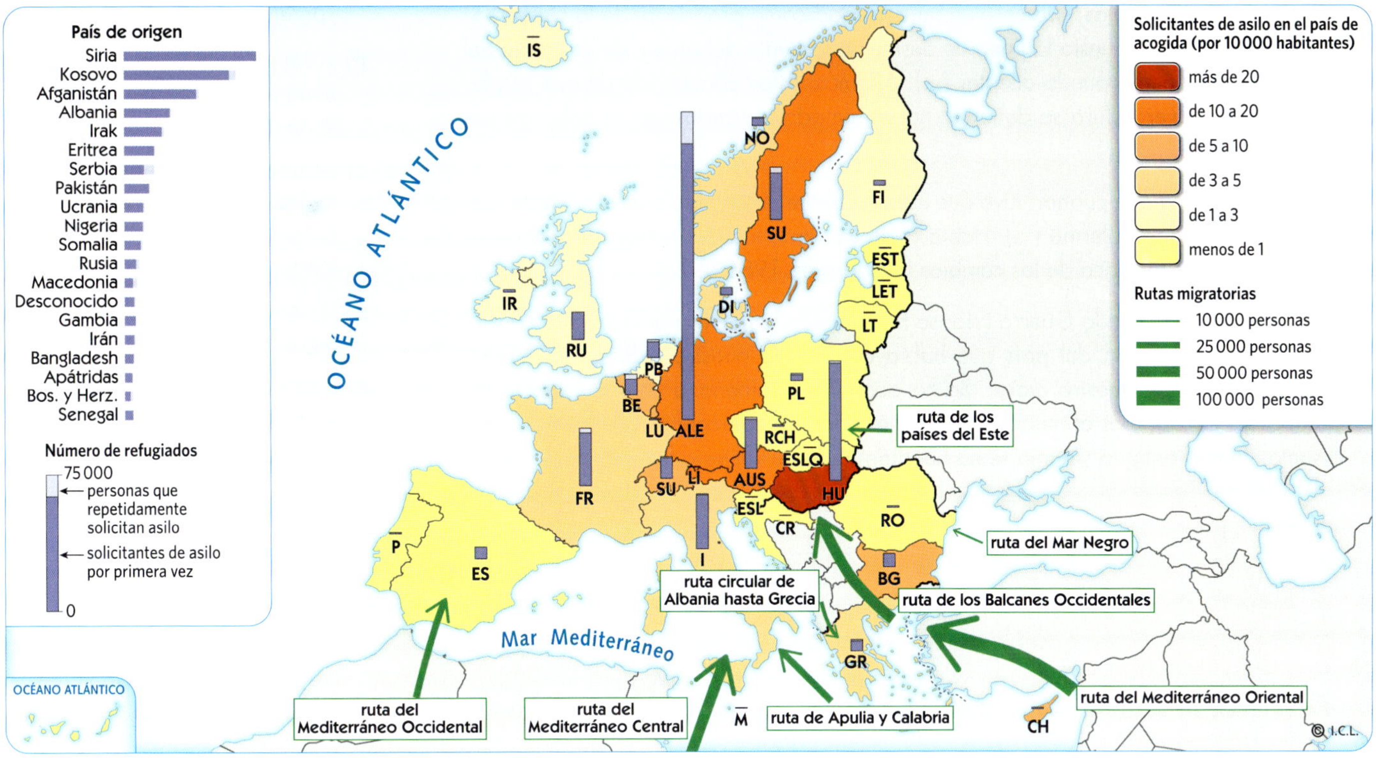

Fuente: EUROSTAT

El conflicto armado en Siria y en otros países de Oriente Próximo ha puesto en evidencia las consecuencias que una situación como la que viven los ciudadanos de estos países puede generar más allá de sus fronteras.

La peor crisis de refugiados desde la Segunda Guerra Mundial tiene como escenario las aguas del Mediterráneo y las costas de países miembros de la Unión Europea como Italia y Grecia, que se convierten en la puerta de entrada a un mundo seguro para cientos de miles de personas que huyen de la guerra.

La problemática creada a raíz de estos desplazamientos masivos ha sacudido una Unión Europea que se debate entre las obligaciones que impuso la Convención de Ginebra sobre el Estatuto de los Refugiados de 1951, de la que todos los Estados miembros son signatarios, y la realidad socioeconómica y política que lleva a los países miembros a restringir el derecho de asilo.

1. Identificación de las fuentes

- ¿De qué tipo de gráfico se trata? ¿Cuántas variables aparecen? ¿Qué información nos proporciona?
- ¿Cuáles son la rutas de los flujos migratorios que aparecen en el mapa? Ordénalas en función de su importancia numérica.
- Clasifica los países según el número de personas acogidas.
- ¿De qué países provienen los refugiados? ¿Tienen alguna característica en común?

2. Análisis y contextualización histórica

- ¿Cuál es la situación política en Siria, principal país de origen de refugiados en la crisis actual? ¿Por qué se dirigen hacia Europa?
- ¿Cuál es la situación política y económica de Europa desde 2008? ¿Cómo influye en su política de refugiados?
- Busca información sobre las directrices adoptadas por la UE para afrontar la llegada masiva de inmigrantes.
- Consulta la Convención de Ginebra sobre el Estatuto de los Refugiados de 1951. Anota la definición de refugiado y los derechos que confiere. ¿Qué diferencia a un emigrante de un refugiado?
- ¿Qué efectos tiene la llegada masiva de refugiados sobre los países europeos? Distingue entre los países de entrada (Grecia, Italia...) y los países de asilo final.

3. Conclusiones

- A partir de los datos trabajados, haz una valoración de la problemática que genera la llegada masiva de refugiados a Europa y justifica tu punto de vista sobre el tema.

1 Fuentes documentales. La crisis del modelo soviético

Queridos compatriotas, (...) ceso en mi actividad como presidente de la Unión Soviética (...). Se ha impuesto la línea de desmembramiento del país y de desunión del Estado, hecho que no puedo aceptar (...). Además, estoy convencido de que resoluciones de tal envergadura se deberían haber tomado basándose en la voluntad expresa del pueblo (...).

El destino quiso que cuando tuve que estar al frente del Estado, fuera evidente que nuestro país estaba enfermo (...). Había que cambiarlo todo (...). Hoy estoy convencido de la razón histórica de los cambios iniciados en 1985 (...).

Hemos acabado con la Guerra Fría, se ha detenido la carrera armamentística y la demente militarización del país que había deformado nuestra economía, nuestra conciencia social y nuestra moral. Se ha acabado la amenaza de una guerra nuclear (...). Nos abrimos al mundo y nos ha respondido con confianza, solidaridad y respeto. Pero el antiguo sistema se ha hundido antes de volver a funcionar de nuevo.

Discurso de Mijaíl Gorbachov,
25 de diciembre de 1991.

a) ¿Quién es el autor del texto? ¿De qué época es?

b) ¿Cuál es la postura que se expone ante el desmembramiento de la URSS?

c) ¿A qué se refiere Gorbachov con la frase "Nuestro país estaba enfermo (...). Había que cambiarlo todo"?

d) ¿Consideras que obtuvo algún logro antes de su dimisión?

e) Busca información sobre lo que sucedió en la URSS en 1985 y explica el motivo de la referencia en el texto.

2 El arte en su contexto. Compromiso

El artista Ai Weiwei creó una instalación en la que cubrió el Konzerthaus de Berlín con 14 000 chalecos salvavidas recogidos en la isla griega de Lesbos, lugar de llegada de muchos emigrantes y refugiados de Oriente Próximo y el Norte de África.

a) Busca información y escribe una breve biografía del artista.

b) ¿Por qué te parece que ha realizado el montaje con chalecos salvavidas? ¿Qué mensaje crees que pretende transmitir con su obra?

3 Fuentes iconográficas. Políticas de austeridad

a) Describe la imagen, la acción que en ella se realiza y el mensaje que pretende transmitir.

b) ¿Qué efectos han tenido las políticas de austeridad sobre los pilares del Estado del bienestar europeo?

c) ¿Cuáles crees que han sido las clases sociales más perjudicadas por esa clase de políticas?

d) Indica un ejemplo de política de austeridad que hayas podido comprobar en tu vida cotidiana.

4 Fuentes iconográficas. Un mundo multipolar: la ONU

Asamblea General de la ONU.

a) ¿Qué organismo de la ONU nos muestra la imagen? ¿Cuál es su función?

b) Explica el papel de la ONU en la resolución de conflictos en el mundo actual.

c) Indica tres organismos de la ONU que desarrollen funciones humanitarias en los conflictos en los que intervienen.

5 Fuentes gráficas. La ciudadanía europea

a) Según el esquema, ¿qué ventajas ofrece ser ciudadano de la Unión Europea?

b) ¿Cuáles crees que pueden ser los motivos de la aparición de posiciones contrarias al desarrollo de la ciudadanía europea?

c) ¿El desarrollo de la ciudadanía europea puede colisionar con la soberanía de los países miembros?

WWW. ESPACIO WEB

6 Búsqueda de información. La Primavera Árabe y las redes sociales

Busca información sobre el uso del potencial de las redes sociales como medio de difusión de la información durante los acontecimientos sucedidos en las primaveras árabes, especialmente en Túnez y Egipto.

a) Explica qué redes sociales se utilizaban, con qué finalidad y qué papel tuvieron en la movilización y en la organización de las manifestaciones populares en el interior de los países.

b) ¿Qué permiten las redes sociales en países con censura o fuerte control de la prensa por parte de las autoridades? ¿Qué formas organizativas solo son posibles con el uso de redes sociales?

c) Valora la importancia de las redes sociales, en general, como medio para evitar las limitaciones a la libertad de expresión y de información, y analiza también los peligros que entraña su utilización fuera de todo control de la veracidad de la información.

7 Fuentes audiovisuales: Los refugiados

Visiona en www.tiching.com/747120 el vídeo de Amnistía Internacional *Cuando tú no existes* y contesta las siguientes preguntas sobre los refugiados:

a) ¿Cuál es la realidad que nos intenta explicar el vídeo de Amnistía Internacional?

b) ¿A qué reflexión te conduce el documento?

c) Argumenta las posibles soluciones a los problemas generados por los desplazamientos masivos de población.

RETOS EN LA RED

EXPLOR@TIC: ¡Atención, obras! Reformando la ONU.

ACTIVIDADES AUTOCORRECTIVAS: Resuelve estas actividades y repasa lo que has aprendido.

www.vvd.link/012382/15

¿Qué es la globalización?

El uso del término *globalización*, o *mundialización*, es hoy en día habitual para explicar la realidad cotidiana de la economía, la sociedad o la cultura. Sabemos que vivimos en un mundo en el que la información, los productos, los capitales y las personas están cada vez más interrelacionados, y donde una decisión o un acontecimiento que sucede en cualquier lugar del mundo es susceptible de tener consecuencias en otras partes del planeta. ¿Por qué sucede esto? ¿Cómo se ha producido esa globalización? ¿Qué características tiene?

A UN ÚNICO SISTEMA ECONÓMICO

A partir de 1990, la desintegración del bloque comunista dio paso a un **sistema económico único**, basado en el **triunfo del capitalismo**, en el que se hallan integrados la mayoría de los territorios del mundo. Este modelo económico impuesto se caracteriza, a grandes rasgos, por la defensa de la **libre competencia** y la **libertad de mercado**. Esto supone la supresión casi total de los controles estatales a las empresas privadas, la eliminación del control sobre los precios y la libre circulación mundial de bienes, capitales y servicios.

La mundialización económica ha sido posible por el **progreso tecnológico**, que ha permitido el abaratamiento de los costes de producción y distribución y por el **desarrollo de los transportes**, lo que ha dado lugar a una mayor movilidad de personas y mercancías a precios cada vez más bajos. Igualmente, la **revolución de las comunicaciones** ha permitido la transmisión de información instántanea y ha facilitado la gestión de los negocios desde cualquier lugar del mundo.

HOMOGENEIZACIÓN DEL CONSUMO

Una de las consecuencias más evidentes de la globalización es la homogeneización de los hábitos de consumo y de los modelos sociales y culturales.

Los centros comerciales de todo el mundo son similares, las marcas comerciales tienen un ámbito mundial y las formas de ocio (música, moda...) también se han globalizado.

B LA DESLOCALIZACIÓN Y LAS MULTINACIONALES

La producción y el **mercado se han mundializado**. Los bienes se producen en cualquier lugar del mundo, a partir de materiales provenientes de diversas zonas del planeta. Asimismo, las **economías nacionales** son cada vez más **dependientes** de las redes económicas mundiales.

En esta nueva realidad económica se ha desencadenado una **creciente división** y **deslocalización del trabajo**. Los productos se descomponen en diferentes procesos, por lo cual es posible encargar cada componente, por ejemplo los de un coche (carrocería, motor...), a distintas empresas y en distintos países, teniendo en cuenta solamente la rentabilidad de la producción (mano de obra, impuestos, etc.).

En esta forma de producir y vender tienen un papel preponderante las empresas **multinacionales**, que instalan sus fábricas y producen en cualquier país, y tienen un enorme poder sobre los gobiernos y los organismos económicos.

LA DESLOCALIZACIÓN INDUSTRIAL

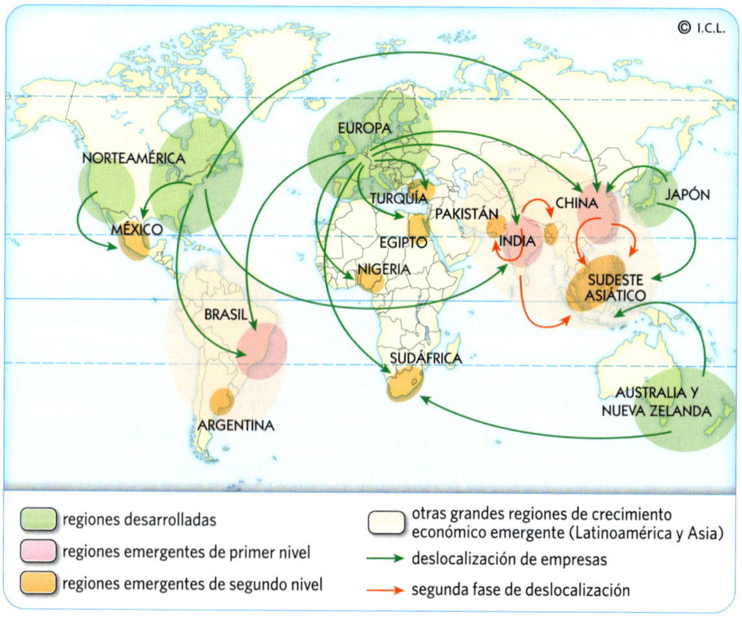

La industria, centrada tradicionalmente en las regiones desarrolladas, ha sido en parte trasladada a otras áreas del mundo, que se han constituido como zonas económicamente emergentes.

C UN MUNDO INTERDEPENDIENTE

La globalización ha dado lugar a un enorme incremento de los flujos (movimientos) mundiales de bienes, servicios, capitales, trabajadores y turistas.

Por un lado, se ha producido una verdadera **explosión del comercio** mundial. Más de la mitad de ese comercio lo producen los intercambios entre las diversas filiales de las empresas multinacionales, y un 70 % de los productos son manufacturas. Por otro lado, cada vez cobran más importancia los flujos de servicios (turismo, telecomunicaciones, sanidad, etc.), que representan más del 25 % de los intercambios.

Por último, existen los **flujos financieros**, movimientos de divisas, de títulos de crédito, de capitales..., que representan operaciones realizadas por una red de centros financieros como las bolsas de Nueva York, Londres, Tokio, Frankfurt, Hong-kong y Singapur.

EFECTOS DE LA GLOBALIZACIÓN

D UN MUNDO HOMOGÉNEO PERO DESIGUAL

La existencia de un mercado global y la interconexión de los países es defendida, en ocasiones, como una oportunidad para favorecer el crecimiento y la igualdad entre países.

Sin embargo, la evidencia demuestra que, aunque el crecimiento ha sido intenso durante los últimos decenios, en especial en algunas zonas de Asia como China, las diferencias entre países ricos y países pobres no han desaparecido. Los primeros acumulan la mayor parte del capital y la tecnología y controlan los circuitos comerciales y financieros, mientras los países más pobres mantienen una situación de atraso tecnológico, carencia de capitales y dependencia económica.

También en las economías más desarrolladas se ha producido un **aumento de la desigualdad**. Las causas están ligadas a la pérdida de empleo masivo por la deslocalización, a la rebaja de los salarios para competir en el mercado internacional y al debilitamiento de las finanzas públicas, que impide mantener las ayudas sociales.

LOS DATOS DE LA DESIGUALDAD

- 850 millones de personas en el mundo están desnutridas o mueren por falta de alimentos.
- La esperanza media de vida es de 53 años en los países más pobres de la Tierra, y de 78 en los más ricos.
- Noruega y EE UU superan los 35 000 dólares por habitante, mientras que Etiopía solo alcanza los 100.

LA DISTRIBUCIÓN DE LA RIQUEZA

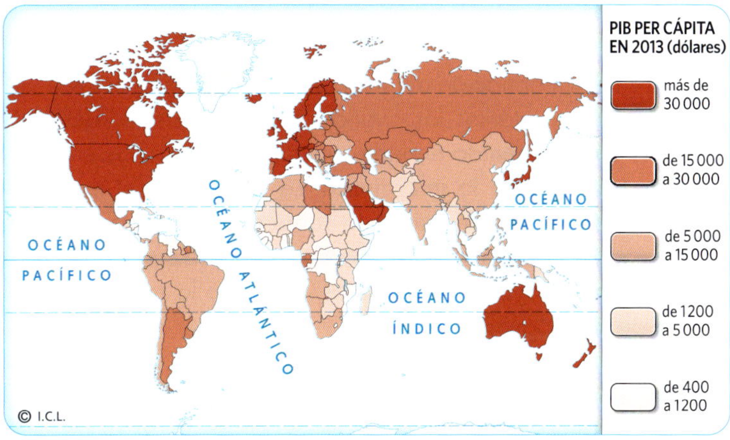

1. ¿Cuándo se ha impuesto un único sistema económico en el mundo? ¿Cuáles son sus características?
2. ¿Por qué se produce la deslocalización industrial? ¿Qué papel desempeñan las multinacionales?
3. Explica por qué la globalización no ha acabado con la desigualdad en el mundo.
4. Observa el mapa sobre el reparto de la riqueza y comenta los datos.

La revolución tecnológica

En las últimas décadas, las innovaciones científicas y tecnológicas han provocado tales cambios en la sociedad y en la producción, que podemos hablar de una Tercera Revolución Industrial, e incluso de una cuarta que ha variado las estructuras empresariales, económicas y laborales del mundo.

La globalización ha sido posible por las nuevas condiciones generadas alrededor del desarrollo de la ciencia y la técnica. Han sido determinantes para el comercio mundial los progresos en la aviación, el ferrocarril y el transporte marítimo, al igual que los avances en electrónica e informática para las comunicaciones.

LAS TRES REVOLUCIONES TECNOLÓGICAS

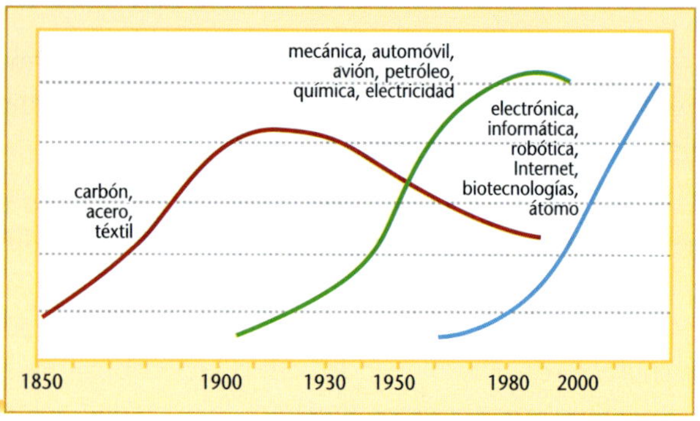

A CIENCIA, TÉCNICA Y PODER

El extraordinario desarrollo científico actual y sus aplicaciones tecnológicas hubieran sido imposibles sin los enormes **capitales** que se han destinado a la **investigación**. Estos recursos provienen de los centros de poder político y económico, pues los gobiernos y las grandes empresas son los únicos que pueden financiar las costosas instalaciones y los grandes equipos de investigación necesarios para su desarrollo.

Los recursos dedicados a la investigación han aumentado considerablemente, de tal modo que pueden alcanzar en los países más avanzados el 2 o 3 % del PIB. Así, el gran volumen de capitales que requiere la investigación ha acentuado las diferencias entre países y contribuye a marcar la frontera entre el desarrollo y el subdesarrollo.

GASTO EN I+D EN ALGUNOS PAÍSES EN 2013

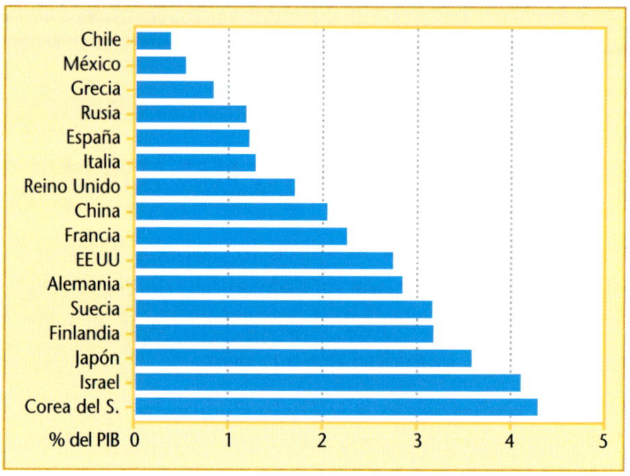

B LA TECNOLOGÍA DE LA INFORMACIÓN

Para la conformación del mundo actual han sido especialmente importantes los avances científicos de la **física**, ya que han tenido enormes aplicaciones técnicas en la **electrónica** y en la **informática**. La invención del **microprocesador** ha originado la fabricación masiva de ordenadores, teléfonos móviles, etc., cada vez más potentes y con mayores prestaciones, así como la robotización de las máquinas.

También han tenido una enorme trascendencia los avances en los sistemas de **transmisión de la información**. Los satélites de comunicaciones y los cables de fibra óptica aplicados a la telefonía móvil e Internet mantienen conectado, en tiempo real, un punto de cualquier lugar del planeta con otro muy distante, y han permitido un aumento de la velocidad y de la cantidad de información que se puede transmitir.

COSTE DE LLAMADA TELEFÓNICA

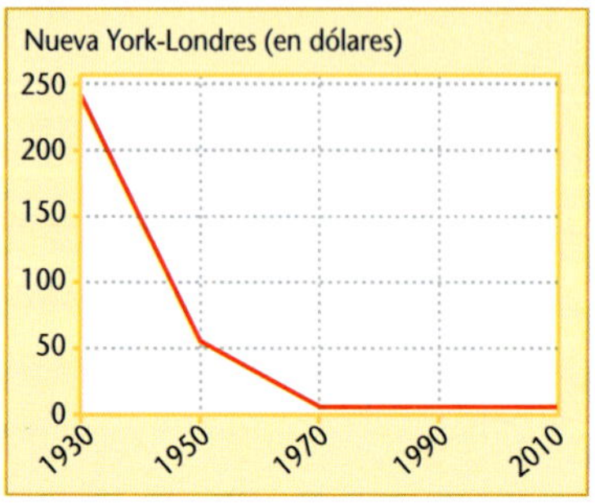

La evolución de la capacidad de las computadoras

En 1997, el supercomputador más potente del mundo costó 55 millones de dólares y ocupaba una superficie del tamaño de una pista de tenis. Menos de una década más tarde, otro aparato, la PlayStation 3, alcanzaba la misma capacidad de proceso a un precio de 500 dólares.

Á. Ubide: "La digitalización del empleo", *El País*, 4 de mayo del 2014,

C UNA NUEVA FORMA DE COMUNICAR

Las **nuevas redes de comunicación (Internet)** han comportado cambios radicales en los hábitos sociales y en la economía, por su posibilidad de conexión en tiempo real. Su éxito se debe a la facilidad para encontrar y comentar cualquier tipo de noticias e información, y a la posibilidad de acceder libremente a todo tipo de contenidos: música, películas, etc.

Las redes sociales (Facebook, Twitter, etc.) también son un poderoso medio de comunicación y organización interpersonal, que funcionan al margen de empresas, cadenas corporativas o gobiernos.

Esta revolución de la información y de la comunicación no está exenta de riesgos. El exceso y rapidez de la información banaliza los temas, provoca poca reflexión en las opiniones y mezcla información verdadera con falsa o confusa.

USUARIOS DE INTERNET EN 2015

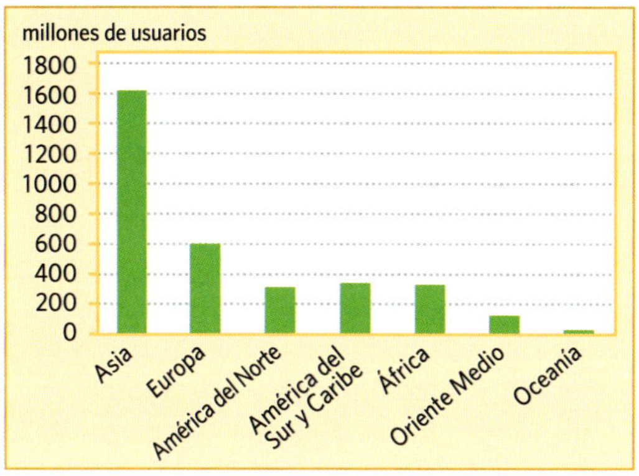

D ¿HACIA UNA NUEVA FORMA DE PRODUCIR?

En la industria, el conjunto de innovaciones en las telecomunicaciones y en los sistemas informáticos permite:

- Una fuerte **robotización** de los sistemas de producción.
- Una drástica **reducción de los costes de almacenaje**, al recibir información constante sobre la demanda de productos (sistema *just in time*), y producir según esta demanda.
- La **división del trabajo** y una gran **deslocalización** de las empresas.

Pero el gran reto de futuro, lo que se conoce como la industria 4.0, es que el desarrollo tecnológico permita pasar a "fábricas inteligentes" en su conjunto, con interconexión entre las máquinas y los sistemas de información en el propio emplazamiento de producción y con el exterior (los mercados, los clientes, los competidores, otras fábricas inteligentes, etc.).

En este proceso es posible que se produzcan importantes variaciones en el tipo de trabajo, así como en la formacióntación necesaria para ejercerlo.

La Internet de las cosas

Si tuviéramos ordenadores que supieran todo lo que tuvieran que saber sobre las "cosas", mediante el uso de datos que ellos mismos pudieran recoger sin nuestra ayuda, nosotros podríamos monitorizar, contar y localizar todo a nuestro alrededor, y de esta manera se reducirían increíblemente gastos, pérdidas y costes. Sabríamos cuándo reemplazar, reparar o recuperar cualquier objeto, así como conocer si su funcionamiento está siendo el correcto.

Kevin Ashton, 2009.

Almacenes robotizados.

1. ¿Qué grandes revoluciones tecnológicas se han producido desde el siglo XIX? ¿Qué características tuvieron la primera y la segunda? ¿Qué define a la revolución tecnológica actual?
2. ¿Qué avances son los más relevantes de la llamada Tercera Revolución Industrial? ¿En qué campos? ¿Qué es la robotización?
3. ¿Qué ha cambiado radicalmente desde la aparición y uso de Internet?
4. ¿Por qué hablamos de una nueva forma de producir? Explica qué cambios se están introduciendo.
5. Con los datos que disponéis valorad las ventajas e inconvenientes de los cambios tecnológicos actuales.

DOSIER

3 La necesidad de un desarrollo sostenible

Uno de los efectos de la expansión sin límites de un modelo de crecimiento económico que utiliza abusivamente los recursos naturales y contamina sin control es que puede resultar nocivo y destructivo para la humanidad.

A LOS RIESGOS MEDIOAMBIENTALES

Desde la década de 1970, los movimientos ecologistas y la comunidad científica han ido advirtiendo de la necesidad de proteger el medioambiente y han buscado el apoyo de Estados, organismos internacionales y de la opinión pública. Hoy en día, la necesidad de preservar el planeta es un principio aceptado internacionalmente.

Las consecuencias del crecimiento descontrolado son evidentes: aumento de la contaminación atmosférica, peligro de accidentes nucleares, contaminación de ríos y mares, deforestación, destrucción de especies vegetales y animales, cambio climático, etc.

Sin duda son las grandes áreas económicas, tanto de regiones y países tradicionalmente industriales (Europa, EEUU y Japón), como de potencias emergentes, las que concentran mayores riesgos, pero el planeta es un solo ecosistema y su destrucción afecta al conjunto.

REGIONES EMISORAS DE CO_2

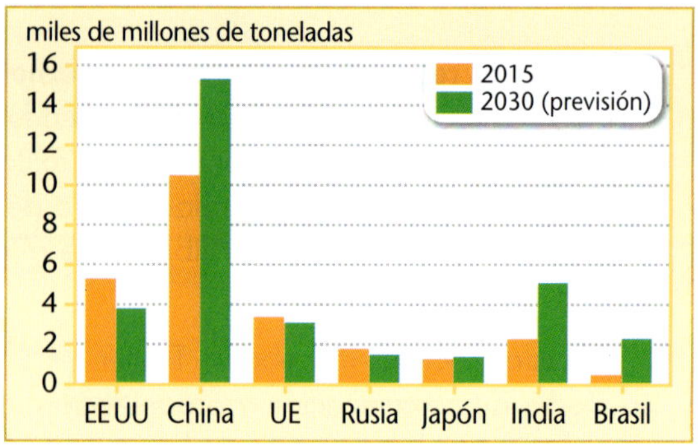

EMISIONES GLOBALES POR SECTORES, 2015

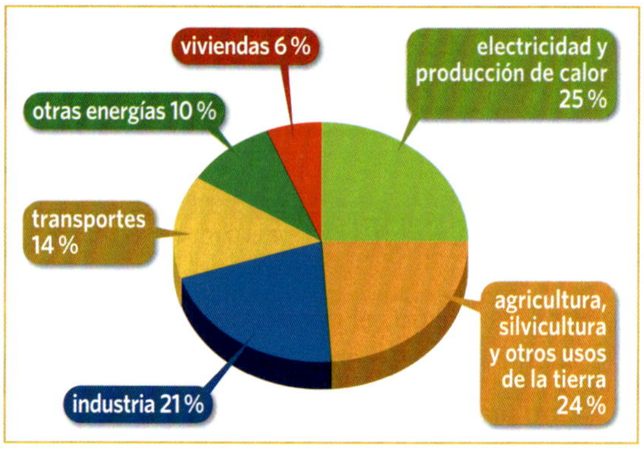

B LOS ESFUERZOS POR PRESERVAR EL PLANETA

Los primeros esfuerzos para proteger nuestro planeta se realizaron en la primera **Conferencia de las Naciones Unidas** sobre el medioambiente, celebrada en **Estocolmo en 1972**, en la que se insistió en la necesidad de preservar el planeta para "proteger los intereses de las generaciones presentes y venideras".

En 1987, una comision de las Naciones Unidas presidida por el noruego Brundtland acuñó el término **desarrollo sostenible**, que definió como el que "debe responder a las necesidades del presente sin comprometer los intereses de las generaciones futuras". Estos principios se recogen en la base de la Cumbre sobre la Tierra celebrada en Río de Janeiro en 1992.

Uno de los objetivos principales del desarrollo sostenible es contener o reducir las emisiones de los gases de efecto invernadero, que aceleran el calentamiento global del planeta. El **Protocolo de Kioto** (1997) las conferencias de la ONU sobre el **cambio climático** (Bali, 2007) trabajaron en ese sentido.

Sin embargo, algunos de los mayores contaminadores se niegan a cumplir las normativas si ello implica la reducción de su producción y crecimiento. La **Cumbre de París de 2015** permitió llegar a acuerdo sobre la necesidad de esa reducción aunque dejando más margen a los países de reciente industrialización (China, India, etc.).

Los acuerdos de Estocolmo

Los recursos naturales de la Tierra, incluidos el aire, el agua, la tierra, la flora y la fauna (...), deben preservarse en beneficio de las generaciones presentes y futuras.

(...) Los recursos no renovables de la Tierra deben emplearse de forma que se evite el peligro de su futuro agotamiento y se asegure que toda la humanidad comparte los beneficios de tal empleo.

Debe ponerse fin a la descarga de sustancias tóxicas o de otras materias, a la liberación de calor, en cantidades o concentraciones tales que el medio no pueda neutralizarlas, para que no se causen daños graves o irreparables a los ecosistemas (...).

Los Estados deberán tomar las medidas posibles para impedir la contaminación de los mares por sustancias que puedan poner en peligro la salud del hombre, dañar los recursos vivos y la vida marina (...).

Conferencia de Estocolmo, 1972.

C EL CAMBIO CLIMÁTICO

De las múltiples consecuencias que un modelo de crecimiento descontrolado puede provocar en el planeta, el cambio climático es uno de los más graves y urgentes de abordar. Durante un tiempo se negó el problema, pero en la actualidad pocas son las voces que no aceptan esta cuestión y plantean la necesidad de acciones que permitan frenarlo.

EL EFECTO INVERNADERO

El **efecto invernadero** es el calentamiento que se produce cuando ciertos gases de la atmósfera de la Tierra retienen el calor. Estos gases dejan pasar la luz pero mantienen el calor de forma similar a las paredes de cristal de un invernadero.

Los científicos conocen el efecto invernadero desde el siglo XIX y saben que es el responsable de que el clima en la Tierra sea apto para la vida. Sin él, la superficie de la Tierra sería unos 60 grados Fahrenheit más fría. Pero también son conscientes de que los seres humanos podrían incrementar el efecto invernadero produciendo dióxido de carbono y que su proliferación aumentaría notablemente el calor en el planeta.

EL INCREMENTO DE LA TEMPERATURA

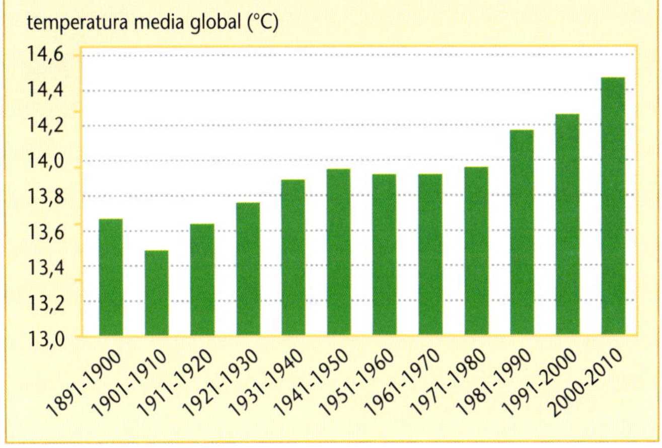

La **temperatura media** de la Tierra aumenta por el efecto invernadero. Los vientos y las corrientes oceánicas mueven el calor alrededor del globo provocando efectos tales como enfriar algunas zonas, calentar otras y modificar el régimen de precipitaciones.

EL DESHIELO DEL ÁRTICO

En el Ártico, durante la primavera y el verano, se produce deshielo, pero en las capas profundas, en verano aún permanece una capa espesa y rugosa.

En los últimos años los deshielos son cada vez más extensos, las capas que se vuelven a congelar en invierno son más finas y las capas profundas, cada vez de menor espesor.

LOS EFECTOS DEL CALENTAMIENTO

- Aumento del nivel de los mares entre 18 y 59 cm por el deshielo.
- Aumento de los fenómenos atmosféricos como los huracanes y tifones.
- Inundaciones y sequías más frecuentes.
- Menos agua dulce disponible.
- Desplazamiento y extinción de algunas especies de animales y plantas.

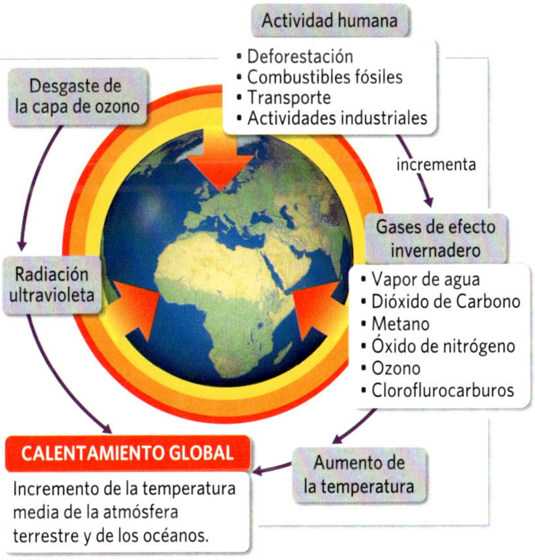

1. ¿Qué relación existe entre el modelo económico de la globalización y los riesgos medioambientales? ¿Cuándo se inició la toma de conciencia de preservar el planeta? Cita las principales cumbres y los acuerdo adoptados.
2. ¿Qué dificultades crees que existen hoy en día para imponer medidas que permitan un desarrollo sostenible?
3. Explica qué efectos sobre las temperaturas y el clima ha provocado el calentamiento global del planeta.
4. ¿Qué efectos sobre el medioambiente puede tener el calentamiento? ¿Qué está sucediendo en el Ártico?
5. @ Consulta en Internet quién es Al Gore y por qué se le concedió el Premio Nobel de la Paz en 2007.
6. @ Accede a www.tiching.com/750642 y contesta: ¿Qué evidencias existen sobre el cambio climático? ¿Qué consecuencias a corto y largo plazo se derivan? ¿Qué medidas se deberían tomar? ¿Por qué?

La Tierra: un planeta amenazado

¿En qué estado de deterioro medioambiental se encuentra el planeta?

El modelo de crecimiento económico que se ha generalizado con la globalización ha deteriorado tanto el medio ambiente que está dañando gravemente la vida de los seres vivos que habitamos la Tierra.

Para dar respuesta a este reto, nuestra sociedad está empezando a regular las conductas nocivas para el planeta y a promover un modelo de desarrollo sostenible.

Cumbre del Clima de París, 2015.

Presentación del recurso

En este proyecto vais a colaborar en la creación de un **mapamundi interactivo** con el cual presentaréis de forma visual el estado de deterioro medioambiental del planeta, sus causas, consecuencias y vías de solución.

Objetivo de la actividad

Buscar y organizar la información mediante una herramienta digital, con el objetivo de analizar los principales **riesgos medioambientales** del planeta y compartir con el resto de la clase el resultado del trabajo a través de una presentación oral.

A PROGRAMACIÓN DE LA ACTIVIDAD

1. Planteamiento:

- *¿Qué sabemos de los riesgos medioambientales?* Realizad una lluvia de ideas sobre lo que habéis aprendido a lo largo del dosier acerca de los riesgos medioambientales que amenazan al planeta y elaborad un esquema para organizar la información.
- *¿Dónde encontraremos información fiable y contrastada?* En Internet, bibliotecas, hemerotecas, asociaciones, instituciones medioambientales, etc.
- *¿De qué materiales y recursos disponemos?* De la información recogida y de aplicaciones, como por ejemplo StepMap o ZeeMaps, para confeccionar el mapa interactivo.

2. Criterios de evaluación:

Para evaluar el mapa se tendrán en cuenta los siguientes criterios:

- Proceso de búsqueda y recopilación de la información.
- Fiabilidad y citación correcta de las fuentes.
- Actualidad de los datos presentados.
- Selección adecuada de imágenes y vídeos.
- Redacción de textos sintéticos.
- Desarrollo de la exposición oral en público.

3. Temporización recomendada:

- Nueve horas de clase.

La urgencia de actuar

Así que hoy día lanzaremos otros setenta millones de toneladas de polución en la delgada capa de la atmósfera que rodea a nuestro planeta, como si se tratase de un desagüe abierto. Y mañana arrojaremos una cantidad un poco mayor, que atrapará más y más calor del Sol. Como resultado, la Tierra tiene una fiebre. Y la fiebre está creciendo. Los expertos nos han dicho que la enfermedad no se curará por sí sola. (...) Y la consistente conclusión, reiterada con creciente alarma, es que algo fundamental está mal. Nosotros somos lo que está mal, y debemos corregirlo.

Discurso pronunciado por Al Gore el 10 de diciembre de 2007 en la entrega del Premio Nobel.

B BÚSQUEDA Y ORGANIZACIÓN DE LA INFORMACIÓN

1. **Creación de grupos de trabajo:** organizaos en grupos de 4 o 5 personas. Leed el proyecto y repartíos las tareas que va a realizar cada uno.

2. **Recopilación de la información:** consultad los sitios web recomendados y verificad que la información provenga de una fuente fiable y actualizada. Buscad las respuestas a las preguntas que plantea el proyecto:

   a) ¿Qué son las emisiones de CO_2? ¿Qué países producen más emisiones? ¿Qué efecto tienen sobre la Tierra?

   b) ¿Qué se entiende por deforestación? ¿Por qué se produce? Busca los países más afectados.

   c) ¿Cuáles son las causas principales de la contaminación de mares y océanos? ¿Qué mares son los más contaminados del planeta?

   d) ¿Qué es el calentamiento global? Busca en Internet alguna de las consecuencias de este fenómeno.

   e) ¿Cómo afecta el cambio climático a la biodiversidad? ¿Qué países tienen más especies en riesgo de extinción?

   f) Busca información y sintetiza las medidas aprobadas en los acuerdos de Estocolmo y en el Protocolo de Kioto.

   g) Busca información sobre los países con mejores políticas medioambientales. ¿Qué políticas tienen para proteger el medioambiente?

El dióxido de carbono (CO_2) ha aumentado mucho por la industrialización, el incremento de la quema de combustibles fósiles y la deforestación.

Algunas fuentes digitales que podéis consultar...

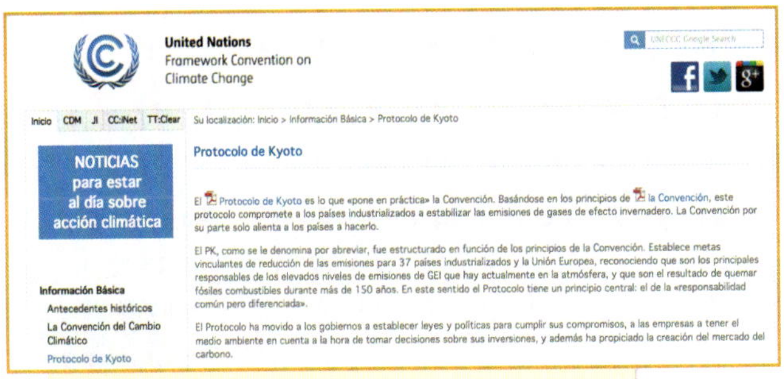

Países más contaminantes:
www.tiching.com/750481
Los ríos más contaminados del mundo:
www.tiching.com/750483
Protocolo de Kioto:
www.tiching.com/750501
Países responsables con el medioambiente:
www.tiching.com/750498

Cambio climático: www.tiching.com/750485
www.tiching.com/750487
www.tiching.com/750488
www.tiching.com/750016
Cambio climático y salud: www.tiching.com/750486
Consumo responsable: www.tiching.com/750499
Consumo ecológico: www.tiching.com/750500

C ELABORACIÓN DE UN MAPA INTERACTIVO

A partir de toda la información que habéis recogido, vuestro objetivo es crear un **mapa interactivo** que os sirva de base para compartir ideas, organizarlas, debatirlas en grupo, crearlas y publicarlas.

1. Conocer la aplicación

- Daos de alta como usuarios de StepMap u otra aplicación similar, gracias a la cual diseñaréis un mapa interactivo sobre los riesgos medioambientales relacionados con la globalización.
- Consultad un tutorial donde se explique cómo se emplean las herramientas de la aplicación para conseguir los efectos deseados.

Recordad que una vez hayáis creado el mapa, deberéis darle un título y guardarlo. Así podréis acceder al mapa interactivo siempre que entréis en la aplicación y realizar cambios, si lo deseáis.

2. Pensar el diseño del mapa interactivo

- Utilizad colores que os ayuden a visualizar las características que queráis asociar a países o áreas geográficas.
- Utilizad la fuente y el tamaño de la letra para jerarquizar los elementos en el mapa. Es importante también que el texto que aparezca en el mapa esté en un color que, en relación al fondo, sea fácil de leer.
- Usad símbolos, líneas, flechas y formas que os ayuden a visualizar, sintetizar y relacionar distintos elementos del mapa.
- Enriqueced el mapa con elementos que sean didácticos y os ayuden a exponer vuestra argumentación.

Aguas contaminadas.

3. Crear el mapa interactivo

- Resaltad en el mapa las fronteras de los países, las líneas de costa, los ríos y los lagos.
- Escribid los cinco países con más emisiones de CO_2, pintadlos de un color y agregad un símbolo que los identifique. Explicad el impacto que tienen estas emisiones en nuestra salud.
- Anotad los cinco países con mayor deforestación, dadles una capa de color y el símbolo que los identifique. Agregad un texto con las causas y los efectos de la deforestación.
- Localizad los cinco países con más especies amenazadas del planeta y escribid su nombre.
- Anotad el nombre de los tres mares más contaminados del planeta. Escribid en una etiqueta las causas y consecuencias de este hecho.
- Escribid el nombre de los cinco países más amenazados por el cambio climático. Explicad el porqué de esta situación.
- Marcad las ciudades de los tratados más importantes en la lucha contra el cambio climático (Estocolmo y Kioto) y escribid sus compromisos.
- Buscad tres hechos graves causados por el calentamiento global, marcadlos en el mapa y anotad las consecuencias de estos daños.
- Marcad un país cuyas políticas de sostenibilidad estén ayudando a mejorar su situación medioambiental. Anotad tres medidas en este sentido que podemos tomar en nuestros actos cotidianos.

Agregad en el mapa textos, fotografías y vídeos que expliquen e ilustren su contenido.

D PRESENTACIÓN DEL MAPA

Es el momento de exponer el mapa interactivo en clase:

- Explicad el mapa interactivo al resto de la clase. Ayudaos de gestos y hablad pausadamente.
- Exponed el contenido del mapa, desarrollándolo y apoyándoos en las imágenes y vídeos seleccionados.
- Compartid las conclusiones con el resto de la clase. Comentad los aspectos del mapa más logrados y aquellos que se puedan mejorar.

EL DESHIELO DEL ÁRTICO Y LAS DISPUTAS TERRITORIALES

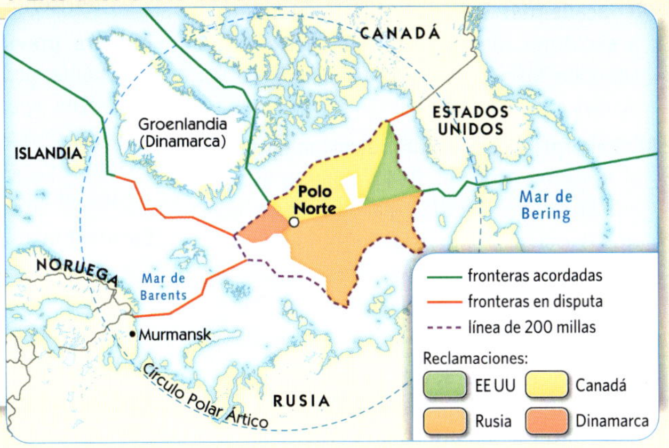

E BUENAS PRÁCTICAS DIGITALES

En la Red existen diferentes ejemplos del uso del mapa interactivo como herramienta educativa. Descúbrelos:

Para saber más sobre la geolocalización y el diseño de mapas interactivos:
www.tiching.com/750502

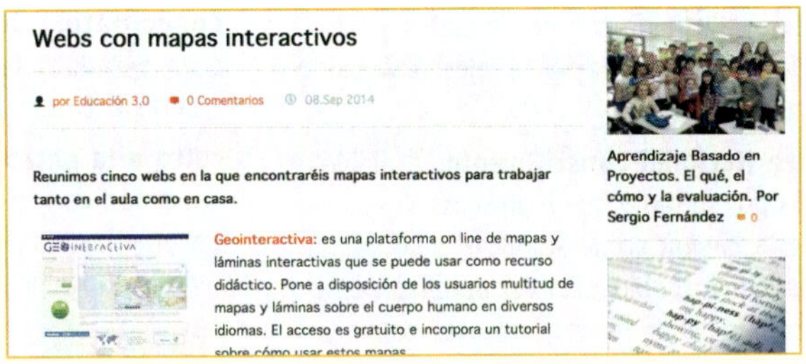

Para trabajar con los mapas interactivos en el aula:
www.tiching.com/728793

APRENDER CON LA TABLETA DIGITAL

1. Objetivo

Elaborar un **vídeo** de menos de un minuto de duración sobre conductas que perjudican al medioambiente, como el derroche energético, la mala gestión del agua o de los residuos, etc.

2. Desarrollo

Formad grupos de dos o tres alumnos y seguid estos pasos:

- Elegid el tema y el tratamiento que queréis dar al vídeo: un corto de ficción, un corto documental, un videoclip, etc.
- Realizad una lluvia de ideas y escoged la que genere más consenso en el grupo.
- Escribid conjuntamente el guion. Debe plasmar las escenas, si habrá voz en off, diálogos o música. Es importante pensar dónde y cómo se grabará el vídeo.
- Grabad el vídeo y editadlo con una aplicación para móvil o tableta.
- Presentad el vídeo ante el resto de la clase. Tras el visionado, debatid sobre si estos vídeos son una buena herramienta para cambiar nuestra conducta.

3. Recursos

Para **iOS**: Cámara Spark, Magisto, Fly, Videon. Para **Android**: Vid Trim Pro, Magisto, Snip Video Trimmer, Clesh Video Editor, Viddy.

GLOSARIO

A

academia: Sociedad oficial que agrupa a escritores, artistas, filósofos y científicos para discutir sobre el conocimiento y ayudar a su difusión.

Afrikakorps: Fuerza militar alemana enviada al Norte de África en 1941, durante la Segunda Guerra Mundial, para ayudar a las tropas italianas que estaban siendo derrotadas por los británicos. Su comandante era el mariscal Rommel, llamado el Zorro del Desierto.

apartheid: Sistema social basado en la segregación racial que fue impuesto por los gobiernos de Sudáfrica desde 1948. Suponía el dominio de la minoría blanca sobre las otras comunidades, especialmente la mayoría negra. Establecía la separación racial en lugares públicos e impedía a las comunidades no blancas ocupar puestos en el gobierno, votar, etc. Fue abolido en el año 1993.

armisticio: Cese de las hostilidades pactada entre pueblos, países o ejércitos beligerantes.

Asamblea Nacional Constituyente: Asamblea elegida por sufragio que representa la voluntad de la nación y que se encarga de redactar una Constitución. Una vez aprobada esta, se disuelve para, posteriormente, convocar elecciones a una Asamblea Legislativa.

autarquía: Política de un Estado que aspira a abastecerse con sus propios recursos. Se pretende reducir al mínimo las importaciones y estimular la producción en el interior del país de todo lo que se consume.

B

barbecho: Tierra que no se siembra durante un tiempo para que descanse y pueda recuperar la materia orgánica y la humedad. Se usaba en los sistemas de rotación bienal y trienal de cultivos.

bayoneta: Cuchillo de los soldados de infantería, que se acopla a la boca del fusil.

bóxers: En la China de finales del siglo XIX, grupo disidente a la intervención colonial en el país, llamados "boxeadores" por los ingleses a causa de la práctica de las artes marciales que realizaban. Entre junio y agosto de 1899, los bóxers atacaron las embajadas extranjeras en Pekín, produciéndose un grave enfrentamiento que fue sofocado militarmente.

C

camarilla: Conjunto de personas que influyen subrepticiamente en los asuntos de Estado o en las decisiones de alguna autoridad superior.

cantonalismo: Movimiento insurreccional acontecido durante la Primera República española que aspiraba a dividir el Estado en territorios casi independientes.

censura previa: Examen ejercido anticipadamente por las instituciones correspondientes (políticas, religiosas...) sobre cualquier manifestación artística, publicación, etc., antes de ser aprobada o denegada su ejecución o impresión.

Cochinchina: Zona de Vietnam que ocupa el área del delta del Mekong. Limita al Norte con Camboya, y está abierta al mar de China Meridional y al golfo de Tailandia.

colaboracionistas: Gobierno o ciudadanos de un país que cooperan con unas fuerzas de ocupación enemigas consideradas antipatrióticas por la mayoría de la población.

COMECON: Organización de cooperación económica formada, en 1949, en torno a la URSS y los países socialistas, cuyo objetivo era el incremento de las relaciones comerciales entre los Estados miembros. Estuvo en vigor hasta 1991.

Concordato: Tratado entre el gobierno de un Estado y la Santa Sede sobre asuntos eclesiásticos.

culto a la personalidad: Conjunto de ceremonias con que se manifiesta veneración y admiración excesiva por las cualidades de un líder político.

D

devaluación: Efecto de rebajar el valor de una moneda.

dictadura del proletariado: Forma de Estado postulada por el marxismo en que la clase proletaria se establece como dominante y ejerce el control sobre el resto de clases sociales, en especial la burguesía. Constituye una etapa de transición hacia la consecución de una sociedad comunista sin clases.

disidente: Persona que no está de acuerdo, que discrepa, con el sistema político, social o económico en el poder y expresa su desacuerdo.

División Azul: Unidad militar española de voluntarios que sirvió en el ejército alemán, principalmente en el frente ruso, durante la Segunda Guerra Mundial, entre 1941 y 1944.

E

empréstito: Es una forma de captar dinero por parte del Estado o empresas emitiendo un conjunto de valores, que la gente puede comprar. A cambio la entidad se compromete a devolver el dinero en el plazo y los intereses pactados. Estos valores, llamados títulos, se pueden comprar y vender, es decir, pueden cambiar de propietario.

espacio vital: Expresión utilizada por el nazismo para defender la necesidad de Alemania de disponer de un territorio acorde con su población. Se pretendían restaurar las fronteras de Alemania anteriores a la Primera Guerra Mundial y expandirse hacia el Este, a expensas de las consideradas "razas inferiores".

F

federalismo (estructura federal): Sistema político que pretende la asociación de distintos Estados, que conservan algunos poderes, pero delegan otros en un organismo superior, a quien pertenece la soberanía.

fordismo: Modo de producción en cadena o en serie que impulsó Henry Ford, fabricante de los primeros automóviles en EEUU. Se basaba en dividir el trabajo de producción en diferente etapas especializadas, en el control del tiempo productivo del obrero y en la utilización de máquinas especializadas. Los resultados fueron un aumento de la producción y la reducción de costes. También se caracterizó por una mejora de salarios de los obreros. Hay que señalar que el fordismo se fundamentaba en el método de organización del taylorismo.

fotografía: Procedimiento técnico inventado en 1839 que permite obtener imágenes permanentes sobre una superficie convenientemente preparada, por medio de la luz y otras radiaciones electromagnéticas.

G

GESTAPO: Policía secreta del Estado nazi alemán creada en 1933. Estaba bajo la administración de las SS y su función era investigar y perseguir todas las "tendencias peligrosas para el Estado".

guano: Materia excrementiva de aves marinas que se encuentra acumulada en gran cantidad en las costas y que se utiliza como abono en la agricultura.

guerrilla: Grupo autónomo formado por voluntarios armados que hostigan al enemigo. Actúan sobre un terreno que conocen, con apoyo de la población, rehúyen el combate abierto y su función es minar la moral del enemigo y hacerle muy difícil el control efectivo del territorio.

Gulag: Acrónimo ruso para denominar a la Dirección General de Campos de Trabajo del régimen soviético estalinista. Este organismo administraba la red de campos de concentración, que recluía a los disidentes políticos, y ordenaba el sistema de trabajos forzados a que estaban sometidos.

H

Holocausto: También llamado *Shoá* en hebreo, es el nombre que se aplica a la persecución y genocidio de los judíos durante la Segunda Guerra Mundial. Se calcula que unos seis millones de judíos murieron a manos del régimen nazi.

I

imperialismo: Dominio de un país (la metrópoli) sobre otros (las colonias) por medio de la fuerza militar, económica o política. En consecuencia, la economía, la política y la cultura de las colonias quedan sometidas a los intereses de los Estados extranjeros colonizadores.

indiana: Tela estampada de lino o algodón, o de mezcla de uno y otro, que recibe este nombre por ser originaria de la India. Generalmente está pintada con rayas y dibujos sencillos, a uno o dos colores y por un solo lado.

J

Junta: Órgano de poder surgido por iniciativa popular en la Guerra de la Independencia (1808-1814) para organizar la resistencia armada frente al invasor y asumir el poder, al no aceptar la legitimidad del nuevo monarca, José I. Las Juntas persistieron a lo largo del siglo XIX como Juntas Revolucionarias, organismos utilizados por los progresistas para conseguir cambios en el gobierno.

K

kamikazes: Pilotos de la armada imperial japonesa que, de manera suicida, estrellaban sus aviones cargados de bombas contra los barcos de los aliados a finales de la Segunda Guerra Mundial.

Kominform: Acrónimo ruso referente a la Oficina de Información de los Partidos Comunistas y Obreros. Fue una organización creada, en 1947, para el intercambio de información y experiencias entre los partidos comunistas bajo la influencia soviética, a la que se sumaron los partidos comunistas de Francia e Italia. Se disolvió en el año 1956.

L

Ley Sálica: Ley que prohíbe que una mujer herede el trono salvo que no existan hijos, hermanos o sobrinos del monarca anterior.

M

mayorazgo: Institución que prohibía la venta del patrimonio familiar y obligaba a dejarlo intacto en herencia al primogénito, garantizando la perpetuación de las grandes familias nobiliarias.

Meiji: Periodo de la historia de Japón, comprendido entre los años 1868 y 1912, en que el país salió de su tradicional aislamiento internacional e inició la transformación de sus estructuras feudales. Supuso el punto de partida de la moderna sociedad japonesa.

metrópoli: Ciudad que posee colonias. En el contexto del colonialismo del siglo XIX, nombre dado a una potencia europea con respecto a su imperio colonial.

Movimiento de Países No Alineados: Grupo de países, surgidos mayoritariamente tras la Segunda Guerra Mundial con el proceso de descolonización, que querían conservar su posición neutral y no aliarse con ninguna de las superpotencias. Aspiraban a desempeñar un papel activo en la política internacional, mostrando sus intereses como países militarmente débiles y económicamente subdesarrollados.

N

neocolonialismo: Término con el que se designa el control indirecto, en los ámbitos cultural, político y principalmente económico, que ejercen las antiguas metrópolis sobre sus excolonias o, en sentido más amplio, los Estados ricos del mundo desarrollado sobre los más pobres del Tercer Mundo.

P

Plan Marshall: Plan de reconstrucción de la economía europea impulsado por Estados Unidos después de la Segunda Guerra Mundial, que debe su nombre al secretario de Estado americano George Marshall. Consistió en ayudas y préstamos a los países que quisieron acogerse y fue esencial para la recuperación económica de Europa.

políticas de cohesión: Políticas que tienen como objetivo reducir las disparidades económicas y sociales entre las regiones de Europa.

Pragmática Sanción: Ley de ordenación jurídica de 1830, promulgada por Fernando VII, por la que se derogaba la Ley Sálica vigente en España desde 1713.

pronunciamiento militar: Alzamiento militar para derrocar un Gobierno, promovido por un jefe del Ejército u otro caudillo.

pudelación: Manera de refinar el hierro colado en altos hornos, quemando parte de su contenido de carbono, por el que el hierro resultante ya es hierro forjado, con mejores propiedades para su utilización.

Putsch de Múnich: Intento fallido de golpe de Estado realizado entre el 8 y 9 de noviembre de 1923 en Múnich por miembros del Partido Nazi. Adolf Hitler fue detenido y encarcelado por su participación en él.

R

regente: Persona designada para ejercer los poderes reales durante un periodo de tiempo transitorio en caso de no poder hacelo el monarca titular.

Resistencia: Denominación que durante la Segunda Guerra Mundial se dio al conjunto de organizaciones clandestinas de lucha contra el dominio nazi en los países ocupados por Alemania. Realizaban acciones de información, sabotaje y guerrilla contra las tropas de ocupación alemanas.

régimen señorial: Sistema de organización social, económica y jurídica propio de la mayor parte de Europa durante la Edad Media, en el que los señores percibían rentas e ingresos de sus tierras y ejercían jurisdicción sobre ellas.

reunificación alemana: Adhesión de la antigua República Democrática Alemana bajo la jurisdicción de la República Federal Alemana, ratificada en el Tratado de Unificación del 3 de marzo de 1990.

S

Secciones de Protección (SS): Organización militar y de seguridad del Estado creada por el Partido Nazi alemán en la década de 1930, a la que se encargó el control del exterminio de los judíos.

sitio: Bloqueo militar de una plaza que se produce cuando un ejército atacante no puede controlarla con facilidad y esta rechaza rendirse. El sitio o asedio suele conllevar el ataque continuado a la población, a la que se impide todo tipo de abastecimiento.

stock: Cantidad de mercancías que una empresa u organización tienen en depósito a la espera de ser distribuidas y/o vendidas.

T

taylorismo: Método de organización industrial, surgido a principios del siglo XX, cuya finalidad es aumentar la productividad a base de eliminar los movimientos inútiles del obrero y optimizar el tiempo empleado, para así reducir costes.

Telón de Acero: Concepto que, tras la Segunda Guerra Mundial, definía la frontera simbólica que separaba a la URSS y sus Estados aliados, de ideología comunista, de Estados Unidos y sus aliados de Europa occidental, de economía capitalista.

V

veto (derecho de): Derecho del monarca, o de cualquier otra institución, a impedir la entrada en vigor de una ley aprobada por la Asamblea o Parlamento. En el Consejo de Seguridad de la ONU, por ejemplo, los cinco miembros permanentes (Estados Unidos, Rusia, China, Francia y Reino Unido) tienen derecho de veto, es decir, si alguno de estos países vota en contra de una propuesta, esta queda rechazada.

Y

yihad: Guerra santa de los musulmanes que tiene como objeto extender el islamismo y defenderlo contra todos aquellos considerados infieles. En árabe significa "esfuerzo".

Ilustrado por: Josep Niubó, Carles Salom y Marcel Socias.

Este libro está impreso en papel ecológico reciclable y con tintas exentas de elementos pesados solubles contaminantes. Directiva Europea 88/378/UE, norma revisada EN/71.

Los editores han hecho todos los esfuerzos posibles para asegurar que las direcciones web son las correctas en el momento de la impresión de este libro y no serán responsables de cualquier variación o imprecisión en las páginas web citadas en el presente Libro. Los Titulares del © y la Editorial no serán responsables del contenido de ningún sitio web mencionado en este libro.

Primera edición, 2016

1 2 3 4

Depósito Legal: B. 14.327-2016/ ISBN: 978-84-682-3729-9/ N.º de Orden V.V.: JC96.

IMPRESO EN ESPAÑA. PRINTED IN SPAIN.